I0129810

Dr. John Coleman

Die Hierarchie der VERSCHWÖRER

Die Geschichte des *Komitees der 300*

John Coleman

John Coleman ist ein britischer Autor und ehemaliges Mitglied des Secret Intelligence Service. Coleman hat verschiedene Analysen über den Club of Rome, die Giorgio-Cini-Stiftung, Forbes Global 2000, das Interreligiöse Friedenskolloquium, das Tavistock-Institut, den Schwarzen Adel und andere Organisationen mit Themen der Neuen Weltordnung verfasst.

DIE HIERARCHIE DER VERSCHWÖRER
Die Geschichte des Komitees der 300

The conspirator's hierarchy
The Committee of 300

Übersetzt und veröffentlicht von Omnia Veritas Limited

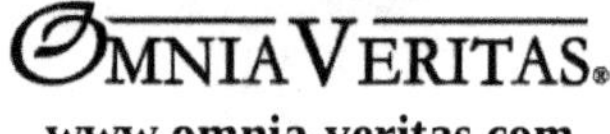

www.omnia-veritas.com

VORWORT

In meiner Laufbahn als professioneller Geheimdienstler hatte ich viele Gelegenheiten, Zugang zu streng geheimen Dokumenten zu erhalten, aber während meines Dienstes als politikwissenschaftlicher Offizier im Außendienst in Angola, Westafrika, hatte ich Gelegenheit, eine Reihe streng geheimer Geheimdokumente einzusehen, die ungewöhnlich explizit waren. Was ich sah, erfüllte mich mit Wut und Groll und brachte mich auf einen Kurs, von dem ich bis heute nicht abgewichen bin, nämlich aufzudecken, welche Macht die britische und die US-amerikanische Regierung kontrolliert und leitet.

Ich war mit allen bekannten Geheimgesellschaften wie dem Royal Institute for International Affairs (RIIA), dem Council on Foreign Relations (CFR), den Bilderbergern, den Trilateralen, den Zionisten, der Freimaurerei, dem Bolschewismus-Rosenkreuzertum und allen Ablegern dieser Geheimgesellschaften bestens vertraut. Als Geheimdienstoffizier und sogar noch davor als junger Student im Rahmen meines Studiums am Britischen Museum in London hatte ich mir ein Bild von all diesen Gesellschaften gemacht, und dazu noch eine ganze Reihe anderer, von denen ich annahm, dass die Amerikaner sie kennen. Doch als ich 1969 in die Vereinigten Staaten kam, stellte ich fest, dass Namen wie der Order of St. John of Jerusalem, der Club of Rome, der German Marshall Fund, die Cini Foundation, der Round Table, die Fabianisten, der venezianische Schwarze Adel, die Mont Pelerin Society, die Hellfire Clubs und viele andere hier bestenfalls völlig unbekannt waren, oder aber ihre wahren Funktionen wurden bestenfalls nur schlecht verstanden, wenn überhaupt.

In den Jahren 1969-1970 machte ich mich daran, diese Situation in einer Reihe von Monographien und Kassettenaufnahmen zu verbessern. Zu meiner großen Überraschung fand ich bald viele Leute, die bereit waren, diese Namen zu zitieren, als ob sie sie schon ihre ganze Schriftstellerkarriere lang gekannt hätten, die aber nicht das Geringste über diese Themen wussten und auch nicht bereit waren, die Quelle ihrer kürzlich erworbenen Informationen anzugeben. Ich tröstete mich mit dem Gedanken, dass Nachahmung die aufrichtigste

Form der Schmeichelei ist.

Ich setzte meine Ermittlungen fort, trotz erheblicher Risiken, Angriffen auf mich und meine Frau, finanzieller Verluste, ständiger Schikanen, Drohungen und Verleumdungen, die alle Teil eines sorgfältig ausgearbeiteten und inszenierten Programms waren, um mich zu diskreditieren, das von Regierungsagenten und Informanten durchgeführt wurde, die in der so genannten christlichen Rechten, der "Identitätsbewegung" und rechten "patriotischen" Gruppen eingebettet waren. Diese Agenten operierten und operieren immer noch unter dem Deckmantel einer starken und furchtlosen, unverblümten Opposition gegen das Judentum, das sie für ihren Hauptfeind halten. Diese Agenten-Informanten werden von einer Gruppe von Homosexuellen angeführt und kontrolliert, die bei politischen und religiösen Konservativen in den gesamten Vereinigten Staaten sehr beliebt und respektiert sind.

Ihr Programm der Verleumdung, der Lügen und des Hasses, der Desinformation über mein Werk, das sie in letzter Zeit sogar anderen Autoren zuschreiben, geht unvermindert weiter, hat aber nicht die gewünschte Wirkung gezeigt. Ich werde mit meiner Aufgabe weitermachen, bis ich endlich die Maske der gesamten geheimen Parallelregierung der oberen Ebene, die Großbritannien und die USA regiert, heruntergerissen habe.

Dr. John Coleman, November 1991.

Ein Überblick und einige Fallgeschichten

Sicherlich sind sich viele von uns bewusst, dass die Leute, die unsere Regierung leiten, nicht diejenigen sind, die *wirklich* die Kontrolle über politische und wirtschaftliche Angelegenheiten im In- und Ausland haben. Dies hat viele dazu veranlasst, die Wahrheit in der alternativen Presse zu suchen, bei den Verfassern von Newslettern, die, wie ich, gesucht, aber nicht immer gefunden haben, was die Vereinigten Staaten unheilbar krank macht. "Wer suchet, der findet" war bei dieser Gruppe nicht immer der Fall. Was wir gefunden haben, ist, dass die Menschen in großer Dunkelheit wandeln, meist ohne sich darum zu kümmern oder sich die Mühe zu machen, herauszufinden, wohin sich ihr Land bewegt, fest in dem Glauben, dass es immer für sie da sein wird. Das ist die Art und Weise, wie die größte Bevölkerungsgruppe manipuliert wurde, *um* zu reagieren, und ihre Haltung spielt der Geheimregierung direkt in die Hände.

Wir hören häufig von "denen", die dies oder jenes tun. "Sie" scheinen buchstäblich mit Mord davonzukommen. "Sie" erhöhen die Steuern, schicken unsere Söhne und Töchter in Kriege, die unserem Land nichts nützen. "Sie" scheinen unerreichbar zu sein, außer Sichtweite, frustrierend nebulös, wenn es darum geht, etwas gegen "sie" zu unternehmen. Niemand scheint in der Lage zu sein, klar zu erkennen, wer "sie" sind. Das ist eine Situation, die seit Jahrzehnten anhält. Im Laufe dieses Buches werden wir die mysteriösen "sie" identifizieren, und danach ist es an den Menschen, ihre Situation zu verbessern.

Am 30. April 1981 schrieb ich eine Monographie, in der ich die Existenz des Club of Rome aufdeckte und ihn als subversives Gremium des Komitees der 300 bezeichnete. Dies war die erste Erwähnung dieser beiden Organisationen in den Vereinigten Staaten. Ich warnte die Leser davor, sich von dem Gefühl täuschen zu lassen, der Artikel sei weit hergeholt, und zog eine Parallele zwischen meinem Artikel und der Warnung der bayerischen Regierung, als ihr die geheimen Pläne der Illuminaten in die Hände fielen. Wir werden später auf den Club of Rome und die Rolle *des Komitees der 300* in amerikanischen Angelegenheiten zurückkommen.

Viele der in diesem Artikel von 1981 gemachten Vorhersagen sind inzwischen eingetreten, wie z.B. die Wahl des unbekannten Felipe Gonzalez zum spanischen Ministerpräsidenten und die Rückkehr Mitterrands an die Macht in Frankreich; der Sturz von Giscard d'Estaing und Helmut Schmidt, die Rückkehr des schwedischen Adligen und Mitglieds *des Komitees der 300*, Olaf Palme, an die Macht (der seitdem auf mysteriöse Weise ermordet wurde), die Annullierung von Reagans Präsidentschaft und die Zerstörung unserer Stahl-, Auto- und Wohnungsbauindustrie im Sinne der vom *Komitee der 300* erlassenen postindustriellen Nullwachstumsordnung.

Die Bedeutung von Palme liegt darin, dass der Club of Rome ihn benutzte, um der Sowjetunion Technologie zu liefern, die auf der Verbotsliste des US-Zolls stand, und dass Palmes weltweites Kommunikationsnetzwerk dazu diente, die Scheinwerfer auf die falsche Iran-Geiselkrise zu richten, während er zwischen Washington und Teheran hin- und herpendelte, um die souveräne Integrität der USA zu untergraben und die Scheinkrise in den Bereich einer Institution *des Komitees der 300* zu verlagern, nämlich des Weltgerichtshofs in Den Haag, Holland.

Was in Wirklichkeit eine offene Verschwörung gegen Gott und die Menschen ist, die die Versklavung der Mehrheit der auf der Erde verbliebenen Menschen einschließt, nachdem Kriege, Seuchen und Massenmord mit ihnen geschehen sind, ist nicht gut versteckt. In der Geheimdienstgemeinschaft wird gelehrt, dass der beste Weg, etwas zu verbergen, darin besteht, es offen zur Schau zu stellen. Ein Beispiel dafür: Als Deutschland 1938 sein wertvolles neues Messerschmidt-Kampfflugzeug verstecken wollte, wurde es auf der Pariser Luftfahrtausstellung ausgestellt. Während Geheimagenten und Spione Informationen aus hohlen Baumstämmen und hinter losen Ziegelsteinen in einer Mauer sammelten, starrte ihnen die gesuchte Information direkt ins Gesicht.

Die hochrangige geheime Parallelregierung operiert nicht in feuchten Kellern und geheimen unterirdischen Kammern. Sie platziert sich in aller Öffentlichkeit, im Weißen Haus, im Kongress, in der Downing Street Nr. 10 und in den Houses of Parliament. Es ist wie in diesen unheimlichen und angeblich furchterregenden "Monster"-Filmen, in denen das Monster mit verzerrten Gesichtszügen, langen Haaren und noch längeren Zähnen auftaucht und überall knurrt und geifert. Das ist Ablenkung, die ECHTEN MONSTER tragen Business-Anzüge (Kragen und *"Tie-Fighters"*) und fahren in Limousinen zur Arbeit auf dem Capitol Hill.

Diese Männer sind IM OFFENEN BLICK. Diese Männer sind die Diener der Eine-Welt-Regierung/Neue Weltordnung. Wie der Vergewaltiger, der anhält, um seinem Opfer eine freundliche Fahrt anzubieten, sieht er nicht aus wie das Monster, das er ist. Wenn er das täte, würde sein beabsichtigtes Opfer schreiend vor Angst weglaufen. Das Gleiche gilt für die Regierung auf allen Ebenen. Präsident Bush sieht nicht aus wie ein pflichtbewusster Diener der obersten Parallelregierung, aber täuschen Sie sich nicht, er ist genauso ein MONSTER wie die Schrecken in Horrorfilmen.

Halten Sie einen Moment inne und denken Sie daran, wie Präsident Bush die brutale Ermordung von 150.000 irakischen Truppen anordnete, die sich in einem Konvoi von Militärfahrzeugen mit weißen Fahnen auf dem Rückweg in den Irak befanden und den Regeln der Genfer Konvention für einen vereinbarten Rückzug unterlagen. Stellen Sie sich das Entsetzen der irakischen Truppen vor, als sie, obwohl sie ihre weißen Fahnen schwenkten, von amerikanischen Flugzeugen niedergemäht wurden. An einem anderen Teil der Front wurden 12.000 irakische Soldaten in den von ihnen besetzten Gräben lebendig begraben. Ist das nicht ungeheuerlich im wahrsten Sinne des Wortes? Woher hat Präsident Bush seine Befehle für dieses MONSTROUS bekommen? Er erhielt sie vom Royal Institute for International Affairs (RIIA), das sein Mandat *vom Komitee der 300*, auch bekannt als die "Olympier", erhielt.

Wie wir sehen werden, verbergen auch die "Olympioniken" ihr Gesicht nicht. Oft ziehen sie eine Show ab, die mit der Pariser Flugschau verglichen werden könnte, während Verschwörungsfans ihre Zeit mit vergeblicher Suche an den falschen Stellen und in die falsche Richtung verbringen. Beachten Sie, wie die Königin Elizabeth II. die feierliche Eröffnung des britischen Parlaments vornimmt. Dort ist der Leiter des *Ausschusses der 300* in aller Öffentlichkeit zu sehen. Haben Sie jemals die Vereidigungszeremonie eines US-Präsidenten miterlebt? Dort ist ein weiteres Mitglied des *Komitees der 300* zu sehen. Das Problem ist nur eine Frage der Wahrnehmung.

Wer sind die Verschwörer, die dem mächtigen, allmächtigen *Ausschuss der 300* dienen? Die besser informierten Bürger wissen, dass es eine Verschwörung gibt, die unter verschiedenen Namen wie Illuminaten, Freimaurerei, Runder Tisch und Milner-Gruppe bekannt ist. Für sie repräsentieren der CFR und die Trilateralen das meiste von dem, was ihnen in der Innen- und Außenpolitik nicht gefällt. Einige wissen sogar, dass der Runde Tisch über den britischen Botschafter in Washington einen großen Einfluss auf die Angelegenheiten der Vereinigten Staaten hat. Das Problem ist, dass echte Informationen über die verräterischen Aktivitäten der Mitglieder der unsichtbaren verborgenen Hand der Regierung nur sehr schwer zu bekommen sind.

Ich zitiere die tiefgründige Aussage des Propheten Hosea (4:6), die in der christlichen Bibel zu finden ist: "Mein Volk wird *vernichtet*, weil es kein Wissen hat."

Einige haben vielleicht schon von meinem Exposé über den Skandal der Auslandshilfe gehört, in dem ich mehrere verschwörerische Organisationen genannt habe, deren Zahl Legion ist. Ihr Endziel war der Sturz der US-Verfassung und die Verschmelzung dieses Landes, das von Gott als SEIN Land auserwählt wurde, mit einer gottlosen Eine-Welt-Regierung der Neuen Weltordnung, die die Welt in weitaus schlimmere Zustände zurückversetzen wird, als sie im finsteren Mittelalter herrschten.

Lassen Sie uns über aktuelle Fälle sprechen, über den Versuch, Italien zu vergemeinschaften und zu entindustrialisieren. *Das Komitee der 300* hat vor langer Zeit beschlossen, dass es eine kleinere - viel kleinere - und bessere Welt geben soll, d.h. *ihre* Vorstellung davon, was eine bessere Welt ist. Die unzähligen "unnützen Esser", die die knappen natürlichen Ressourcen verbrauchen, sollten ausgemerzt (getötet) werden. Der industrielle Fortschritt fördert das Bevölkerungswachstum. Deshalb musste das Gebot der Vermehrung und Unterwerfung der Erde aus der Genesis umgestoßen werden.

Dies erforderte einen Angriff auf das Christentum, den langsamen, aber sicheren Zerfall der Industrienationen, die Vernichtung von Hunderten von Millionen Menschen, die *das Komitee der 300* als "Überschussbevölkerung" bezeichnete, und die Beseitigung jedes Führers, der es wagte, sich der globalen Planung des Komitees zur Erreichung der vorgenannten Ziele in den Weg zu stellen.

Zwei der ersten Ziele des Ausschusses waren Italien und Pakistan. Der verstorbene italienische Ministerpräsident Aldo Moro war einer der führenden Köpfe, die sich gegen das "Nullwachstum" und die für sein Land geplante Bevölkerungsreduzierung aussprachen und sich damit den Zorn des Club of Rome zuzogen, der von den "Olympiern" mit der Durchführung ihrer diesbezüglichen Politik beauftragt worden war. In einem römischen Gerichtssaal sagte am 10. November 1982 ein enger Freund Moros aus, dass der ehemalige Premierminister von einem Agenten des Royal Institute for International Affairs (RIIA), der ebenfalls Mitglied des Komitees der 300 ist, bedroht wurde, als er noch Außenminister der USA war. Auf den kometenhaften Aufstieg des

Mannes, den der Zeuge als Kissinger bezeichnete, wird später eingegangen.

Es sei daran erinnert, dass Premierminister Moro 1978 von den Roten Brigaden entführt und anschließend brutal erschossen wurde. Bei dem Prozess gegen Mitglieder der Roten Brigaden sagten mehrere von ihnen aus, dass sie von einer hochrangigen Beteiligung der USA an dem Komplott zur Ermordung Moros wussten. Als Kissinger Moro drohte, handelte er offensichtlich nicht im Rahmen der US-Außenpolitik, sondern auf Anweisung des Club of Rome, dem außenpolitischen Arm des *Komitees der 300*. Der Zeuge, der die Bombe im Gerichtssaal legte, war ein enger Mitarbeiter Moros, Gorrado Guerzoni.

Seine brisante Aussage wurde am 10. November 1982 im italienischen Fernsehen und Radio ausgestrahlt und in mehreren italienischen Zeitungen abgedruckt, doch diese wichtigen Informationen wurden in den USA unterdrückt. Die berühmten Bastionen der Freiheit mit einem zwingenden Recht auf Wissen, die Washington Post und die New York Times, hielten es nicht für wichtig, auch nur eine Zeile von Guerzonis Aussage zu drucken.

Die Nachricht wurde auch von keinem der Kabeldienste oder Fernsehsender übernommen. Die Tatsache, dass der seit Jahrzehnten führende italienische Politiker Aldo Moro im Frühjahr 1978 am helllichten Tag entführt und alle seine Leibwächter kaltblütig abgeschlachtet wurden, wurde nicht für berichtenswert gehalten, obwohl Kissinger als Komplize dieser Verbrechen angeklagt war? Oder war das Schweigen der Grund für Kissingers Beteiligung?

In meiner Enthüllung dieses abscheulichen Verbrechens im Jahr 1982 habe ich nachgewiesen, dass Aldo Moro, ein loyales Mitglied der Christdemokratischen Partei, von Attentätern ermordet wurde, die von der P2-Freimaurerei kontrolliert wurden (siehe David Yallops Buch *In Gottes Namen*), um Italien mit den Anweisungen des Club of Rome in Einklang zu bringen, das Land zu deindustrialisieren und seine Bevölkerung erheblich zu reduzieren. Moros Pläne, Italien durch Vollbeschäftigung und industriellen und politischen Frieden zu stabilisieren, hätten den katholischen Widerstand gegen den Kommunismus gestärkt und die Destabilisierung des Nahen Ostens - ein Hauptziel - erschwert.

Aus den vorstehenden Ausführungen wird deutlich, wie weit die Verschwörer vorausplanen. Sie denken nicht in Form eines Fünfjahresplans. Man muss auf Weishaupts Aussagen über die frühe katholische Kirche zurückgehen, um zu verstehen, was es mit der

Ermordung von Aldo Moro auf sich hatte. Moros Tod beseitigte die Hindernisse für die Pläne zur Destabilisierung Italiens und ermöglichte, wie wir heute wissen, die Umsetzung der Verschwörungspläne für den Nahen Osten im Golfkrieg 14 Jahre später.

Italien wurde vom *Ausschuss der 300* als Testziel ausgewählt. Italien ist für die Pläne der Verschwörer wichtig, weil es das dem Nahen Osten am nächsten gelegene europäische Land ist, das mit der Wirtschaft und Politik des Nahen Ostens verbunden ist. Es ist auch die Heimat der katholischen Kirche, die Weishaupt zerstören ließ, und die Heimat einiger der mächtigsten oligarchischen Familien des alten Schwarzen Adels in Europa. Sollte Italien durch Moros Tod geschwächt worden sein, hätte dies Auswirkungen auf den Nahen Osten gehabt, die den Einfluss der USA in der Region geschwächt hätten. Italien ist noch aus einem anderen Grund wichtig: Es ist ein Einfallstor für Drogen, die aus dem Iran und dem Libanon nach Europa gelangen, und wir werden zu gegebener Zeit auf dieses Thema zurückkommen.

Seit der Gründung des Club of Rome im Jahr 1968 hatten sich verschiedene Gruppen unter dem Namen des Sozialismus zusammengeschlossen, um den Sturz mehrerer italienischer Regierungen herbeizuführen. Dazu gehören der Schwarze Adel von Venedig und Genua, die P2-Freimaurerei und die Roten Brigaden, die alle für die *gleichen* Ziele arbeiten. Ermittler der Polizei in Rom, die den Fall der Roten Brigaden und Aldo Moro untersuchten, stießen auf die Namen mehrerer sehr prominenter italienischer Familien, die eng mit dieser terroristischen Gruppe zusammenarbeiteten. Die Polizei entdeckte auch Beweise dafür, dass diese mächtigen und prominenten Familien in mindestens einem Dutzend Fällen zugelassen hatten, dass ihre Häuser und/oder Grundstücke als Unterschlupf für Zellen der Roten Brigaden genutzt wurden.

Amerikas "Adlige" trugen ihren Teil dazu bei, die Republik Italien zu zerstören, wobei ein bemerkenswerter Beitrag von Richard Gardner kam, sogar in seiner offiziellen Funktion als Botschafter von Präsident Carter in Rom. Zu dieser Zeit arbeitete Gardner unter der direkten Kontrolle von Bettino Craxi, einem wichtigen Mitglied des Club of Rome und einer Schlüsselfigur der NATO. Craxi war die treibende Kraft bei den Versuchen der Verschwörer, die italienische Republik zu zerstören. Wie wir sehen werden, gelang es Craxi beinahe, Italien zu ruinieren, und als führender Kopf der Verschwörerhierarchie konnte er die Scheidung und die Abtreibung im italienischen Parlament durchsetzen, was zu den weitreichendsten und zerstörerischsten religiösen und sozialen Veränderungen führte, die die katholische

Kirche und damit die Moral der italienischen Nation je getroffen haben.

Nach der Wahl von Präsident Ronald Reagan fand im Dezember 1980 in Washington D.C. ein wichtiges Treffen unter der Schirmherrschaft des Club of Rome und der Sozialistischen Internationale statt. Diese beiden Organisationen sind dem *Ausschuss der 300* direkt unterstellt. Die Hauptagenda bestand darin, Mittel und Wege zu formulieren, wie die Reagan-Präsidentschaft neutralisiert werden kann. Es wurde ein Gruppenplan angenommen, und rückblickend ist klar, dass der Plan, auf den sich die Verschwörer geeinigt hatten, sehr erfolgreich war.

Um eine Vorstellung davon zu bekommen, wie groß und allumfassend diese Verschwörung ist, wäre es an dieser Stelle angebracht, die Ziele zu nennen, die sich *das Komitee der 300* für die bevorstehende Eroberung und Kontrolle der Welt gesetzt hat. Es gibt mindestens 40 bekannte "Zweigstellen" des *Komitees der 300*, und wir werden sie alle auflisten, zusammen mit einer Beschreibung ihrer Funktionen. Wenn man dies einmal studiert hat, wird man leicht verstehen, wie ein zentrales konspiratives Gremium so erfolgreich operieren kann und warum keine Macht auf der Erde ihrem Angriff auf die Grundlagen einer zivilisierten, fortschrittlichen Welt widerstehen kann, die auf der Freiheit des Individuums basiert, wie sie insbesondere in der Verfassung der Vereinigten Staaten erklärt wird.

Dank der beeideten Aussage von Guerzoni erfuhren Italien und Europa, nicht aber die USA, dass Kissinger hinter dem Tod von Aldo Moro steckte. Diese tragische Affäre zeigt, dass der *Ausschuss der 300* in der Lage ist, ausnahmslos *jeder* Regierung seinen Willen aufzuzwingen. Sicher in seiner Position als Mitglied des mächtigsten Geheimbundes der Welt - und ich spreche nicht von der Freimaurerei - versetzte Kissinger Moro nicht nur in Angst und Schrecken, sondern machte seine Drohungen wahr, Moro zu "eliminieren", wenn er seinen Plan, Italien wirtschaftlichen und industriellen Fortschritt zu bringen, nicht aufgeben würde. Im Juni und Juli 1982 sagte die Ehefrau von Aldo Moro vor Gericht aus, dass die Ermordung ihres Mannes das Ergebnis ernsthafter Drohungen gegen sein Leben war, die von einer, wie sie es nannte, "hochrangigen politischen Persönlichkeit der Vereinigten Staaten" ausgesprochen wurden. Frau Eleanora Moro wiederholte in der eidesstattlichen Aussage von Guerzoni genau den Satz, den Kissinger gesagt haben soll: "Entweder Sie stellen Ihre politische Linie ein oder Sie werden teuer dafür bezahlen." Der Richter rief Guerzoni zurück und fragte ihn, ob er die Person, von der Frau Moro sprach, identifizieren könne. Guerzoni antwortete, dass es sich in der Tat um Henry Kissinger handelte, wie er zuvor angedeutet hatte.

Guerzoni erklärte dem Gericht weiter, dass Kissinger seine Drohungen in Moros Hotelzimmer während des offiziellen Besuchs des italienischen Staatsoberhaupts in den USA ausgesprochen hatte. Moro - damals Ministerpräsident und Außenminister Italiens, eines NATO-Mitgliedslandes - war ein Mann von hohem Rang, der niemals mafiösem Druck und Drohungen hätte ausgesetzt werden dürfen. Moro wurde bei seinem Besuch in den USA vom italienischen Staatspräsidenten in seiner offiziellen Funktion begleitet. Kissinger war damals und ist heute noch ein wichtiger Agent im Dienste des (britischen) Royal Institute for International Affairs, Mitglied des Club of Rome und des (amerikanischen) Council on Foreign Relations.

Kissingers Rolle bei der Destabilisierung der Vereinigten Staaten durch drei Kriege - im Nahen Osten, in Korea und in Vietnam - ist wohlbekannt, ebenso wie seine Rolle im Golfkrieg, in dem die US-Armee als Söldner für das *Komitee der 300* fungierte, um Kuwait wieder unter seine Kontrolle zu bringen und gleichzeitig ein Exempel am Irak zu statuieren, damit andere kleine Nationen nicht in Versuchung kommen, ihr eigenes Schicksal zu gestalten.

Kissinger bedrohte auch den verstorbenen Ali Bhutto, den Präsidenten des souveränen Staates Pakistan. Bhuttos "Verbrechen" bestand darin, dass er Atomwaffen für sein Land befürwortete. Als muslimischer Staat fühlte sich Pakistan durch die anhaltende israelische Aggression im Nahen Osten bedroht. Bhutto wurde 1979 von dem Vertreter des Council on Foreign Relations im Land, General Zia ul Haq, ermordet.

Bei seinem geplanten Aufstieg an die Macht ermutigte ul Haq eine wütende Menge, die US-Botschaft in Islamabad in Brand zu setzen, offenbar um dem CFR zu zeigen, dass er sein eigener Mann war, und um sich mehr ausländische Hilfe zu sichern und, wie man später erfuhr, Richard Helms zu ermorden. Einige Jahre später bezahlte ul Haq für seine Einmischung in den Krieg in Afghanistan mit dem Leben. Sein C-130 Hercules-Flugzeug wurde kurz nach dem Start von einem E.L.F.-Schuss (elektrische Niederfrequenz) getroffen, so dass das Flugzeug in den Boden einschlug.

Der Club of Rome, der auf Anweisung *des Komitees der 300* handelte, um General ul Haq zu eliminieren, hatte keine Skrupel, das Leben einer Reihe von US-Soldaten an Bord des Flugzeugs zu opfern, darunter eine Gruppe des Verteidigungsnachrichtendienstes der US-Armee unter Leitung von Brigadegeneral Herber Wassom. General ul Haq war vom türkischen Geheimdienst gewarnt worden, nicht mit dem Flugzeug zu reisen, da er für einen Bombenanschlag in der Luft vorgesehen war. Aus diesem Grund nahm ul Haq das Team aus den Vereinigten Staaten als "Versicherungspolice" mit, wie er gegenüber seinen Beratern im inneren Kreis sagte. In meinem 1989 erschienenen Werk "Terror in the Skies" habe ich die Geschehnisse wie folgt geschildert: "Kurz bevor ul Haqs C-130 von einer pakistanischen Militärbasis abhob, wurde ein verdächtig aussehender Lastwagen in der Nähe des Hangars gesehen, in dem die C-130 untergebracht war. Der Kontrollturm warnte die Sicherheitskräfte des Stützpunkts, aber als die C-130 in die Luft ging, war der Lastwagen bereits verschwunden. Einige Minuten später begann das Flugzeug einen Looping zu fliegen, bis es auf dem Boden aufschlug und in einem Feuerball explodierte. Es gibt keine Erklärung für ein solches Verhalten der C-130, eines Flugzeugs mit einer erstaunlich zuverlässigen Bilanz, und ein gemeinsamer pakistanisch-amerikanischer Untersuchungsausschuss stellte weder einen Pilotenfehler noch ein mechanisches oder strukturelles Versagen fest. Das Looping-the-Loop-Verhalten ist ein anerkanntes Markenzeichen eines Flugzeugs, das von ELF-Feuer getroffen wurde.

Dass die Sowjetunion in der Lage war, Hochfrequenzgeräte zu entwickeln, ist dem Westen durch die Arbeit sowjetischer Wissenschaftler bekannt, die in der Abteilung für intensive relativistische Elektronenstrahlen des Kurchatov-Atomenergieinstituts tätig sind. Zwei der Spezialisten waren Y.A. Vinograov und A.A. Rukhadze. Beide Wissenschaftler arbeiteten im Lededev-Physikinstitut, das sich auf elektronische und Röntgenlaser spezialisiert hat.

Nachdem ich diese Informationen erhalten hatte, suchte ich nach einer Bestätigung aus anderen Quellen und fand heraus, dass in England in der Zeitschrift International Journal of Electronics Material veröffentlicht worden war, das die mir gegebenen Informationen über die Methode zum Abschuss der C-130 von General ul Haq zu bestätigen schien. Darüber hinaus wurden die Informationen von zwei meiner Geheimdienstquellen bestätigt. Ich erhielt einige nützliche Informationen aus einer sowjetischen wissenschaftlichen Abhandlung zu diesen Themen, die in England unter dem Titel "Soviet Radio Electronics and Communications Systems" veröffentlicht wurde. Für mich gab es keinen Zweifel, dass General ul Haq ermordet worden war. Der Lastwagen, der in der Nähe des C-130-Hangars gesehen wurde, trug zweifellos ein mobiles E.L.F.-Gerät des Typs, von dem bekannt ist, dass die sowjetischen Streitkräfte ihn besitzen.

Laut einer schriftlichen Aussage von Bhutto, die aus dem Land geschmuggelt wurde, während er im Gefängnis saß, drohte Kissinger ihm ernsthaft: "Ich werde ein schreckliches Exempel statuieren, wenn

Sie mit Ihrer Politik des Nationenaufbaus fortfahren." Bhutto hatte sich mit Kissinger und dem Club of Rome überworfen, als er ein Atomenergieprogramm forderte, um Pakistan in einen modernen Industriestaat zu verwandeln, was in den Augen *des Komitees der 300* einen direkten Verstoß gegen die von Kissinger an die pakistanische Regierung erteilten Anweisungen darstellte. Was Kissinger tat, als er Bhutto bedrohte, war keine offizielle US-Politik, sondern die Politik der modernen Illuminaten.

Man muss sich darüber im Klaren sein, warum die Kernenergie in der ganzen Welt so verhasst ist und warum die falsche "Umweltbewegung", die vom Club of Rome gegründet und finanziell unterstützt wird, dazu aufgerufen wurde, der Kernenergie den Kampf anzusagen. Mit Strom aus Kernenergie, der billig und im Überfluss vorhanden ist, würden die Länder der Dritten Welt allmählich von der US-Auslandshilfe unabhängig werden und beginnen, ihre Souveränität zu behaupten. Strom aus Kernenergie ist DER Schlüssel, um die Länder der Dritten Welt aus ihrem rückständigen Zustand herauszuholen, einem Zustand, den *das Komitee der 300* angeordnet hat, um in Position zu bleiben.

Weniger Auslandshilfe bedeutet weniger Kontrolle über die natürlichen Ressourcen eines Landes durch den IWF. Diese Idee, dass die Entwicklungsländer ihr Schicksal selbst in die Hand nehmen, war dem Club of Rome und seinem regierenden *Komitee der 300* ein Gräuel. Wir haben erlebt, wie der Widerstand gegen die Kernenergie in den Vereinigten Staaten erfolgreich genutzt wurde, um die industrielle Entwicklung im Einklang mit den "postindustriellen Nullwachstumsplänen" des Clubs zu blockieren.

Die Abhängigkeit von der US-Auslandshilfe hält fremde Länder in Wirklichkeit in der Knechtschaft des (US-) Council on Foreign Relations. Die Bevölkerung der Empfängerländer erhält nur sehr wenig von dem Geld, da es gewöhnlich in den Taschen der Regierungsführer landet, die es zulassen, dass die natürlichen Rohstoffvorkommen des Landes vom IWF brutal ausgebeutet werden. Mugabe von Simbabwe, dem früheren Rhodesien, ist ein gutes Beispiel dafür, wie Rohstoffvorkommen, in diesem Fall hochwertiges Chromerz, durch ausländische Hilfe kontrolliert werden. LONRHO, das riesige Konglomerat, das von Angus Ogilvie, einem wichtigen Mitglied des *Komitees der 300*, im Auftrag seiner Cousine, Königin Elisabeth II., geleitet wird, hat nun die totale Kontrolle über diesen wertvollen Rohstoff, während die Bevölkerung des Landes immer tiefer in Armut und Elend versinkt, trotz einer Zuwendung von mehr als 300 Millionen

Dollar aus den Vereinigten Staaten. LONRHO hat jetzt ein Monopol auf rhodesisches Chrom und verlangt jeden beliebigen Preis, während dies unter der Smith-Regierung nicht erlaubt war. Vor der Machtübernahme durch das Mugabe-Regime wurde fünfundzwanzig Jahre lang ein angemessenes Preisniveau aufrechterhalten. Während es während der 14-jährigen Herrschaft von Ian Smith Probleme gab, hat sich die Arbeitslosigkeit seit seinem Abgang vervierfacht und Simbabwe befindet sich in einem Zustand des Chaos und des faktischen Bankrotts. Mugabe erhielt von den USA so viel Auslandshilfe (etwa 300 Millionen Dollar pro Jahr), dass er drei Hotels an der französischen Côte d'Azur, in Cap Ferat und Monte Carlo, bauen konnte, während seine Bürger mit Krankheiten, Arbeitslosigkeit und Unterernährung zu kämpfen haben, ganz zu schweigen von einer Diktatur mit eiserner Faust, die keine Beschwerden zulässt. Im Gegensatz dazu hat die Regierung Smith nie um einen roten Heller von den Vereinigten Staaten gebeten und auch keine Hilfe erhalten. Es ist also klar, dass die Auslandshilfe ein mächtiges Mittel ist, um Länder wie Simbabwe, ja alle afrikanischen Länder, zu kontrollieren.

Außerdem werden die US-Bürger in einem Zustand unfreiwilliger Knechtschaft gehalten und sind daher weniger in der Lage, sich sinnvoll gegen die Regierung zu wehren. David Rockefeller wusste, was er tat, als sein Gesetz über die Auslandshilfe 1946 in Kraft trat. Seitdem ist es zu einem der meistgehassten Gesetze in den Gesetzbüchern geworden, nachdem die Öffentlichkeit aufgedeckt hatte, was es ist - ein von der Regierung betriebener und von uns, dem Volk, bezahlter Betrug.

Wie können die Verschwörer die Welt und insbesondere die USA und Großbritannien in ihrem Würgegriff halten? Eine der am häufigsten gestellten Fragen lautet: "Wie kann eine einzige Instanz jederzeit wissen, was vor sich geht und wie die Kontrolle ausgeübt wird?" Dieses Buch wird versuchen, diese und andere Fragen zu beantworten. Der einzige Weg, wie wir die Realität des Erfolgs der Verschwörer in den Griff bekommen können, ist die Erwähnung und Diskussion der Geheimgesellschaften, Tarnorganisationen, Regierungsbehörden, Banken, Versicherungsgesellschaften, internationalen Unternehmen, der Erdölindustrie und der Hunderttausenden von Körperschaften und Stiftungen, deren führende Köpfe die Mitglieder des *Komitees der 300* bilden - des ULTIMATIVEN Kontrollgremiums, das *die Welt regiert* und dies schon seit mindestens hundert Jahren tut.

Da es bereits Dutzende von Büchern über den (amerikanischen) Council on Foreign Relations (CFR) und die Trilateralen gibt, werden wir uns direkt dem Club of Rome und dem German Marshall Fund zuwenden. Als ich diese Organisationen in den Vereinigten Staaten vorstellte, hatten nur wenige, wenn überhaupt, von ihnen gehört. Mein erstes Werk, "The Club of Rome", das 1983 veröffentlicht wurde, fand kaum Beachtung. Viele Uneingeweihte dachten, der Club of Rome habe etwas mit der katholischen Kirche zu tun und der German Marshall Fund beziehe sich auf den Marshallplan.

Genau aus diesem *Grund* wählte der Ausschuss *diese Namen,* um *zu verwirren* und die Aufmerksamkeit von den Geschehnissen abzulenken. Nicht, dass die US-Regierung nichts gewusst hätte, aber da sie Teil der Verschwörung war, trug sie eher dazu bei, die Informationen unter Verschluss zu halten, als die Wahrheit bekannt werden zu lassen. Einige Jahre, nachdem ich mein Werk veröffentlicht hatte, sahen einige Schriftsteller darin eine Fülle bisher ungenutzter Informationen und begannen darüber zu schreiben und zu sprechen, als hätten sie schon immer davon gewusst.

Es war eine Offenbarung für sie, dass der Club of Rome und seine Finanziers unter dem Namen German Marshall Fund zwei hoch organisierte konspirative Gremien waren, die unter dem Deckmantel der Nordatlantikvertrags-Organisation (NATO) operierten, und dass die Mehrheit der Führungskräfte des Club of Rome aus der NATO stammte. Der Club of Rome formulierte all das, was die NATO als ihre Politik bezeichnete, und war durch die Aktivitäten des Mitglieds *des Ausschusses der 300,* Lord Carrington, in der Lage, die NATO in zwei Fraktionen zu spalten, eine politische (linke) Machtgruppe und ihre ehemalige Militärallianz. Der Club of Rome ist bis heute einer der wichtigsten außenpolitischen Arme *des Komitees der 300* - der andere sind die Bilderberger. Er wurde 1968 aus dem harten Kern der ursprünglichen Morgenthau-Gruppe auf der Grundlage eines Telefonanrufs des verstorbenen Aurellio Peccei für eine neue und dringende Aktion zur Beschleunigung der Pläne für die Eine-Welt-Regierung - jetzt Neue Weltordnung genannt, obwohl ich den früheren Namen vorziehe - zusammengesetzt. Es ist sicherlich eine bessere Arbeitsbeschreibung als die Neue Weltordnung, die etwas verwirrend ist, da es schon mehrere "Neue Weltordnungen" gegeben hat, aber keine Eine-Welt-Regierung.

Pecceis Aufruf wurde von den subversivsten "Zukunftsplanern" aus den Vereinigten Staaten, Frankreich, Schweden, Großbritannien, der Schweiz und Japan beantwortet, die man auftreiben konnte. In der Zeit von 1968 bis 1972 wurde der Club of Rome zu einer geschlossenen Einheit von Wissenschaftlern der neuen Wissenschaften, Globalisten, Zukunftsplanern und Internationalisten jeder Couleur. Wie ein

Delegierter es ausdrückte: "Wir wurden zu Josephs Mantel der vielen Farben". Pecceis Buch "Human Quality" bildete die Grundlage für die vom politischen Flügel der NATO angenommene Doktrin.

Die folgenden Ausführungen sind dem Buch von Dr. Peccei "Human Quality" entnommen:

"Zum ersten Mal, seit das erste Jahrtausend in der Christenheit angebrochen ist, sind große Massen von Menschen wirklich in Spannung über das bevorstehende Auftauchen von etwas Unbekanntem, das ihr kollektives Schicksal völlig verändern könnte Der Mensch weiß nicht, wie er ein wirklich moderner Mensch sein kann.... Der Mensch hat die Geschichte vom bösen Drachen erfunden, aber wenn es jemals einen bösen Drachen gab, dann war es der Mensch selbst....

Hier haben wir es mit dem menschlichen Paradoxon zu tun: Der Mensch ist durch seine außergewöhnlichen Fähigkeiten und Leistungen gefangen wie in einem Treibsand - je mehr er seine Macht nutzt, desto mehr braucht er sie.

"Wir dürfen nicht müde werden zu wiederholen, wie töricht es ist, den gegenwärtigen tiefgreifenden pathologischen Zustand und die Fehlanpassung des gesamten menschlichen Systems mit irgendwelchen zyklischen Krisen oder vorübergehenden Umständen gleichzusetzen. Seit der Mensch die Büchse der Pandora mit neuen Technologien geöffnet hat, leidet er unter unkontrollierter menschlicher Proliferation, Wachstumswahn, Energiekrisen, tatsächlicher oder potenzieller Ressourcenknappheit, Umweltzerstörung, nuklearem Wahnsinn und einer Vielzahl damit verbundener Leiden."

Dies ist identisch mit dem Programm, das von der viel später vom selben Club of Rome ins Leben gerufenen falschen "Umweltbewegung" angenommen wurde, um die industrielle Entwicklung zu bremsen und zurückzudrängen.

Im Großen und Ganzen würde das erwartete Gegenprogramm des Club of Rome die Erfindung und Verbreitung von Ideen der "Postindustrialisierung" in den Vereinigten Staaten umfassen, gekoppelt mit der Verbreitung von Gegenkulturbewegungen wie Drogen, Rock, Sex, Hedonismus, Satanismus, Hexerei und "Umweltschutz". Das Tavistock-Institut, das Stanford-Forschungsinstitut und das Institut für soziale Beziehungen, also das gesamte breite Spektrum der Forschungseinrichtungen im Bereich der angewandten Sozialpsychiatrie, hatten entweder Delegierte im Vorstand des Club of Rome oder fungierten als Berater und spielten eine führende Rolle bei dem Versuch der NATO, die "Wassermann-Verschwörung" zu übernehmen.

Der Name "Neue Weltordnung" wird als eine Folge des Golfkriegs von 1991 angesehen, während die Eine-Welt-Regierung anerkanntermaßen Jahrhunderte alt ist. Die Neue Weltordnung ist *nicht* neu, sie existiert und entwickelt sich unter dem einen oder anderen Deckmantel schon seit *sehr* langer Zeit (Jeremia 11v9, Hesekiel 22v25, Offenbarung 12v7-9), aber sie wird als eine ENTWICKLUNG DER ZUKUNFT wahrgenommen, was *nicht* der Fall ist; die Neue Weltordnung ist VERGANGENHEIT UND HEUTE. Deshalb habe ich bereits gesagt, dass der Begriff "Eine-Welt-Regierung" vorzuziehen ist bzw. sein sollte. Aurellio Peccei vertraute seinem engen Freund Alexander Haig einmal an, dass er sich wie "Adam Weishaupt in Reinkultur" fühle. Peccei besaß viel von Weishaupts brillanter Fähigkeit, die Illuminaten von heute zu organisieren und zu kontrollieren, und das zeigte sich in Pecceis Kontrolle der NATO und der Formulierung ihrer Politik auf globaler Ebene.

Peccei leitete drei Jahrzehnte lang den Wirtschaftsrat des Atlantic Institute, während er gleichzeitig Vorstandsvorsitzender von Giovanni Agnellis Fiat Motor Company war. Agnelli, ein Mitglied einer alten italienischen Familie des Schwarzen Adels gleichen Namens, ist eines der wichtigsten Mitglieder *des Komitees der 300.* Er spielte eine führende Rolle bei Entwicklungsprojekten in der Sowjetunion. Der Club of Rome ist eine konspirative Dachorganisation, eine Verbindung zwischen anglo-amerikanischen Finanziers und den alten Familien des Schwarzen Adels in Europa, insbesondere dem so genannten "Adel" in London, Venedig und Genua. Der Schlüssel zur erfolgreichen Beherrschung der Welt liegt in ihrer Fähigkeit, brutale wirtschaftliche Rezessionen und schließlich Depressionen zu erzeugen und zu steuern. *Das Komitee der 300* sieht soziale Erschütterungen auf globaler Ebene, gefolgt von Depressionen, als eine Aufweichungstechnik für größere Dinge, die kommen werden, als seine Hauptmethode, um Massen von Menschen auf der ganzen Welt zu schaffen, die seine "Wohlfahrtsempfänger" der Zukunft werden.

Das Komitee scheint viele seiner wichtigen Entscheidungen, die die Menschheit betreffen, auf die Philosophie des polnischen Aristokraten Felix Dzerzinski zu stützen, der die Menschheit als etwas über dem Niveau von Vieh stehend betrachtete. Als enger Freund des britischen Geheimdienstagenten Sydney Reilly (Reilly war in den Anfangsjahren der bolschewistischen Revolution Dzerzinskis Vorgesetzter) vertraute er sich Reilly oft während seiner Trinkgelage an. Dzerzinski war natürlich die Bestie, die den Apparat des Roten Terrors leitete. Einmal sagte er zu Reilly während eines Saufgelages der beiden: "Der Mensch ist unwichtig. Sehen Sie, was passiert, wenn Sie ihn verhungern lassen. Er beginnt, seine toten Kameraden zu essen, um am Leben zu bleiben. Der Mensch ist *nur* an *seinem eigenen* Überleben interessiert. Das ist alles, was zählt. Der ganze Spinoza-Kram ist ein Haufen Unsinn."

Der Club of Rome hat seinen eigenen privaten Nachrichtendienst und "leiht" sich auch von David Rockefellers INTERPOL aus. Alle US-Geheimdienste arbeiten sehr eng mit ihm zusammen, ebenso wie der KGB und der Mossad. Die einzige Behörde, die sich dem Zugriff entzieht, ist der ostdeutsche Nachrichtendienst. Der STASSY. Auch der Club of Rome hat seine eigenen hoch organisierten politischen und wirtschaftlichen Agenturen. Sie waren es, die Präsident Reagan aufforderten, die Dienste von Paul Volcker, einem weiteren wichtigen Mitglied *des Ausschusses der 300,* in Anspruch zu nehmen. Volcker blieb trotz des Versprechens des Kandidaten Reagan, ihn zu entlassen, sobald er, Reagan, gewählt sei, im Amt des Vorsitzenden des Federal Reserve Board. Nachdem der Club of Rome eine Schlüsselrolle in der Kubakrise gespielt hatte, versuchte er, Präsident Kennedy sein "Krisenmanagement"-Programm (der Vorläufer der FEMA) zu verkaufen. Mehrere Tavistock-Wissenschaftler suchten den Präsidenten auf, um ihm zu erklären, was damit gemeint war, aber der Präsident lehnte ihre Ratschläge ab. Im selben Jahr, in dem Kennedy ermordet wurde, war Tavistock erneut in Washington, um mit der NASA zu sprechen. Diesmal waren die Gespräche erfolgreich. Tavistock erhielt von der NASA den Auftrag, die Auswirkungen des kommenden Raumfahrtprogramms auf die öffentliche Meinung in den USA zu untersuchen.

Der Auftrag wurde an das Stanford Research Institute und die Rand Corporation weitergegeben. Ein großer Teil des von Tavistock, Stanford und Rand erstellten Materials hat nie das Licht der Welt erblickt und bleibt bis heute unter Verschluss. Mehrere Aufsichtsausschüsse und Unterausschüsse des Senats, an die ich mich wandte, um Informationen zu erhalten, sagten mir, sie hätten "noch nie davon gehört", noch hätten sie die geringste Ahnung, wo ich das Gesuchte finden könnte. Das ist die Macht und das Prestige *des Ausschusses der 300.*

1966 rieten mir meine Geheimdienstkollegen, mich an Dr. Anatol Rappaport zu wenden, der eine Abhandlung geschrieben hatte, an der die Regierung angeblich interessiert war. Es handelte sich um eine Abhandlung, die das Weltraumprogramm der NASA beenden sollte, das laut Rappaport seinen Nutzen überlebt hatte. Rappaport war gerne bereit, mir ein Exemplar seines Papiers zu überlassen, in dem er, ohne ins Detail zu gehen, im Wesentlichen forderte, dass das Raumfahrtprogramm der NASA eingestellt werden sollte. Die NASA habe zu viele Wissenschaftler, die einen schlechten Einfluss auf Amerika ausübten, weil sie immer darauf erpicht seien, an Schulen und Universitäten Vorträge über die Funktionsweise der Raketentechnik zu halten, von der Konstruktion bis zum Antrieb. Rappaport behauptete, dies würde eine Generation von Erwachsenen hervorbringen, die sich entschließen würden, Raumfahrt-Wissenschaftler zu werden, nur um dann festzustellen, dass sie "überflüssig" seien, da im Jahr 2000 niemand mehr ihre Dienste benötige.

Kaum war Rappaports profilierender Bericht über die NASA der NATO vom Club of Rome vorgelegt worden, forderte *das Komitee der 300* Maßnahmen. Die Beamten des NATO-Clubs von Rom, die mit dringenden Maßnahmen gegen die NASA beauftragt wurden, waren Harland Cleveland, Joseph Slater, Claiborne K. Pell, Walter J. Levy, George McGhee, William Watts, Robert Strausz-Hupe (US-Botschafter bei der NATO) und Donald Lesh. Im Mai 1967 organisierten der wissenschaftlich-technische Ausschuss der Nordatlantikversammlung und das Foreign Policy Research Institute eine Tagung. Sie trug den Titel "Conference on Transatlantic Imbalance and Collaboration" (Konferenz über das transatlantische Ungleichgewicht und die Zusammenarbeit) und fand im Palast von Königin Elisabeth in Deauville, Frankreich, statt.

Der grundlegende Zweck und die Absicht der Konferenz in Deauville bestand darin, den technologischen und industriellen Fortschritt der USA zu beenden. Aus der Konferenz gingen zwei Bücher hervor, von denen eines hier erwähnt wird, Brzezinskis "Technotronic Era". Das andere wurde vom Vorsitzenden der Konferenz, Aurellio Peccei, mit dem Titel "The Chasm Ahead" geschrieben. Peccei stimmte weitgehend mit Brzezinski überein, fügte aber hinzu, dass in einer zukünftigen Welt, die NICHT von einer EINEN WELTREGIERUNG regiert wird, Chaos herrschen würde. In diesem Zusammenhang bestand Peccei darauf, dass der Sowjetunion "eine Konvergenz mit der NATO" angeboten werden müsse, wobei eine solche Konvergenz in einer gleichberechtigten Partnerschaft mit den Vereinigten Staaten in einer Neuen Weltordnung enden müsse. Beide Nationen wären für das zukünftige "Krisenmanagement und die globale Planung" verantwortlich. Der erste "globale Planungsvertrag" des Club of Rome ging an das Massachusetts Institute of Technology (MIT), eines der führenden Forschungsinstitute des *Komitees der 300*. Jay Forrestor und

Dennis Meadows wurden mit der Leitung des Projekts betraut.

Worum ging es in ihrem Bericht? Er unterschied sich nicht grundlegend von dem, was Malthus und von Hayek gepredigt hatten, nämlich die alte Frage, dass es nicht genug natürliche Ressourcen gibt. Der Forrestor-Meadows-Bericht war ein kompletter Betrug. Was er nicht sagte, war, dass der bewiesene Erfindergeist des Menschen aller Wahrscheinlichkeit nach einen Weg finden würde, die "Knappheit" zu umgehen. Die Fusionsenergie, der tödliche Feind *des Komitees der 300,* könnte zur ERSCHÖPFUNG natürlicher Ressourcen eingesetzt werden. Ein Fusionsbrenner könnte aus einer Quadratmeile gewöhnlichen Gesteins genug Aluminium herstellen, um unseren Bedarf für vier Jahre zu decken.

Peccei wurde nicht müde, gegen den Nationalstaat zu predigen und darauf hinzuweisen, wie zerstörerisch er für den Fortschritt der Menschheit ist. Er forderte eine "kollektive Verantwortung". Der Nationalismus sei ein Krebsgeschwür für den Menschen, war das Thema mehrerer wichtiger Reden von Peccei. Sein enger Freund Ervin Lazlo verfasste 1977 ein Werk mit dem Titel "Goals of Mankind", eine bahnbrechende Studie für den Club of Rome, die in eine ähnliche Richtung ging. Das gesamte Positionspapier war ein wütender Angriff auf die industrielle Expansion und das Wachstum der Städte. In all diesen Jahren hielt Kissinger als designierter Kontaktmann im Namen des RIIA engen Kontakt zu Moskau. Die Papiere zur "globalen Modellierung" wurden regelmäßig mit Kissingers Freunden im Kreml ausgetauscht.

Was die Dritte Welt betrifft, so hat Harland Cleveland vom Club of Rome einen Bericht verfasst, der den Gipfel des Zynismus darstellt. Cleveland war zu dieser Zeit Botschafter der Vereinigten Staaten bei der NATO. Im Wesentlichen hieß es in dem Papier, dass es den Ländern der Dritten Welt überlassen bliebe, untereinander zu entscheiden, welche Bevölkerungsgruppen eliminiert werden sollten. Wie Peccei später schrieb (auf der Grundlage des Cleveland-Berichts): "Beschädigt durch die widersprüchliche Politik dreier großer Länder und Blöcke, die hier und da grob zusammengeflickt wurden, zerfällt die bestehende internationale Wirtschaftsordnung zusehends aus den Fugen... Die Aussicht auf die Notwendigkeit einer Triage - die Entscheidung, wer gerettet werden muss - ist in der Tat sehr düster. Aber wenn es bedauerlicherweise so weit kommen sollte, kann das Recht, solche Entscheidungen zu treffen, nicht nur einigen wenigen Nationen überlassen werden, denn das würde zu einer bedrohlichen Macht über das Leben der Hungernden in der Welt führen."

Darin liegt die Politik des Komitees, die afrikanischen Nationen absichtlich verhungern zu lassen, wie es in den Ländern der Subsahara der Fall ist. Das war Zynismus in Reinkultur, denn *das Komitee der 300* hatte die Entscheidung über Leben und Tod bereits an sich gerissen, und Peccei wusste das. Er hatte dies bereits in seinem Buch "Grenzen des Wachstums" angedeutet. Peccei lehnte den industriellen und landwirtschaftlichen Fortschritt vollständig ab und forderte stattdessen, dass die Welt in einer Eine-Welt-Regierung einem einzigen Koordinierungsrat unterstellt werden sollte, nämlich dem Club of Rome und seinen NATO-Institutionen.

Die natürlichen Ressourcen müssten unter der Schirmherrschaft einer globalen Planung verteilt werden. Die Nationalstaaten könnten entweder die Vorherrschaft des Club of Rome akzeptieren oder nach dem Gesetz des Dschungels überleben und ums Überleben kämpfen. In ihrem ersten "Testfall" planten Meadows und Forrestor im Auftrag des RIIA den arabisch-israelischen Krieg von 1973, um der Welt eindringlich vor Augen zu führen, dass natürliche Ressourcen wie Erdöl in Zukunft unter die Kontrolle globaler Planer kommen würden, d.h. natürlich unter die Kontrolle *des Komitees der 300.*

Das Tavistock-Institut forderte eine Konsultation mit Peccei, zu der McGeorge Bundy, Homer Perlmutter und Dr. Alexander King eingeladen wurden. Von London aus reiste Peccei ins Weiße Haus, wo er mit dem Präsidenten und seinem Kabinett zusammentraf, gefolgt von einem Besuch im Außenministerium, wo er sich mit dem Außenminister, dem Nachrichtendienst des Außenministeriums und dem Policy Planning Council des Außenministeriums beriet. Die Regierung der Vereinigten Staaten war also von Anfang an über die Pläne des *Komitees der 300* für dieses Land informiert. Das sollte die oft gestellte Frage beantworten: "Warum sollte unsere Regierung dem Club of Rome erlauben, in den Vereinigten Staaten auf subversive Weise zu operieren?"

Die Wirtschafts- und Währungspolitik von Volcker spiegelt die Politik von Sir Geoffrey Howe, Schatzkanzler und Mitglied *des Komitees der 300,* wider. Dies veranschaulicht, wie Großbritannien die Vereinigten Staaten seit kurz nach dem Krieg von 1812 kontrolliert hat und durch die Politik des *Komitees der 300* weiterhin Kontrolle über dieses Land ausübt.

Was sind die Ziele der geheimen elitären Gruppe, der Erben des Illuminismus (Moriah Conquering Wind), des Dionysius-Kultes, des Isis-Kultes, des Katharismus, des Bogomilismus? Diese elitäre Gruppe, die sich auch die *OLYMPIONEN* nennt (sie glauben wirklich, dass sie den legendären Göttern des Olymps an Macht und Größe ebenbürtig sind, die sich, wie ihr Gott Luzifer, über unseren wahren Gott gestellt haben), glaubt fest daran, dass sie mit göttlichem Recht beauftragt wurde, Folgendes umzusetzen:

1. **Eine Eine-Welt-Regierung/Neue Weltordnung** mit einer einheitlichen Kirche und einem einheitlichen Geldsystem unter ihrer Leitung. Nicht viele Menschen sind sich bewusst, dass die Eine-Welt-Regierung in den 1920er/1930er Jahren mit dem Aufbau ihrer "Kirche" begann, denn sie erkannte die Notwendigkeit, dass ein der Menschheit innewohnender religiöser Glaube ein Ventil braucht, und gründete daher eine "kirchliche" Einrichtung, um diesen Glauben in die von ihr gewünschte Richtung zu lenken.

2. **Die völlige Zerstörung** aller nationalen Identität und des Nationalstolzes.

3. **Die Zerstörung der Religion** und insbesondere der christlichen Religion, mit der einzigen Ausnahme, ihrer eigenen, oben erwähnten Schöpfung.

4. **Kontrolle** jedes einzelnen Menschen durch Gedankenkontrolle und das, was Brzezinski als "Technotronik" bezeichnet, die menschenähnliche Roboter und ein System des Terrors schaffen würde, neben dem Felix Dzerzinskis Roter Terror wie ein Kinderspiel aussehen würde.

5. **Ein Ende jeglicher Industrialisierung** und der Produktion von Atomstrom in der so genannten "postindustriellen Nullwachstumsgesellschaft". Ausgenommen sind die Computer- und die Dienstleistungsindustrie. Die verbleibenden Industriezweige der Vereinigten Staaten werden in Länder wie Mexiko exportiert, wo Sklavenarbeit im Überfluss vorhanden ist. Die Arbeitslosen im Gefolge der industriellen Zerstörung werden entweder opium-, heroin- oder kokainsüchtig oder werden zu Statisten in dem Eliminierungsprozess, den wir heute als Global 2000 kennen.

6. **Legalisierung** von Drogen und Pornografie.

7. **Entvölkerung von Großstädten** nach dem vom Pol-Pot-Regime in Kambodscha durchgeführten Probelauf. Es ist interessant festzustellen, dass die Völkermordpläne von Pol Pot hier in den Vereinigten Staaten von einer der Forschungsstiftungen des Club of Rome ausgearbeitet

wurden. Interessant ist auch, dass der Ausschuss derzeit versucht, die Pol-Pot-Schlächter in Kambodscha wieder einzusetzen.

8. **Unterdrückung aller wissenschaftlichen Entwicklungen** mit Ausnahme derer, die der Ausschuss für nützlich hält. Besonders betroffen ist die Kernenergie zu friedlichen Zwecken. Besonders verhasst sind die Fusionsversuche, die derzeit vom Komitee und seinen Schakalen in der Presse verhöhnt und lächerlich gemacht werden. Die Entwicklung des Fusionsbrenners würde die Vorstellung des Ausschusses von "begrenzten natürlichen Ressourcen" über den Haufen werfen. Ein richtig eingesetzter Fusionsbrenner könnte unbegrenzte, unerschlossene natürliche Ressourcen aus den gewöhnlichsten Substanzen erzeugen. Die Einsatzmöglichkeiten des Fusionsbrenners sind vielfältig und würden der Menschheit in einer Weise zugute kommen, die von der Öffentlichkeit noch nicht einmal im Entferntesten verstanden wird.

9. **Durch begrenzte Kriege** in den fortgeschrittenen Ländern und durch Hunger und Krankheiten in den Ländern der Dritten Welt den Tod von 3 Milliarden Menschen bis zum Jahr 2000 **herbeizuführen**, Menschen, die sie als "nutzlose Esser" bezeichnen. *Das Komitee der 300* beauftragte Cyrus Vance, ein Papier zu diesem Thema zu verfassen, wie ein solcher Völkermord am besten herbeigeführt werden kann. Das Papier wurde unter dem Titel "Global 2000 Report" verfasst und von Präsident Carter im Namen der US-Regierung sowie von Edwin Muskie, dem damaligen Außenminister, akzeptiert und zur Umsetzung freigegeben. Der Global 2000 Report sieht vor, dass die Bevölkerung der Vereinigten Staaten bis zum Jahr 2050 um 100 Millionen Menschen reduziert werden soll.

10. **Schwächung der Moral** der Nation und Demoralisierung der Arbeitnehmer in der Arbeiterklasse durch Schaffung von Massenarbeitslosigkeit. Da die Arbeitsplätze aufgrund der vom Club of Rome eingeführten postindustriellen Nullwachstumspolitik schwinden, werden demoralisierte und entmutigte Arbeiter zu Alkohol und Drogen greifen. Die Jugend des Landes wird durch Rockmusik und Drogen ermutigt, gegen den Status quo zu rebellieren, wodurch die Familieneinheit untergraben und schließlich zerstört wird. In diesem Zusammenhang beauftragte *der Ausschuss der 300* das

Tavistock-Institut mit der Ausarbeitung eines Konzepts, wie dies erreicht werden könnte. Tavistock beauftragte Stanford Research mit der Durchführung der Arbeit unter der Leitung von Professor Willis Harmon. Diese Arbeit wurde später als "The Aquarian Conspiracy" bekannt.

11. **Die Menschen sollen überall** davon abgehalten werden, über ihr eigenes Schicksal zu entscheiden, indem eine Krise nach der anderen *herbeigeführt* wird und diese Krisen dann "verwaltet" werden. Dies wird die Bevölkerung so verwirren und demoralisieren, dass es angesichts der vielen Wahlmöglichkeiten zu einer massiven Apathie kommen wird. In den Vereinigten Staaten gibt es bereits eine Agentur für Krisenmanagement. Es handelt sich dabei um die Federal Emergency Management Agency (FEMA), über deren Existenz ich erstmals 1980 berichtet habe. Wir werden im weiteren Verlauf mehr über die FEMA erfahren.

12. **Neue Kulte einführen** und die bereits existierenden weiter fördern, darunter Rock-"Musik"-Gangster wie die schmutzigen, degenerierten "Rolling Stones" von Mick Jagger (eine Gangstergruppe, die vom europäischen schwarzen Adel bevorzugt wird) und alle von Tavistock geschaffenen "Rock"-Gruppen, die mit den "Beatles" begannen. Den vom Diener der Britischen Ostindien-Kompanie, Darby, begonnenen Kult des christlichen Fundamentalismus weiter aufzubauen, der dazu missbraucht wird, den zionistischen Staat Israel zu stärken, indem man sich mit den Juden durch den *Mythos* von "Gottes auserwähltem Volk" identifiziert und sehr beträchtliche Geldsummen für etwas spendet, von dem man fälschlicherweise glaubt, es sei eine religiöse Sache zur Förderung des Christentums.

13. **Die Ausbreitung religiöser Kulte** wie der Moslembruderschaft, des Moslem-Fundamentalismus und der Sikhs sowie die Durchführung von Experimenten der Art Jim Jones und "Son of Sam". Es ist erwähnenswert, dass der verstorbene Ayatollah Khomeini eine Schöpfung des britischen Geheimdienstes Military Intelligence Division 6, allgemein bekannt als MI6, war, wie ich 1985 in meinem Werk "What Really Happened In Iran" berichtete.

14. **Export von** Ideen der "**religiösen Befreiung**" in die ganze Welt, um alle bestehenden Religionen, vor allem aber die christliche Religion, zu untergraben. Dies begann mit der

"jesuitischen Befreiungstheologie", die den Sturz der Somoza-Familienherrschaft in Nicaragua herbeiführte und heute El Salvador, das sich seit 25 Jahren in einem "Bürgerkrieg" befindet, Costa Rica und Honduras zerstört. Eine sehr aktive Organisation, die sich mit der so genannten Befreiungstheologie beschäftigt, ist die kommunistisch orientierte Mary-Knoll-Mission. Dies erklärt das große Medieninteresse an der Ermordung von vier so genannten Mary-Knoll-Nonnen in El Salvador vor einigen Jahren. Die vier Nonnen waren kommunistische subversive Agenten und ihre Aktivitäten wurden von der Regierung von El Salvador ausführlich dokumentiert. Die Presse und die Nachrichtenmedien der Vereinigten Staaten weigerten sich, dem umfangreichen Dokumentationsmaterial, das sich im Besitz der salvadorianischen Regierung befindet und das beweist, was die Nonnen der Mary-Knoll-Mission im Lande taten, Platz einzuräumen oder darüber zu berichten. Mary Knoll ist in vielen Ländern im Einsatz und spielte eine führende Rolle bei der Überwindung des Kommunismus in Rhodesien, Mosambik, Angola und Südafrika.

15. **Einen totalen Zusammenbruch** der Weltwirtschaft und ein totales politisches Chaos **herbeizuführen.**

16. **Übernahme der Kontrolle** über die gesamte Außen- und Innenpolitik der Vereinigten Staaten.

17. **Supranationale Institutionen** wie die Vereinten Nationen (UN), den Internationalen Währungsfonds (IWF), die Bank für Internationalen Zahlungsausgleich (BIZ) und den Weltgerichtshof **in vollem Umfang zu unterstützen** und, soweit möglich, lokale Institutionen durch ihre schrittweise Abschaffung oder ihre Unterstellung unter die Vereinten Nationen in ihrer Wirkung zu schwächen.

18. **Sie dringen in alle Regierungen ein, unterwandern** sie und arbeiten von innen heraus, um die souveräne Integrität der von ihnen vertretenen Nationen zu zerstören.

19. **Organisieren Sie einen weltweiten Terroristenapparat** und verhandeln Sie mit den Terroristen, wenn es zu terroristischen Aktivitäten kommt. Es wird daran erinnert, dass es Bettino Craxi war, der die italienische und die US-amerikanische Regierung überredete, mit den Entführern von Ministerpräsident Moro und General Dozier durch die Roten

Brigaden zu verhandeln. Nebenbei bemerkt: General Dozier hat den Befehl, nicht über das zu sprechen, was ihm widerfahren ist. Sollte er dieses Schweigen brechen, wird an ihm zweifellos ein "schreckliches Exempel" statuiert werden, so wie Kissinger mit Aldo Moro, Ali Bhutto und General Zia ul Haq verfuhr.

20. **Übernahme der Kontrolle über das Bildungswesen** in Amerika mit der Absicht und dem Zweck, es vollständig zu zerstören. Viele dieser Ziele, die ich zum ersten Mal 1969 aufgezählt habe, wurden inzwischen erreicht oder sind auf dem besten Weg, erreicht zu werden. Von besonderem Interesse im Programm *des Komitees der 300* ist der Kern ihrer Wirtschaftspolitik, die weitgehend auf den Lehren von Malthus beruht, dem Sohn eines englischen Landpfarrers, der von der Britischen Ostindien-Kompanie, auf die sich *das Komitee der 300* beruft, zu großer Bekanntheit gebracht wurde.

Malthus vertrat die Auffassung, dass der Fortschritt des Menschen an die natürliche Fähigkeit der Erde gebunden ist, eine bestimmte Anzahl von Menschen zu ernähren, und dass die begrenzten Ressourcen der Erde bei Überschreitung dieses Punktes schnell erschöpft sein werden. Sobald diese natürlichen Ressourcen aufgebraucht sind, ist es unmöglich, sie zu ersetzen. Daher, so Malthus, ist es notwendig, die Bevölkerungszahl innerhalb der Grenzen der abnehmenden natürlichen Ressourcen zu begrenzen. Es versteht sich von selbst, dass die Elite nicht zulassen wird, dass sie durch eine wachsende Population "nutzloser Esser" bedroht wird, daher muss die Ausmerzung praktiziert werden. Wie ich bereits erwähnt habe, findet die "Ausmerzung" heute statt, und zwar mit den Methoden, die im "Global 2000 Report" vorgeschrieben sind.

Alle Wirtschaftspläne des Ausschusses treffen sich an der Kreuzung von Malthus und Frederick Von Hayek, einem weiteren, vom Club of Rome geförderten Untergangsökonomen. Der in Österreich geborene Von Hayek steht seit langem unter der Kontrolle von David Rockefeller, und die Theorien von Von Hayek sind in den Vereinigten Staaten ziemlich weit verbreitet. Von Hayek zufolge muss die wirtschaftliche Plattform der Vereinigten Staaten auf (a) städtischen Schwarzmärkten, (b) kleinen Industrien nach dem Vorbild Hongkongs, in denen Ausbeutungsbetriebe arbeiten, (c) dem Fremdenverkehr, (d) Freihandelszonen, in denen Spekulanten ungehindert agieren und der Drogenhandel florieren kann, (e) der Beendigung aller industriellen

Aktivitäten und (f) der Schließung aller Atomkraftwerke beruhen.

Von Hayeks Ideen stimmen perfekt mit denen des Club of Rome überein, was vielleicht der Grund dafür ist, dass er in rechten Kreisen in diesem Land so stark gefördert wird. Der Mantel von Hayek wird an einen neuen, jüngeren Wirtschaftswissenschaftler, Jeoffrey Sachs, weitergegeben, der nach Polen geschickt wurde, um die Arbeit von Von Hayek fortzusetzen.

Es sei daran erinnert, dass der Club of Rome die polnische Wirtschaftskrise organisiert hat, die zur politischen Destabilisierung des Landes führte. Genau dieselbe Wirtschaftsplanung, wenn man es denn so nennen darf, wird Russland aufgezwungen werden, aber wenn es auf breiten Widerstand stößt, wird das alte Preisstützungssystem schnell wiederhergestellt werden.

Das Komitee der 300 wies den Club of Rome an, den polnischen Nationalismus als Instrument zu nutzen, um die katholische Kirche zu zerstören und den Weg für die Wiederbesetzung des Landes durch russische Truppen zu ebnen. Die "Solidaritäts"-Bewegung war eine Schöpfung von Zbigniew Brzezinski vom *Komitee der 300,* der den Namen für die "Gewerkschaft" wählte und ihre Funktionäre und Organisatoren aussuchte. Die Solidarität ist keine "Arbeiter"-Bewegung, auch wenn sie von Danziger Werftarbeitern ins Leben gerufen wurde, sondern eine hochkarätige POLITISCHE Organisation, die geschaffen wurde, um in Vorbereitung auf die Einführung der Eine-Welt-Regierung Veränderungen herbeizuführen.

Die meisten Führer der Solidarno?? waren Nachkommen bolschewistischer Juden aus Odessa und nicht gerade für ihren Hass auf den Kommunismus bekannt. Dies hilft, die satte Berichterstattung der amerikanischen Medien zu verstehen. Professor Sachs ist noch einen Schritt weiter gegangen und hat die wirtschaftliche Sklaverei eines Polens sichergestellt, das erst kürzlich von der Herrschaft der UdSSR befreit wurde. Polen wird nun zum Wirtschaftssklaven der Vereinigten Staaten. Das einzige, was passiert ist, ist, dass der Herr gewechselt hat.

Brzezinski ist der Autor eines Buches, das jeder Amerikaner, der sich für die Zukunft dieses Landes interessiert, gelesen haben sollte. Es trägt den Titel "Das technotronische Zeitalter" und wurde vom Club of Rome in Auftrag gegeben. Das Buch ist eine offene Ankündigung der Art und Weise und der Methoden, die zur Kontrolle der Vereinigten Staaten in der Zukunft eingesetzt werden sollen. Es kündigte auch das Klonen und "Robotoide" an, d. h. Menschen, die sich wie Menschen verhielten und die wie Menschen aussahen, es aber nicht waren. Brzezinski, der für *das Komitee der 300* sprach, sagte, die Vereinigten Staaten bewegten sich "auf eine Ära zu, die mit keiner ihrer Vorgängerinnen vergleichbar sei; wir bewegten uns auf eine technotronische Ära zu, die leicht zu einer Diktatur werden könne." Ich habe 1981 ausführlich über das "technotronische Zeitalter" berichtet und es in meinen Newslettern mehrfach erwähnt.

Brzezinski fuhr fort, dass sich unsere Gesellschaft "in einer Informationsrevolution befindet, die auf Unterhaltungsfokus und Zuschauerspektakel (Sättigungsberichterstattung des Fernsehens über Sportereignisse) basiert, die ein Opiat für eine zunehmend ziellose Masse darstellen". War Brzezinski ein weiterer Seher und Prophet? Konnte er in die Zukunft sehen? Die Antwort lautet NEIN; was er in seinem Buch schrieb, wurde einfach von der Blaupause des *Komitees der 300* kopiert, die dem Club of Rome zur Ausführung übergeben wurde. Ist es nicht so, dass wir 1991 bereits eine ziellose Masse von Bürgern haben? Wir könnten sagen, dass 30 Millionen Arbeitslose und 4 Millionen Obdachlose eine "zwecklose Masse" sind, oder zumindest der Kern einer solchen.

Neben der Religion, dem "Opium der Massen", dessen Notwendigkeit Lenin und Marx anerkannten, haben wir jetzt die Opiate des Massensports, der ungezügelten sexuellen Begierden, der Rockmusik und einer ganz neuen Generation von Drogensüchtigen. Sinnloser Sex und eine Epidemie von Drogenkonsum wurden geschaffen, um die Menschen von dem abzulenken, was um sie herum geschieht. In "Das technotronische Zeitalter" spricht Brzezinski über "die Massen", als ob die Menschen ein lebloses Objekt wären - so werden wir möglicherweise auch vom *Komitee der 300* gesehen. Er verweist ständig auf die Notwendigkeit, uns "Massen" zu kontrollieren.

An einem Punkt lässt er die Katze aus dem Sack:

"Gleichzeitig wird die Fähigkeit, soziale und politische Kontrolle über den Einzelnen auszuüben, enorm zunehmen. Bald wird es möglich sein, jeden Bürger nahezu lückenlos zu kontrollieren und aktuelle Dateien zu führen, die neben den üblichen Daten auch die persönlichsten Details über die Gesundheit und das persönliche Verhalten eines jeden Bürgers enthalten.

"Diese Dateien werden von den Behörden sofort abgerufen werden können. Die Macht wird sich in die Hände derjenigen verlagern, die die Informationen kontrollieren. Unsere bestehenden Institutionen werden durch Pre-Crisis-Management-Institutionen ersetzt werden, deren Aufgabe es sein wird, wahrscheinliche soziale Krisen im Voraus zu erkennen und Programme zu entwickeln, um sie zu bewältigen. (Dies beschreibt die Struktur der FEMA, die erst viel später entstand.)

"Dies wird in den nächsten Jahrzehnten die Tendenz zu einer TECHNOTRONISCHEN ÄRA, einer DIKTATORISCHEN REGIERUNG fördern, die noch weniger Raum für politische Verfahren, wie wir sie kennen, lässt. Schließlich, mit Blick auf das Ende des Jahrhunderts, könnte die Möglichkeit der BIOCHEMISCHEN GEISTESKONTROLLE und des GENETISCHEN TINKERING mit dem Menschen, einschließlich Wesen, die wie Menschen funktionieren und auch wie sie denken, zu einigen schwierigen Fragen führen."

Brzezinski schrieb nicht als Privatmann, sondern als Carters Nationaler Sicherheitsberater, als führendes Mitglied des Club of Rome, als Mitglied *des Komitees der 300,* als Mitglied des CFR und als Angehöriger des alten polnischen Schwarzen Adels. Sein Buch erklärt, wie Amerika seine industrielle Basis hinter sich lassen und in eine, wie er es nennt, "ausgeprägte neue historische Ära" eintreten muss.

"Was Amerika einzigartig macht, ist seine Bereitschaft, die Zukunft zu erleben, sei es Pop-Art oder LSD. Amerika ist heute die schöpferische Gesellschaft, die anderen sind, bewusst oder unbewusst, nachahmend. Was er hätte sagen sollen, war, dass Amerika der Nährboden für die Politik *des Komitees der 300* ist, die direkt zur Auflösung der alten Ordnung und zum Eintritt in die Eine-Welt-Regierung/Neue Weltordnung führt.

In einem der Kapitel von "Das technotronische Zeitalter" wird erläutert, wie die neue Technologie intensive Konfrontationen mit sich bringen wird, die den sozialen und internationalen Frieden belasten werden. Seltsamerweise sind wir bereits jetzt durch die Überwachung stark belastet. Lourdes auf Kuba ist ein Ort, an dem dies geschieht. Der andere ist das NATO-Hauptquartier in Brüssel, Belgien, wo ein riesiger Computer mit der Bezeichnung "666" alle von Brzezinski erwähnten Daten speichern kann und darüber hinaus über eine erweiterte Kapazität verfügt, um die Daten von mehreren Milliarden Menschen mehr zu erfassen, als derzeit vorhanden sind, falls es jemals dazu kommen sollte, die aber angesichts des Genozid-Berichts von Global 2000 wahrscheinlich nie genutzt werden müssen.

In den Vereinigten Staaten, wo Sozialversicherungsnummern oder Führerscheinnummern einfach zu 666 addiert werden können, um die von Brzezinski und seinen Kollegen *vom Komitee der 300* angekündigte Überwachungsaufzeichnung zu ermöglichen, wird das

Abrufen von Daten einfach sein. Das Komitee hat bereits 1981 die Regierungen, einschließlich der Regierung der UdSSR, gewarnt, dass es "ein Chaos geben wird, wenn das *Komitee der 300* nicht die vollständige Kontrolle über die Vorbereitungen für die Neue Weltordnung übernimmt. DIE KONTROLLE WIRD DURCH UNSER KOMITEE UND DURCH GLOBALE PLANUNG UND KRISENMANAGEMENT AUSGEÜBT WERDEN." Ich berichtete über diese sachliche Information einige Monate, nachdem ich sie 1981 erhalten hatte. Ein weiterer Punkt, über den ich damals berichtete, war, dass RUSSLAND eingeladen worden war, sich an den Vorbereitungen für die kommende EINE WELTREGIERUNG zu beteiligen.

Als ich diese Zeilen 1981 schrieb, waren die globalen Pläne der Verschwörer bereits in einem fortgeschrittenen Stadium der Vorbereitung. Wenn man auf die letzten 10 Jahre zurückblickt, kann man sehen, wie schnell die Pläne des Komitees vorangeschritten sind. Wenn die Informationen von 1981 schon alarmierend waren, dann sollten sie heute, da wir uns dem Endstadium des Untergangs der Vereinigten Staaten, wie wir sie kennen, nähern, noch alarmierender sein. Mit unbegrenzter Finanzierung, mit mehreren hundert Denkfabriken und 5000 Sozialingenieuren, mit Medienbanking und der Kontrolle der meisten Regierungen können wir sehen, dass wir einem Problem von immensen Ausmaßen auf der Spur sind, einem Problem, dem *keine* Nation zu diesem Zeitpunkt etwas entgegensetzen kann.

Wie ich schon so oft gesagt habe, hat man uns vorgegaukelt, dass das Problem, von dem ich spreche, seinen Ursprung in Moskau hat. Man hat uns eine Gehirnwäsche verpasst und uns glauben lassen, der Kommunismus sei die größte Gefahr für uns Amerikaner. *Dies ist einfach nicht der Fall. Die größte* Gefahr geht von der Masse der Verräter in unserer Mitte aus. Unsere Verfassung warnt uns, vor dem Feind *in unseren Toren* auf der Hut zu sein. Diese Feinde sind die Diener *des Ausschusses der 300,* die *hohe Positionen* in unserer Regierungsstruktur einnehmen. Die VEREINIGTEN STAATEN sind der Ort, an dem wir unseren Kampf beginnen MÜSSEN, um die Flut umzukehren, die uns zu verschlingen droht, und wo wir diese internen Verschwörer treffen und besiegen müssen.

Der Club of Rome war auch direkt an der Entstehung des 25 Jahre alten Krieges in El Salvador beteiligt, als integraler Bestandteil des von Elliot Abrams vom US-Außenministerium ausgearbeiteten umfassenden Plans. Es war das Mitglied des Komitees der 300, Willy Brandt, Führer der Sozialistischen Internationale und ehemaliger Bundeskanzler der Bundesrepublik Deutschland, der für die "letzte Offensive" der salvadorianischen Guerilla bezahlte, die glücklicherweise nicht erfolgreich war. EI Salvador wurde vom Komitee ausgewählt, um Mittelamerika in eine Zone für einen neuen Dreißigjährigen Krieg zu verwandeln, eine Aufgabe, die Kissinger unter dem harmlosen Titel "Der Andenplan" zugewiesen wurde.

Nur um zu zeigen, wie die Verschwörer über alle nationalen Grenzen hinweg agieren, kam die von Willy Brandt geplante "Schlussoffensive" durch einen Besuch bei Felips Gonzalez zustande, der sich damals auf seine vom Club of Rome bestimmte Rolle als künftiger spanischer Ministerpräsident vorbereitete. Abgesehen von mir selbst und ein oder zwei meiner Geheimdienstkollegen und ehemaligen Kollegen schien niemand von Gonzalez gehört zu haben, bevor er in Kuba auftauchte. Gonzalez war der Beauftragte des Club of Rome für die EI Salvador und der erste Sozialist, der in Spanien seit dem Tod von General Franco an die politische Macht kam.

Gonzalez war auf dem Weg nach Washington, um an dem sozialistischen "get Reagan"-Treffen des Club of Rome teilzunehmen, das im Dezember 1980 stattfand. Bei dem Treffen zwischen Gonzalez und Castro war auch der linke Guerillero Guillermo Ungo anwesend, der vom Institute for Policy Studies (IPS), dem berüchtigtsten linken Think-Tank des *Komitees der 300* in Washington, geleitet wurde. Ungo wurde von einem IPS-Mitarbeiter geleitet, der bei einem mysteriösen Flugzeugabsturz ums Leben kam, als er auf dem Weg von Washington nach Havanna war, um Castro zu besuchen.

Wie die meisten von uns wissen, werden sowohl die linke als auch die rechte Seite des politischen Spektrums von denselben Leuten kontrolliert, was die Tatsache erklärt, dass Ungo ein lebenslanger Freund des verstorbenen Napoleon Duarte war, dem Führer der Rechten in der EI Salvador. Nach dem Kuba-Treffen wurde die "letzte Offensive" der salvadorianischen Guerilla durchgeführt.

Die Polarisierung Südamerikas und der USA war ein spezieller Auftrag, der Kissinger *vom Ausschuss der 300* erteilt wurde. Der Malvinas-Krieg (auch bekannt als Falkland-Krieg) und der anschließende Sturz der argentinischen Regierung, gefolgt von wirtschaftlichem Chaos und politischen Umwälzungen, wurden von Kissinger Associates im Einvernehmen mit Lord Carrington, einem hochrangigen Mitglied *des* Komitees *der 300*, geplant.

Eines der wichtigsten *Das Komitee der 300* Aktiva in den USA, das Aspen-Institut in Colorado, hat ebenfalls an der Planung der Ereignisse in Argentinien mitgewirkt, ebenso wie im Falle des Sturzes des Schahs von Iran. Lateinamerika ist für die Vereinigten Staaten wichtig, nicht nur, weil wir so viele gegenseitige Verteidigungsabkommen mit den Ländern dort haben, sondern auch, weil es das Potenzial hat, einen riesigen Markt für amerikanische Exporte von Technologie und schweren Industrieausrüstungen zu bieten, die vielen unserer ins Stocken geratenen Unternehmen Auftrieb gegeben und Tausende neuer Arbeitsplätze geschaffen hätten. Dies galt es um jeden Preis zu verhindern, auch wenn dies 30 Jahre Krieg bedeutete.

Anstatt dieses riesige Potenzial in einem positiven Licht zu sehen, betrachtete *das Komitee der 300* es als eine gefährliche Bedrohung für seine postindustriellen Nullwachstumspläne in den USA und handelte sofort, um an Argentinien ein Exempel zu statuieren, als Warnung für andere lateinamerikanische Nationen, alle Ideen zu vergessen, die sie zur Förderung von Nationalismus, Unabhängigkeit und souveräner Integrität gehabt haben könnten. Dies ist der Grund, warum so viele lateinamerikanische Länder sich den Drogen als einzigem Mittel zur Unterstützung zuwandten, was sehr wohl die Absicht der Verschwörer gewesen sein könnte.

Die Amerikaner blicken im Allgemeinen auf Mexiko herab, und das ist genau die Einstellung, mit der der Ausschuss die Menschen in den Vereinigten Staaten auf Mexiko aufmerksam machen *möchte.* Wir müssen unser Denken über Mexiko und Südamerika im allgemeinen ändern. Mexiko stellt einen potentiell riesigen Markt für alle Arten von US-Waren dar, was Tausende von Arbeitsplätzen für Amerikaner und Mexikaner gleichermaßen bedeuten könnte. Die Verlagerung unserer Industrien "südlich der Grenze" und die Zahlung von Sklavenlöhnen an die Maquiladores liegt nicht im Interesse der beiden Länder. Es nützt niemandem außer den "Olympioniken".

Mexiko erhielt den größten Teil seiner Kernkrafttechnologie von Argentinien, doch der Malvinas-Krieg setzte dem ein Ende. Der Club of Rome beschloss 1986, den Export von Atomtechnologie in Entwicklungsländer zu stoppen. Mit Atomkraftwerken, die reichlich billigen Strom erzeugen, wäre Mexiko das "Deutschland Lateinamerikas" geworden. Das wäre eine Katastrophe für die Verschwörer gewesen, die 1991 alle Exporte von Nukleartechnologie mit Ausnahme der für Israel bestimmten gestoppt haben.

Was dem *Komitee der 300* für Mexiko vorschwebt, ist ein feudales Bauernvolk, ein Zustand, der eine einfache Verwaltung und Plünderung des mexikanischen Öls ermöglicht. Ein stabiles und wohlhabendes Mexiko kann für die Vereinigten Staaten nur von Vorteil sein. Genau das wollen die Verschwörer verhindern und haben deshalb jahrzehntelang Andeutungen, Verleumdungen und einen direkten Wirtschaftskrieg gegen Mexiko geführt. Bevor der ehemalige Präsident Lopes Portillo sein Amt antrat und die Banken verstaatlichte, verlor Mexiko täglich 200 Millionen Dollar durch Kapitalflucht, die von den Vertretern des *Komitees der 300* in den Banken und Brokerhäusern der Wall Street organisiert und gesteuert wurde.

Wenn wir in den Vereinigten Staaten nur Staatsmänner und keine Politiker hätten, die das Land regieren, könnten wir gemeinsam handeln und die Pläne der Eine-Welt-Regierung und der Neuen Weltordnung, Mexiko in einen Zustand der Hilflosigkeit zu versetzen, zurückwerfen. Wenn wir in der Lage wären, die Pläne des Club of Rome für Mexiko zu vereiteln, wäre das ein Schock für *das Komitee der 300*, ein Schock, von dem sie sich lange Zeit nicht erholen würden. Die Erben der Illuminaten stellen für die Vereinigten Staaten eine ebenso große Bedrohung dar wie für Mexiko. Indem wir eine gemeinsame Basis mit den mexikanischen patriotischen Bewegungen suchen, könnten wir in den Vereinigten Staaten eine gewaltige Kraft schmieden, mit der man rechnen muss. Doch ein solches Vorgehen erfordert Führungsstärke, und an dieser mangelt es uns mehr als in jedem anderen Bereich unserer Bemühungen.

Das Komitee der 300 konnte durch seine zahlreichen angeschlossenen Organisationen die Präsidentschaft von Reagan zunichte machen. Stuart Butler von der Heritage Foundation sagte zu diesem Thema: "Die Rechte dachte, sie hätte 1980 gewonnen, aber in Wirklichkeit hatte sie verloren." Butler bezog sich auf die Situation, in der sich die Rechte befand, als sie feststellte, dass jeder einzelne wichtige Posten in der Reagan-Regierung mit Fabianisten besetzt war, die von der Heritage Foundation empfohlen worden waren. Butler fuhr fort, dass Heritage rechte Ideen nutzen würde, um den Vereinigten Staaten linksradikale Prinzipien aufzuzwingen, dieselben radikalen Ideen, die Sir Peter Vickers Hall, der führende Fabianist in den USA und die Nummer Eins bei Heritage, während des Wahljahres offen diskutiert hatte.

Sir Peter Vickers Hall blieb ein aktiver Fabianist, obwohl er einen konservativen "Think-Tank" leitete. Als Mitglied der britischen Oligarchenfamilie Vickers, die Rüstungsgüter herstellte, hatte er Position und Macht. Die Familie Vickers belieferte beide Seiten im Ersten Weltkrieg und auch während Hitlers Machtergreifung. Vickers' offizielle Tarnung war das Institut für Stadt- und Regionalentwicklung der Universität von Kalifornien. Er war ein langjähriger Vertrauter des britischen Labour-Führers und Mitglieds *des Ausschusses der 300*, Anthony Wedgewood Benn.

Sowohl Vickers als auch Benn gehören dem Tavistock Institute for Human Relations an, dem weltweit führenden Institut für Gehirnwäsche. Vickers setzt seine Tavistock-Ausbildung bei seinen Reden mit großem Erfolg ein. Betrachten Sie das folgende Beispiel:

"Es gibt zwei Amerikas. Das eine ist die auf der Schwerindustrie basierende Gesellschaft des neunzehnten Jahrhunderts. Jahrhunderts. Das andere ist die wachsende postindustrielle Gesellschaft, die in einigen Fällen auf den Scherben des alten Amerikas errichtet wurde. Es ist die Krise zwischen diesen beiden Welten, die die wirtschaftliche und soziale Katastrophe des nächsten Jahrzehnts hervorrufen wird. Die beiden Welten stehen in einem fundamentalen Gegensatz zueinander, sie können nicht koexistieren. Am Ende muss die postindustrielle Welt die andere Welt vernichten und auslöschen". Denken Sie daran, dass diese Rede 1981 gehalten wurde, und wir können anhand des Zustands unserer Wirtschaft und unserer Industrien sehen, wie zutreffend die Vorhersage von Sir Peter war. Wenn mich besorgte Menschen fragen, wie lange die Rezession von 1991 andauern wird, verweise ich sie auf Sir Peters Aussagen und füge meine eigene Meinung hinzu, dass sie nicht vor 1995/1996 enden wird, und selbst dann wird das, was daraus hervorgeht, nicht das Amerika sein, das wir in den 60er und 70er Jahren kannten. Dieses Amerika ist *bereits* zerstört worden.

Ich habe über Sir Peters Rede in meinem Newsletter kurz nach ihrer Veröffentlichung berichtet. Wie prophetisch sie war, aber damals war es leicht, eine Zukunft vorherzusagen, die *das Komitee der 300* und sein ausführender Club of Rome bereits für Amerika geschrieben hatten. Was sagte Sir Peter auf euphemistische Weise? In gewöhnliches Alltags-Englisch übersetzt, sagte er, dass die alte amerikanische Lebensweise, unsere wahre und bewährte republikanische Regierungsform, die auf unserer Verfassung beruht, von der Neuen Weltordnung zerschlagen werden würde. Amerika, wie wir es kannten, müsse verschwinden oder in Stücke zerschlagen werden.

Wie ich bereits sagte, treten die Mitglieder des *Ausschusses der 300* oft sehr deutlich in Erscheinung. Sir Peter war da keine Ausnahme. Um deutlich zu machen, woher er kommt, beendete Sir Peter seine Rede mit einer Erklärung:

"Ich bin mit der Zusammenarbeit mit der Heritage Foundation und ähnlichen Gruppen sehr zufrieden. Echte Fabianer schauen auf die Neue Rechte, um einige ihrer radikaleren Ideen durchzusetzen. Mehr als ein Jahrzehnt lang wurde die britische Bevölkerung mit der ständigen Propaganda konfrontiert, dass das Land auf dem absteigenden Ast sei. All das ist wahr, aber der Nettoeffekt der

Propaganda war, die Bevölkerung zu demoralisieren. (Genau das, was die Wissenschaftler von Tavistock beabsichtigten.)

"Dies wird in den Vereinigten Staaten geschehen, wenn sich die Wirtschaft verschlechtert. Dieser (demoralisierende) Prozess ist notwendig, damit die Menschen schwierige Entscheidungen akzeptieren. Wenn es keine Planung für die Zukunft gibt oder wenn Wählergruppen den Fortschritt blockieren, wird es ein soziales Chaos geben, dessen Ausmaß man sich derzeit kaum vorstellen kann. Die Aussichten für das urbane Amerika sind düster. Es gibt die Möglichkeit, etwas mit den Innenstädten zu tun, aber im Grunde werden die Städte schrumpfen und die Produktionsbasis wird zurückgehen. Das wird zu sozialen Erschütterungen führen."

War Sir Peter ein Hellseher, ein großer Magier oder einfach nur ein Scharlatan und Wahrsager mit viel Glück? Die Antwort lautet: "Nichts von alledem". Alles, was Sir Peter tat, war das Ablesen des Plans *des Komitees der 300 - Club* of Rome für den langsamen Tod der Vereinigten Staaten als ehemaliger Industrieriese. Wenn man auf die zehn Jahre zurückblickt, in denen Sir Peter seine Vorhersagen gemacht hat, kann dann irgendjemand daran zweifeln, dass die Pläne des *Komitees der 300* für den Untergang der industrialisierten Vereinigten Staaten zu einer vollendeten Tatsache geworden sind?

Haben sich die Vorhersagen von Sir Peter nicht als bemerkenswert genau erwiesen? Das haben sie in der Tat, fast bis zum letzten Wort. Es ist erwähnenswert, dass Sir Peter Vickers (der Schwiegervater von Sir Peter Vickers-Hall) an der Stanford-Forschungsarbeit "Changing Images of Man" mitgewirkt hat, aus der ein Großteil der 3000 Seiten an Material und Ratschlägen stammt, die der Reagan-Regierung übermittelt wurden. Als hochrangiger britischer Geheimdienstoffizier des MI6 war Sir Peter Vickers außerdem in der Lage, Heritage viele Vorabinformationen zu geben.

Als Mitglied *des Komitees der 300* und der NATO war Sir Peter Vickers dabei, als die NATO den Club of Rome anwies, ein Sozialprogramm zu entwickeln, das die Richtung, in die Amerika gehen wollte, völlig verändern würde. Der Club of Rome beauftragte unter der Leitung von Tavistock das Stanford Research Institute (SRI), ein solches Programm zu entwickeln, und zwar nicht nur für Amerika, sondern für alle Länder der Atlantischen Allianz und die OECD-Staaten.

Es war Sir Peters Schützling Stuart Butler, der Präsident Reagan 3000 Seiten "Empfehlungen" übergab, die zweifellos einige Stellungnahmen von Anthony Wedgewood Benn, einem Mitglied des Parlaments und ranghohen Mitglied des *Ausschusses der 300*, enthielten. Benn sagte den Mitgliedern der Sozialistischen Internationale, die sich am 8. Dezember 1980 in Washington trafen: "Ihr könnt unter Volckers Kreditkollaps gedeihen, wenn ihr Reagan so profiliert, dass er den Kreditkollaps verschärft." Dass Butlers Ratschlag befolgt und auf die Reagan-Administration angewandt wurde, zeigt sich am Zusammenbruch der Spar- und Kreditwirtschaft und des Bankensektors, der sich unter Reagans Wirtschaftspolitik beschleunigte. Benn nannte es zwar "Profiling", meinte aber eigentlich, dass Reagan einer Gehirnwäsche unterzogen werden sollte. Es ist erwähnenswert, dass von Hayek - der ein Gründungsmitglied von Heritage ist - seinen Schüler Milton Friedman benutzte, um den Plänen des Club of Rome zur Deindustrialisierung Amerikas vorzustehen, indem er die Reagan-Präsidentschaft nutzte, um den Zusammenbruch zuerst der Stahlindustrie und dann der Auto- und Wohnungsbauindustrie zu beschleunigen, zum Beispiel.

In diesem Zusammenhang wurde ein Mitglied des französischen Schwarzen Adels, Etienne D'Avignon, als Mitglied des *"Komitees der 300"* mit der Aufgabe betraut, die Stahlindustrie in diesem Land zum Einsturz zu bringen. Es ist zu bezweifeln, dass einer der Hunderttausenden von Stahl- und Werftarbeitern, die in den letzten zehn Jahren ohne Arbeit waren, jemals von D'Avignon gehört hat. In der Economic Review vom April 1981 habe ich ausführlich über den D'Avignon-Plan berichtet. An jenem verhängnisvollen Treffen des Club of Rome im Dezember l0 in Washington D.C. nahm ein geheimnisvoller Mann aus dem Iran teil, der sich als Bani Sadr, der Sondergesandte des Ayatollah Khomeini, herausstellte.

Eine Rede auf dem Konklave am 10. Dezember 1980 erregte meine Aufmerksamkeit, vor allem weil sie von Francois Mitterrand gehalten wurde, einem Mann, den das französische Establishment ausrangiert hatte und für erledigt hielt. Aber meine Geheimdienstquelle hatte mir zuvor gesagt, dass Mitterrand dabei war, abgeholt, entstaubt und wieder an die Macht gebracht zu werden, so dass seine Worte für mich viel Gewicht hatten:

"Industriell-kapitalistische Entwicklung ist das Gegenteil von Freiheit: Wir müssen ihr ein Ende setzen. Die Wirtschaftssysteme des 20. und 21. Jahrhunderts werden den Menschen mit Hilfe von Maschinen zermalmen, zuerst im Bereich der Atomenergie, die bereits jetzt beachtliche Ergebnisse hervorbringt." Die Rückkehr Mitterrands in den Elysée-Palast war ein großer Triumph für den Sozialismus. Sie bewies, dass *das Komitee der 300* mächtig genug war, um Ereignisse vorherzusagen und sie dann mit Gewalt oder anderen Mitteln durchzusetzen, um zu zeigen, dass es in der Lage war, jede Opposition zu zerschlagen, selbst wenn er, wie im Fall von Mitterrand, wenige Tage zuvor von einer einsichtigen politischen Machtgruppe in Paris völlig abgelehnt worden war.

Ein weiterer Gruppenvertreter mit "Beobachterstatus" bei den Treffen in Washington im Dezember 1980 war John Graham, auch bekannt als "Irwin Suall", Leiter des Untersuchungsausschusses der Anti-Defamation League (ADL). Die ADL ist eine rein britische Geheimdienstorganisation, die von allen drei Zweigen des britischen Geheimdienstes, d. h. dem MI6 und dem JIO, geleitet wird. Sualls umfangreicher Fundus an schmutzigen Tricks stammt aus den Abwasserkanälen des Londoner East End. Suall ist immer noch Mitglied des supergeheimen SIS, einer Art James-Bond-Eliteeinheit. Niemand sollte die Macht der ADL und ihre große Reichweite unterschätzen.

Suall arbeitet eng mit Hall und anderen Fabianisten zusammen. Er wurde als nützlich für den britischen Geheimdienst ausgewählt, als er das Ruskin Labour-College an der Universität Oxford in England besuchte, dasselbe kommunistische Bildungszentrum, das uns Milner, Rhodes, Burgess, McLean und Kim Philby bescherte. Die Universitäten Oxford und Cambridge sind seit langem den Söhnen und Töchtern der Elite vorbehalten, also denjenigen, deren Eltern zur "Upper Crust" der britischen High Society gehören. Während seines Studiums in Oxford trat Suall der Young People's Socialist League bei und wurde kurz darauf vom britischen Geheimdienst rekrutiert.

Suall wurde in die Vereinigten Staaten entsandt, wo er unter den Schutz und die Schirmherrschaft eines der heimtückischsten Linken des Landes, Walter Lippmann, kam. Lippmann gründete und leitete die League for Industrial Democracy und die Students for Democratic Society, beides linke Spoiler-Operationen, um die Industriearbeiter gegen das aufzubringen, was sie als "die Kapitalistenklasse" und das Management bezeichneten. Beide Projekte Lippmanns waren integraler Bestandteil des Apparats *des Komitees der 300*, der sich über ganz Amerika erstreckte und in dem Lippmann ein wichtiges Mitglied war.

Suall hat gute Verbindungen zum Justizministerium und kann FBI-Profile von jeder Person, die er ins Visier nimmt, erstellen. Das Justizministerium hat den Befehl, Suall alles zu geben, was er will, wann er es will. Die meisten von Sualls Aktivitäten konzentrieren sich darauf, "ein Auge auf rechte Gruppen und Einzelpersonen zu haben".

Die ADL hat eine offene Tür zum Außenministerium und nutzt dessen beeindruckenden Nachrichtendienst gut aus.

Das Außenministerium hat eine Schicht von Agenten in der rechten Szene, die sich als "furchtlose antisemitische Kämpfer" ausgeben. Es gibt vier Anführer in dieser Gruppe von Informanten, von denen drei diskrete jüdische Homosexuelle sind. Diese Spionagegruppe ist seit zwei Jahrzehnten aktiv. Sie veröffentlichen heftig antijüdische "Zeitungen" und verkaufen eine Vielzahl antisemitischer Bücher. Einer der Hauptakteure arbeitet von Louisiana aus. Ein Mitglied dieser Gruppe ist ein Schriftsteller, der in christlich-rechten Kreisen sehr beliebt ist. Die Gruppe und die Personen, die sie bilden, stehen unter dem Schutz der ADL. Suall war stark in ABSCAM involviert und wird häufig von den Strafverfolgungsbehörden gebeten, sie bei Ermittlungen und Razzien zu unterstützen.

Suall wurde beauftragt, Reagan im Hinblick auf den von der Heritage Foundation für den neu gewählten Präsidenten festgelegten Kurs zu "verfolgen" und im übertragenen Sinne ein paar Warnschüsse abzugeben, wenn Reagan zu irgendeinem Zeitpunkt davon abzuweichen oder seine Scheuklappen abzunehmen drohte. Suall trug dazu bei, jeden lästigen rechten Berater loszuwerden, der für seinen Job in der Reagan-Regierung nicht mit Heritage verbunden war. Eine solche Person war Ray Donovan, Reagans Arbeitsminister, der schließlich dank der Dirty-Tricks-Abteilung der ADL von seinem Posten entfernt wurde. James Baker III, einer derjenigen, die auf der Liste der 3000 Empfehlungen der Heritage Foundation standen, war der Vermittler, der Sualls Hassbotschaften über Donovan an den Präsidenten überbrachte.

Ein weiterer wichtiger Verschwörer war Philip Agee, der sogenannte CIA-"Überläufer". Obwohl er kein Mitglied des Ausschusses war, war er dennoch dessen Sachbearbeiter für Mexiko und wurde vom (britischen) Royal Institute for International Affairs (RIIA) und dem (amerikanischen) Council on Foreign Relations geleitet. Fürs Protokoll: Nichts, was in den USA geschieht, geschieht ohne die Sanktion des RIIA. Es handelt sich um ein fortlaufendes Abkommen, das erstmals 1938 von Churchill und Roosevelt offen geschlossen wurde (davor gab es viele solcher Geheimabkommen) und das die US-Geheimdienste verpflichtet, Geheimnisse mit dem britischen Geheimdienst zu teilen.

Dies ist die Grundlage der so genannten "besonderen Beziehung" zwischen den beiden Ländern, mit der sich Churchill und Lord Halifax rühmten und die dafür verantwortlich war, dass die USA den Golfkrieg gegen den Irak für und im Namen britischer Interessen führten, insbesondere für British Petroleum, eines der wichtigsten Unternehmen im *Komitee der 300,* an dem die unmittelbare Familie von Königin Elisabeth einen großen Anteil hat.

Seit 1938 hat keine nachrichtendienstliche Tätigkeit mehr stattgefunden, die nicht über diese spezielle gemeinsame Kommandostruktur abgewickelt wurde. Philip Agee trat der CIA nach seinem Abschluss an der Notre Dame bei, wo er in den jesuitischen Freimaurerring aufgenommen wurde. Auf Agee wurde ich erstmals 1968 aufmerksam, als er als Geheimdienstmitarbeiter hinter den Unruhen an der Universität von Mexiko stand. Eines der wichtigsten Merkmale der mexikanischen Studentenunruhen war, dass sie zur gleichen Zeit stattfanden wie die Studentenunruhen in New York, Bonn, Prag und West-Berlin.

Mit der Koordinierungskompetenz und dem speziellen nachrichtendienstlichen Netzwerk, dessen integraler Bestandteil INTERPOL ist, ist es für den Ausschuss nicht so schwierig, wie es auf den ersten Blick scheinen mag, sorgfältig getimte globale Aktionen in Gang zu setzen, seien es Studentenunruhen oder die Absetzung von Führern vermeintlich souveräner Nationen. Für die "Olympioniken" ist das alles nur ein Tagesgeschäft. Von Mexiko aus schloss sich Agee puerto-ricanischen Terroristengruppen an. In dieser Zeit wurde er zu einem engen Vertrauten des kubanischen Diktators Fidel Castro.

Man sollte sich *nicht* vorstellen, dass Agee bei der Durchführung dieser Operationen als "abtrünniger" Agent tätig war. Im Gegenteil, er arbeitete während der gesamten Dauer dieser Einsätze für die CIA. Der Ärger kam, als Castros DGI (kubanischer Geheimdienst) ihn "umdrehen" konnte. Agee arbeitete weiter in seiner Eigenschaft als Mitglied der CIA, bis seine Doppelrolle aufgedeckt wurde. Dies betraf die größte sowjetische Abhörstation im Westen, die sich in Lourdes, Kuba, befand. Mit 3000 sowjetischen Spezialisten für die Überwachung und Entschlüsselung von Signalen ist Lourdes in der Lage, Tausende von elektronischen Signalen gleichzeitig zu überwachen. So manches private Telefongespräch zwischen einem Mitglied des Kongresses und seiner Geliebten wurde in Lourdes abgehört und zu aufschlussreichen Zwecken verwendet.

Obwohl uns heute, 1991, gesagt wird, dass "der Kommunismus tot ist", haben die Vereinigten Staaten nichts unternommen, um die riesige Spionageoperation, die vor unserer Haustür sitzt, zu beenden. Lourdes ist übrigens in der Lage, selbst das schwächste "Sturm"-Signal aufzufangen, das von einem Faxgerät oder einer elektrischen Schreibmaschine ausgesendet wird und das, wenn es entschlüsselt wird, den Inhalt dessen preisgibt, was getippt oder gefaxt wird. Lourdes bleibt ein "Dolch im Herzen" der Vereinigten Staaten. Es gibt absolut keinen Grund für seine weitere Existenz. Wenn die USA und die UdSSR wirklich in Frieden miteinander leben, warum ist dann ein so massiver Spionageeinsatz weiterhin notwendig? Die einfache Wahrheit ist, dass der KGB nicht, wie man uns glauben machen will, Personal abbaut, sondern in den Jahren 1990 und 1991 zusätzliche Rekruten eingestellt hat.

Bernard Levin ist in den Vereinigten Staaten wahrscheinlich kein bekannter Name. Im Gegensatz zu dekadenten "Popstars" oder Hollywoods neuester miserabler "Entdeckung" treten Akademiker nur selten, wenn überhaupt, in das Licht der Öffentlichkeit. Von den Hunderten von Akademikern in den Vereinigten Staaten, die unter der Kontrolle des Club of Rome arbeiten, verdient Levin besondere Erwähnung, und sei es nur wegen seiner Rolle bei der Unterminierung des Iran, der Philippinen, Südafrikas, Nicaraguas und Südkoreas. Der Sturz des Schahs von Iran erfolgte nach einem Plan, der von Bernard Levin und Richard Falk ausgearbeitet und von Robert Andersons Aspen-Institut überwacht wurde.

Levin war der Autor eines Werks mit dem Titel "Time Perspective and Morale" (Zeitperspektive und Moral), einer Veröffentlichung des Club of Rome, in der es darum geht, wie die Moral von Nationen und einzelnen Führungskräften gebrochen werden kann. Hier ist ein Auszug aus dem Dokument:

"Eine der wichtigsten Techniken, um die Moral durch eine Strategie des Terrors zu brechen, besteht in genau dieser Taktik: die Person im Unklaren darüber zu lassen, wo sie steht und was sie zu erwarten hat. Wenn dann noch häufiges Schwanken zwischen strengen Disziplinarmaßnahmen und dem Versprechen guter Behandlung zusammen mit der Verbreitung widersprüchlicher Nachrichten die Struktur der Situation unklar macht, kann der Einzelne aufhören zu wissen, ob ein bestimmter Plan zu seinem Ziel führt oder nicht. Unter diesen Bedingungen werden selbst diejenigen, die klare Ziele haben und bereit sind, Risiken einzugehen, durch den schweren inneren Konflikt darüber, was zu tun ist, gelähmt."

Dieser Entwurf des Club of Rome gilt sowohl für LÄNDER als auch für Einzelpersonen, insbesondere für die Regierungschefs dieser Länder. Wir in den USA brauchen nicht zu denken: "Ach, das ist Amerika, und solche Dinge passieren hier einfach nicht." Lassen Sie mich Ihnen versichern, dass sie in den USA geschehen, und zwar vielleicht *mehr* als in jedem anderen Land.

Der Plan des Levin-Clubs von Rom zielt darauf ab, uns alle zu demoralisieren, so dass wir am Ende meinen, wir müssten alles befolgen, was für uns geplant ist. Wir WERDEN den Befehlen des Club of Rome folgen wie Schafe. Jeder scheinbar starke Führer, der plötzlich auftaucht, um die Nation zu "retten", muss mit größtem Misstrauen betrachtet werden. Denken Sie daran, dass Khomeini jahrelang vom britischen Geheimdienst vorbereitet wurde, insbesondere während seiner Zeit in Paris, bevor er plötzlich als Retter des Iran auftrat. Boris Jelzin stammt aus demselben MI6-SIS-Stall.

Der Club of Rome ist zuversichtlich, dass er den Auftrag *des Ausschusses der 300,* die Vereinigten Staaten "weich zu machen", erfüllt hat. Wer will nach 45 Jahren Krieg gegen die Menschen in dieser Nation bezweifeln, dass er seine Aufgabe tatsächlich erfüllt hat? Schauen Sie sich um und sehen Sie, wie wir demoralisiert worden sind. Drogen, Pornographie, Rock'n'Roll-"Musik", freier Sex, die totale Aushöhlung der Familie, Lesbianismus, Homosexualität und schließlich die grausame Ermordung von Millionen unschuldiger Babys durch ihre eigenen Mütter. Hat es jemals ein so abscheuliches Verbrechen gegeben wie die Massenabtreibung?

Die USA sind spirituell und moralisch bankrott, unsere industrielle Basis ist zerstört, 30 Millionen Menschen sind arbeitslos, unsere Großstädte sind grauenhafte Senkgruben für jedes erdenkliche Verbrechen, die Mordrate ist fast dreimal so hoch wie in jedem anderen Land, 4 Millionen Obdachlose sind zu beklagen, die Korruption in der Regierung hat endemische Ausmaße erreicht, wer will da noch bestreiten, dass die Vereinigten Staaten bereit sind, von innen heraus zusammenzubrechen, in die wartenden Arme der neuen, dunklen Weltregierung?

Dem Club of Rome ist es gelungen, die christlichen Kirchen zu spalten; es ist ihm gelungen, eine Armee von charismatischen Fundamentalisten und Evangelikalen aufzubauen, die für den zionistischen Staat Israel kämpfen werden. Während des völkermordenden Golfkriegs erhielt ich Dutzende von Briefen, in denen ich gefragt wurde, wie ich gegen einen "gerechten christlichen Krieg gegen den Irak" sein könne. Wie könnte ich bezweifeln, dass die Unterstützung der christlichen Fundamentalisten für den Krieg gegen den Irak (durch das Komitee der 300) nicht biblisch war - hat nicht Billy Graham mit Präsident Bush gebetet, kurz bevor die Schießerei begann? Spricht die Bibel nicht von "Kriegen und Gerüchten über Kriege"?

Diese Briefe geben einen Einblick, wie *gut* das Tavistock-Institut seine Arbeit gemacht hat. Die christlichen Fundamentalisten werden eine gewaltige Kraft hinter dem Staat Israel sein, genau wie geplant. Wie traurig, dass diese feinen Leute nicht erkennen, dass sie vom Club of Rome GROSSARTIG MISSBRAUCHT wurden und dass ihre Meinungen und Überzeugungen *NICHT IHRE EIGENEN* sind, sondern die, die für sie von den Hunderten von "Denkfabriken" *des Komitees der 300 geschaffen wurden*, die die amerikanische Landschaft durchziehen. Mit anderen Worten, die christlichen Fundamentalisten und Evangelikalen wurden wie jeder andere Teil der Bevölkerung der Vereinigten Staaten einer gründlichen Gehirnwäsche unterzogen.

Wir als Nation sind bereit, den Untergang der Vereinigten Staaten von Amerika und des American Way of Life, um den uns einst die ganze Welt beneidet hat, zu akzeptieren. Glauben Sie nicht, dass dies von allein geschieht - das alte "die Zeiten ändern sich"-Syndrom. Nicht die Zeit ändert etwas, sondern die MENSCHEN ändern sich. Es ist ein Irrtum, *den Ausschuss der 300* und den Club of Rome für europäische Institutionen zu halten. Der Club of Rome übt großen Einfluss und Macht in den Vereinigten Staaten aus und hat eine eigene Sektion mit Sitz in Washington D.C.

Senator Claiborne Pell ist sein Vorsitzender, und eines seiner Mitglieder ist Frank M. Potter, ein ehemaliger Leiter des Unterausschusses für Energie im Repräsentantenhaus. Es ist nicht schwer zu erkennen, wie der Club of Rome seinen Einfluss auf die Energiepolitik der USA aufrechterhalten hat und woher der Widerstand der "Umweltschützer" gegen die Kernenergie kommt. Die vielleicht größte Erfolgsgeschichte des Club of Rome ist sein Einfluss auf den Kongress in Bezug auf die Kernenergie, der dazu geführt hat, dass die USA nicht als starke Industrienation in das 21 Jahrhundert eintreten konnten. Die Auswirkungen der Anti-Atomkraft-Politik des Club of Rome lassen sich an stillgelegten Hochöfen, verfallenen Bahnhöfen, rostenden Stahlwerken, längst stillgelegten Werften und wertvollen, über die Vereinigten Staaten verstreuten Arbeitskräften ablesen, die vielleicht nie wieder eingesetzt werden.

Andere Mitglieder des Club of Rome in den USA sind Walter A. Hahn vom Congressional Research Service, Ann Cheatham und Douglas Ross, beide leitende Wirtschaftswissenschaftler. Ross' Aufgabe bestand nach seinen eigenen Worten darin, "die Perspektiven des Club of Rome in die Gesetzgebung zu übertragen, um dem Land zu helfen, von der Illusion des Überflusses wegzukommen". Ann Cheatham war die Leiterin einer Organisation namens "Congressional Clearing-House For The Future".

Ihre Aufgabe war es, Profile von Kongressmitgliedern zu erstellen, die für Astrologie und New-Age-Hokuspokus empfänglich sind. Zu einem bestimmten Zeitpunkt hatte sie mehr als 100 Kongressabgeordnete in ihrem Unterricht. Täglich fanden Sitzungen statt, in denen auf der Grundlage ihrer "okkulten Wahrnehmungen" verschiedene astrologische "Vorhersagen" gemacht wurden. Neben Kongressabgeordneten nahmen auch andere prominente Persönlichkeiten an ihren Sitzungen teil, darunter Michael Walsh, Thornton Bradshaw - ein führendes Mitglied des *Komitees der 300* - und David Sternlight, ein leitender Vizepräsident der Allstate Insurance Company. Einige der wichtigsten Mitglieder *des Ausschusses der 300* sind auch Mitglieder der NATO, eine Tatsache, die wir nicht vergessen sollten. Diese Mitglieder des *Komitees der 300* haben oft mehrere Ämter inne. Unter den Mitgliedern des NATO-Club of Rome befinden sich Harland Cleveland, ein ehemaliger US-Botschafter bei der NATO, Joseph Slater, ein Direktor des Aspen-Instituts, Donald Lesh, ein ehemaliger Mitarbeiter der Nationalen Sicherheitsagentur der USA, George McGhee und Claiborne Pell, um nur einige Beispiele zu nennen.

Es ist wichtig, dass wir uns diese Namen merken und eine Liste erstellen, damit wir uns daran erinnern, wer sie sind und wofür sie stehen, wenn ihre Namen in Fernsehsendungen und Nachrichtendiensten auftauchen. Nach dem Modus vivendi des Geheimdienstes treten die Leiter des Ausschusses häufig im Fernsehen auf, meist in den harmlosesten Verkleidungen. Wir sollten uns bewusst sein, dass *nichts, was* sie tun, unschuldig ist.

Das Komitee der 300 hat seine Agenten in die Muskeln und Sehnen der Vereinigten Staaten eingepflanzt, in die Regierung, in den Kongress, in Beraterpositionen rund um den Präsidenten, als Botschafter und als Staatssekretäre. Von Zeit zu Zeit hält der Club of Rome Versammlungen und Konferenzen ab, die sich, auch wenn sie unter harmlosen Titeln erscheinen, in Aktionsausschüsse aufteilen, von denen jeder eine bestimmte Aufgabe und ein bestimmtes Zieldatum zugewiesen bekommt, bis zu dem die Aufgaben erledigt sein müssen. *Das Komitee der 300* arbeitet, wenn es nichts anderes tut, nach einem ganz bestimmten Zeitplan. Die erste Konferenz des Club of Rome in den Vereinigten Staaten wurde vom *Komitee der 300* im Jahr 1969 unter dem Titel einberufen: "The Association of the Club of Rome". Das nächste Treffen fand 1970 unter dem Titel "Riverdale Centre of Religious Research" statt und wurde von Thomas Burney geleitet. Es folgte die Woodlands-Konferenz, die ab 1971 in Houston, Texas, stattfand. Seitdem werden in Woodlands jedes Jahr Konferenzen abgehalten.

Ebenfalls 1971, zu einem späteren Zeitpunkt, hielt die Mitchell Energy and Development Corporation ihre Energiestrategie-Sitzung für den Club of Rome ab: Das wiederkehrende Thema: LIMIT THE GROWTH OF THE U.S.A. Als Krönung des Ganzen fand dann im Juli 1980 die Erste Weltkonferenz über die Zukunft statt, an der 4000 Sozialingenieure und Mitglieder von Denkfabriken teilnahmen, die alle Mitglieder verschiedener Institutionen waren, die unter der Schirmherrschaft des Club of Rome arbeiteten oder mit ihm verbunden waren.

Die Erste Globale Zukunftskonferenz hatte den Segen des Weißen Hauses, das auf der Grundlage der Protokolle des Forums der Ersten Globalen Konferenz seine eigene Konferenz abhielt. Sie trug den Namen "White House Commission on the 1980's" und empfahl offiziell die Politik des Club of Rome "als Leitfaden für die zukünftige US-Politik" und ging sogar so weit zu sagen, dass die Wirtschaft der Vereinigten Staaten die industrielle Phase hinter sich gelassen habe. Dies spiegelt das Thema von Sir Peter Vickers-Hall und Zbigniew Brzezinski wider und ist ein weiterer Beweis für die Kontrolle, die *das Komitee der 300* über die inneren und äußeren Angelegenheiten der Vereinigten Staaten ausübt.

Wie ich bereits 1981 sagte, sind wir politisch, sozial und wirtschaftlich so aufgestellt, dass wir in den Plänen des Club of Rome gefangen bleiben. Alles ist gegen uns GESTALTEN. Wenn wir überleben wollen, dann müssen wir den Würgegriff brechen, den *das Komitee der 300* über unsere Regierung hat. Bei jeder Wahl seit Calvin Coolidge für das Weiße Haus kandidierte, hat *das Komitee der 300* es geschafft, seine Agenten in Schlüsselpositionen der Regierung zu platzieren, so dass es keine Rolle spielt, wer den Posten im Weißen Haus bekommt. Zum Beispiel wurden alle Kandidaten, die seit Franklin D. Roosevelt für die Präsidentschaft kandidierten, vom Rat für Auswärtige Beziehungen auf Anweisung des RIIA ausgewählt, manche nennen es "handverlesen".

Insbesondere bei der Wahl 1980 wurde jeder Kandidat für das höchste Amt in den Vereinigten Staaten vom CFR geführt. Daher war es den Verschwörern egal, wer die Präsidentschaftswahlen gewann. Durch trojanische Pferde wie die Heritage Foundation und den CFR wurden ALLE wichtigen politischen Positionen in den neuen Regierungen mit Kandidaten des Council on Foreign Relations besetzt, und davor, seit den 60er Jahren, mit Ja-Sagern des NATO-Clubs von Rom, wodurch sichergestellt wurde, dass wichtige politische Entscheidungen den unauslöschlichen Stempel des Club of Rome und des CFR trugen, die als ausführende Organe des *Komitees der 300* fungierten.

Sowohl die Wahlen von 1984 als auch die von 1988 folgten diesem altbekannten Muster. Außenminister George Schultz war die perfekte Wahl des *Komitees der 300* für das Amt des Außenministers. Schultz war immer ein Geschöpf von Henry Kissinger, dem herrschenden Befehlshaber des CFR. Darüber hinaus verschaffte ihm seine Position bei Bechtel, einem Schlüsselunternehmen *des Komitees der 300* von globaler Bedeutung, Zugang zu Ländern, die andernfalls vielleicht misstrauisch gegenüber seiner Kissinger-Verbindung gewesen wären. Die Carter-Administration beschleunigte den Prozess der Besetzung von Schlüsselpositionen mit konspirativem Personal. Bevor Carter gewählt wurde, sagte sein wichtigster Wahlkampfstratege, Hamilton Jordan, dass er, Jordan, zurücktreten würde, wenn Cyrus Vance oder Brzezinski in das Kabinett Carter berufen würden. Das taten sie. Jordan ist *nicht* zurückgetreten.

Carters Wahl von Paul Volcker (tatsächlich wurde er von David Rockefeller angewiesen, Volcker zu ernennen) leitete den Zusammenbruch der US-Wirtschaft gemäß dem vom Club of Rome festgelegten Plan ein. Wir haben es mit mächtigen Kräften zu tun, die sich dem Ziel einer Eine-Welt-Regierung verschrieben haben. Wir sind seit 45 Jahren in einen verheerenden Krieg verwickelt, nur wird er nicht als solcher wahrgenommen. Wir werden methodisch und systematisch einer Gehirnwäsche unterzogen, ohne uns dessen jemals bewusst zu sein. Das Tavistock-Institut hat das System dafür geschaffen und dann seine Operationen in Gang gesetzt.

Wir können uns nur wehren, wenn wir die Verschwörer und ihre zahlreichen Frontorganisationen entlarven. Wir brauchen Männer mit Erfahrung, die eine Strategie entwickeln können, um unser unschätzbares Erbe zu verteidigen, das, einmal verloren, nie wieder auftauchen wird. Wir müssen die Methoden der Verschwörer kennen lernen, sie lernen und Gegenmaßnahmen ergreifen. Nur ein Crash-Programm wird die Fäulnis, die unsere Nation verzehrt, aufhalten.

Einige mögen Schwierigkeiten haben, die Idee einer globalen Verschwörung zu akzeptieren, weil so viele Autoren daraus finanziellen Gewinn gezogen haben. Andere bezweifeln, dass Aktivitäten in globalem Maßstab erfolgreich vorangetrieben werden können. Sie sehen die riesige Bürokratie unserer Regierung und sagen dann: "Wie sollen wir denn glauben, dass Privatleute mehr tun können als die Regierung?" Dabei wird die Tatsache übersehen, dass die Regierung *Teil* der Verschwörung ist. Sie wollen harte Beweise, und harte Beweise sind schwer zu bekommen.

Andere sagen: "Na und? Was kümmert mich eine Verschwörung, ich gehe ja nicht einmal wählen". Das ist genau die Art und Weise, wie die amerikanische Bevölkerung reagieren *sollte.* Unser Volk ist entmutigt und verwirrt, das Ergebnis von 45 Jahren (psychologischer) Kriegsführung gegen uns. Wie das gemacht wird, wird in Bernard Levins Buch erklärt, aber wie viele Leute würden sich die Mühe machen, das Sachbuch eines Akademikers zu lesen? (Oder dieses Buch ganz zu Ende lesen?). Wir reagieren genau so, wie es uns auferlegt wurde, zu handeln. Demoralisierte und verwirrte Menschen werden viel eher bereit sein, das plötzliche Auftauchen eines großen Mannes zu begrüßen, der verspricht, alle Probleme zu lösen und eine geordnete Gesellschaft zu garantieren, in der die Menschen voll beschäftigt sind und es kaum noch Streit gibt. Ihr Diktator, denn um einen solchen wird es sich handeln, wird mit offenen Armen empfangen werden.

Zu wissen, WER der Feind ist, ist eine lebenswichtige Notwendigkeit. Niemand kann gegen einen unerkannten Feind kämpfen und gewinnen. Dieses Buch könnte als militärisches Feldhandbuch verwendet werden. *Studieren* Sie den Inhalt und prägen Sie sich alle Namen ein. In diesem Kapitel habe ich die Techniken der Profilerstellung recht häufig erwähnt. Eine ausführliche Erklärung des "Profiling" finden Sie im nächsten Kapitel. Eine der tiefgreifendsten Informationen, die sich aus der Wissenschaft der Profilerstellung ergeben, ist die relative Leichtigkeit, mit der dies bei Einzelpersonen, Parteigruppen, politischen Organisationen und so weiter auf der ganzen Linie durchgeführt werden kann. Wenn wir erst einmal begreifen, wie einfach dies zu bewerkstelligen ist, wird die Verschwörung nicht mehr so groß sein, wie wir sie begreifen können. Die Ermordung von Präsident Kennedy und das Attentat auf Präsident Reagan sind dann leicht zu verstehen.

Institutionen, über die Kontrolle ausgeübt wird

Profiling ist eine Technik, die 1922 auf Befehl des Royal Institute for International Affairs (RIIA) entwickelt wurde. Major John Rawlings Reese, ein Techniker der britischen Armee, wurde beauftragt, am Tavistock Institute for Human Relations, das zur Universität Sussex gehörte, die größte Gehirnwäsche-Einrichtung der Welt einzurichten. Dies wurde zum Kern des britischen Büros für psychologische Kriegsführung. Als ich die Namen Reese und Tavistock 1970 zum ersten Mal in den Vereinigten Staaten bekannt machte, war das Interesse sehr gering. Aber im Laufe der Jahre, als ich mehr und mehr über Tavistock und seine entscheidende Rolle in der Verschwörung aufdeckte, wurde es populär, meine früheren Forschungen zu imitieren.

Das britische Büro für psychologische Kriegsführung machte ausgiebig Gebrauch von der Arbeit, die Reese an seinen 80.000 Versuchskaninchen der britischen Armee, gefangenen Soldaten, durchgeführt hatte, die vielen Formen von Tests unterzogen wurden. Es waren die von Tavistock entwickelten Methoden, die die Vereinigten Staaten in den Zweiten Weltkrieg führten und die unter der Leitung von Dr. Kurt Lewin das OSS, den Vorläufer der CIA, ins Leben riefen. Lewin wurde Direktor des Strategic Bombing Survey, eines Plans für die Royal Air Force, sich auf die Bombardierung deutscher Arbeiterwohnungen zu konzentrieren, während militärische Ziele, wie z. B. Munitionsfabriken, außen vor blieben. Die Munitionsfabriken auf beiden Seiten gehörten den internationalen Bankiers, die nicht wollten, dass ihr Vermögen zerstört wurde.

Später, nach Kriegsende, wies die NATO die Universität Sussex an, ein spezielles Zentrum für Gehirnwäsche einzurichten, das Teil des britischen Büros für psychologische Kriegsführung wurde, nur dass seine Forschung jetzt auf zivile statt auf militärische Anwendungen ausgerichtet war. Wir werden auf diese supergeheime Einheit, die sich Science Policy Research Institute (SPRI) nannte, in unseren Kapiteln über Drogen zurückkommen.

Die Idee hinter der Bombardierung von zivilen Arbeiterwohnungen war, die Moral der deutschen Arbeiter zu brechen. Die Kriegsanstrengungen gegen die deutsche Militärmaschinerie sollten dadurch nicht beeinträchtigt werden. Lewin und sein Team von Versicherungsmathematikern kamen zu dem Ergebnis, dass die Moral der Zivilbevölkerung zusammenbrechen würde, wenn 65 % der deutschen Arbeiterwohnungen durch nächtliche RAF-Bombardements zerstört würden. Das eigentliche Dokument wurde von der *Prudential Assurance Company* erstellt.

Die RAF führte unter dem Kommando von "Bomber" Harris Lewins Pläne aus, die in dem schrecklichen Bombenangriff auf Dresden gipfelten, bei dem über 125.000 Menschen, hauptsächlich alte Männer, Frauen und Kinder, getötet wurden. Die Wahrheit über "Bomber" Harris' Horrorangriffe auf die deutsche Zivilbevölkerung war bis lange nach Kriegsende ein gut gehütetes Geheimnis.

Tavistock lieferte die meisten der detaillierten Programme, die zur Gründung des Office of Naval Intelligence (ONI) führten, dem wichtigsten Nachrichtendienst der Vereinigten Staaten, der die CIA an Größe und Umfang in den Schatten stellt. Die Regierung der Vereinigten Staaten erteilte Tavistock Aufträge in Höhe von Milliarden von Dollar, und die strategischen Planer von Tavistock liefern das meiste von dem, was das Pentagon für unser Verteidigungssystem verwendet, sogar heute noch. Hier wird wieder einmal deutlich, welchen Einfluss *das Komitee der 300* auf die Vereinigten Staaten und die meisten unserer Institutionen hat. Tavistock betreibt über 30 Forschungseinrichtungen in den Vereinigten Staaten, die wir alle in unseren Tabellen am Ende des Buches nennen werden.

Diese Tavistock-US-Institutionen sind in vielen Fällen zu riesigen Monstern herangewachsen, die jeden Aspekt unserer Regierungsbehörden durchdringen und das Kommando über alle politischen Entscheidungen übernehmen. Einer von Tavistocks Hauptverantwortlichen für die Zerstörung unserer Lebensweise war Dr. Alexander King, ein Gründungsmitglied der NATO und ein Favorit des *Komitees der 300*, sowie ein herausragendes Mitglied des Club of Rome. Dr. King wurde vom Club of Rome beauftragt, Amerikas Bildungswesen zu zerstören, indem er die Kontrolle über die National Teachers Association übernahm und eng mit bestimmten Gesetzgebern und Richtern zusammenarbeitete. Wenn es nicht allgemein bekannt war, wie allumfassend der Einfluss *des Komitees der 300* ist, sollte dieses Buch jeden Rest dieses Zweifels ausräumen.

Der Probelauf für die Federal Emergency Management Agency

(FEMA), eine Schöpfung des Club of Rome, fand in einem Testlauf gegen das Atomkraftwerk in Three Mile Island, Harrisburg, Pennsylvania, statt. Von den hysterischen Medien als "Unfall" bezeichnet, handelte es sich *nicht* um einen Unfall, sondern um einen *absichtlich* geplanten Krisentest für die FEMA. Ein zusätzlicher Vorteil war die von den Medien geschürte Angst und Hysterie, die die Menschen dazu brachte, aus dem Gebiet zu fliehen, obwohl sie in Wirklichkeit gar nicht in Gefahr waren. Die FEMA wertete die Katastrophe als Erfolg und verschaffte den Atomkraftgegnern eine Menge Punkte. TMI wurde zum Sammelpunkt für die so genannten "Umweltschützer", eine hochfinanzierte und kontrollierte Gruppe, die vom Aspen-Institut im Auftrag des Club of Rome geleitet wird. Die Berichterstattung wurde von William Paley vom Fernsehsender CBS, einem ehemaligen britischen Geheimdienstagenten, kostenlos zur Verfügung gestellt.

Die FEMA ist ein natürlicher Nachfolger der Strategic Bombing Survey aus dem Zweiten Weltkrieg. Dr. Kurt Lewin, Theoretiker dessen, was die Tavistock-Verschwörer als Krisenmanagement bezeichneten, war maßgeblich an der Studie beteiligt. Es gibt eine ununterbrochene Kette zwischen Lewin und Tavistock, die siebenunddreißig Jahre zurückreicht. Lewin integrierte die Strategic Bombing Survey in die FEMA, wobei sich nur einige kleine Anpassungen als notwendig erwiesen, eine der Änderungen war das Ziel, das nicht mehr Deutschland, sondern die Vereinigten Staaten von Amerika war.

Fünfundvierzig Jahre nach dem Ende des Zweiten Weltkriegs ist es immer noch Tavistock, das seine Hände am Abzug hat, und die Waffe ist auf die Vereinigten Staaten gerichtet. Die verstorbene Margaret Mead führte unter der Schirmherrschaft von Tavistock eine intensive Studie über die deutsche und japanische Bevölkerung durch, in der untersucht wurde, wie sie auf den durch die Luftangriffe verursachten Stress reagierte. Irving Janus war als außerordentlicher Professor an dem Projekt beteiligt, das von Dr. John Rawlings Reese, der in der britischen Armee zum Brigadegeneral befördert wurde, geleitet wurde. Die Testergebnisse wurden der FEMA übergeben. Der Bericht von Irving Janus war für die Formulierung der FEMA-Politik von großem Wert. Janus verwendete ihn in einem Buch, das er später unter dem Titel AIR WAR AND STRESS schrieb. Die Ideen in seinem Buch wurden von der FEMA während der "Krise" auf der Drei-Meilen-Insel buchstabengetreu umgesetzt. Janus hatte eine wirklich einfache Idee: Simuliere eine Reihe von Krisen und manipuliere die Bevölkerung nach der Lewin-Terror-Taktik, und sie wird genau das tun, was erforderlich ist.

Bei der Durchführung dieser Übung entdeckte Lewin etwas Neues, nämlich dass soziale Kontrolle auf breiter Ebene erreicht werden kann, indem man die Nachrichtenmedien nutzt, um die Schrecken eines Atomkriegs über die Fernsehmedien zu vermitteln. Man entdeckte, dass Frauenzeitschriften die Schrecken eines Atomkriegs sehr effektiv dramatisieren konnten. In einem von Janus durchgeführten Versuch "schrieb" Betty Bumpers, die Frau von Senator Dale Bumpers aus Arkansas, für die Zeitschrift McCalls über dieses Thema.

Der Artikel erschien in der McCalls-Ausgabe vom Januar 1983. Tatsächlich hat Frau Bumpers den Artikel nicht geschrieben, sondern er wurde für sie von einer Gruppe von Autoren bei Tavistock verfasst, deren Spezialität solche Themen sind. Es handelte sich um eine Sammlung von Unwahrheiten, Unwahrheiten, Andeutungen und Vermutungen, die auf völlig falschen Voraussetzungen beruhten. Der Bumpers-Artikel war typisch für die Art der psychologischen Manipulation, in der Tavistock so gut ist. Keine der Damen, die McCalls gelesen haben, war nicht beeindruckt von der Terror-/Horror-Geschichte, wie ein Atomkrieg aussieht.

Der Ausschuss der 300 verfügt über eine umfangreiche Bürokratie, die sich aus Hunderten von Denkfabriken und Frontorganisationen zusammensetzt, die das gesamte Spektrum der führenden Vertreter der Privatwirtschaft und der Regierungen abdecken. Ich werde so viele erwähnen, wie ich unterbringen kann, angefangen mit dem German Marshall Fund. Zu seinen Mitgliedern, die auch Mitglieder der NATO und des Club of Rome sind, gehören David Rockefeller von der Chase Manhattan Bank, Gabriel Hague von der prestigeträchtigen Manufactures Hanover Trust and Finance Corporation, Milton Katz von der Ford Foundation, Willy Brandt, Führer der Sozialistischen Internationale, KGB-Agent und Mitglied des *Komitees der 300*, Irving Bluestone, Vorsitzender des United Auto-Workers Executive-Board, Russell Train, U.US-Präsident des Club of Rome und des World Wildlife Fund von Prinz Philip, Elizabeth Midgely, Produzentin von CBS-Programmen, B. R. Gifford, Direktor der Russell Sage Foundation, Guido Goldman vom Aspen Institute, der verstorbene Averill Harriman, außerordentliches Mitglied des *Komitees der 300*, Thomas L. Hughes vom Carnegie Endowment Fund, Dennis Meadows und Jay Forrestor von MIT "world-dynamics".

Obwohl der *Ausschuss der 300* bereits seit über 150 Jahren besteht, nahm er seine heutige Form erst um 1897 an. Es war stets bestrebt, seine Befehle über andere Einrichtungen wie das Royal Institute for International Affairs zu erteilen. Als beschlossen wurde, dass eine

Superbehörde die europäischen Angelegenheiten kontrollieren sollte, gründete das RIIA das Tavistock-Institut, das wiederum die NATO ins Leben rief. Fünf Jahre lang wurde die NATO durch den German Marshall Fund finanziert. Das vielleicht wichtigste Mitglied der Bilderberger, eines außenpolitischen Gremiums des Ausschusses, war Joseph Rettinger, der als Gründer und Organisator gilt und dessen jährliche Treffen Verschwörungsjäger seit mehreren Jahrzehnten begeistern.

Rettinger war ein gut ausgebildeter Jesuitenpriester und ein Freimaurer 33 Grades. Frau Katherine Meyer Graham, die im Verdacht steht, ihren Ehemann ermordet zu haben, um die Kontrolle über die Washington Post zu erlangen, war ein weiteres hochrangiges Mitglied des Club of Rome, ebenso wie Paul G. Hoffman von der New York Life Insurance Company, einer der größten Versicherungsgesellschaften der Vereinigten Staaten und ein führendes Unternehmen im Rang, mit direkten Verbindungen zur unmittelbaren Familie von Königin Elisabeth von England. John J. McCloy, der Mann, der versuchte, Deutschland nach dem Zweiten Weltkrieg von der Landkarte zu tilgen, und nicht zuletzt James A. Perkins von der Carnegie Corporation, waren ebenfalls Gründungsmitglieder der Bilderberger und des Club of Rome.

Was für eine hochkarätige Besetzung! Doch seltsamerweise hatte bis vor kurzem kaum jemand außerhalb der echten Geheimdienste jemals von dieser Organisation gehört. Die Macht, die diese wichtigen Persönlichkeiten und die von ihnen vertretenen Konzerne, Fernsehsender, Zeitungen, Versicherungen und Banken ausüben, entspricht der Macht und dem Prestige von mindestens zwei europäischen Ländern, und doch ist dies nur die Spitze der enormen Verflechtungen und Interessen des *Komitees der 300*.

Nicht erwähnt wird in der obigen Aufzählung Richard Gardner, der zwar ein frühes Mitglied des *Komitees der 300* war, aber mit einem besonderen Auftrag nach Rom geschickt wurde. Gardner heiratete in eine der ältesten Familien des Schwarzen Adels in Venedig ein und verschaffte so der venezianischen Aristokratie einen direkten Draht zum Weißen Haus. Der verstorbene Averill Harriman war eine weitere direkte Verbindung des Komitees zum Kreml und zum Weißen Haus, eine Position, die Kissinger nach dem Tod von Harriman übernahm.

Der Club of Rome ist in der Tat eine beeindruckende Einrichtung des *Ausschusses der 300*. Obwohl sich die Gruppe vorgeblich mit amerikanischen Angelegenheiten befasst, gibt es Überschneidungen mit anderen Agenturen *des Komitees der 300*, und ihre Mitglieder in den Vereinigten Staaten sind häufig mit "Problemen" in Japan und Deutschland befasst. Zu den Frontorganisationen des Komitees gehören u.a. die folgenden, wenn auch nicht nur diese:

LIGA DER INDUSTRIELLEN DEMOKRATIE.

Offizielle: Michael Novak, Jeane Kirkpatrick, Eugene Rostow, IRWIN SUALL, Lane Kirkland, Albert Schenker.

Zweck: Unterbrechung und Störung der normalen Arbeitsbeziehungen zwischen Arbeitnehmern und Arbeitgebern durch Gehirnwäsche der Gewerkschaften, um unmögliche Forderungen zu stellen, mit besonderem Augenmerk auf die Stahl-, Automobil- und Wohnungsindustrie.

FREIHEITSHAUS.

Beamte: Leo Churn und Carl Gershman.

Zweck: Verbreitung sozialistischer Desinformation unter den amerikanischen Arbeitern, Verbreitung von Uneinigkeit und Unzufriedenheit. Nachdem diese Ziele weitgehend erreicht sind, wird Gershman von Lawrence Eagleburger in die CEDC berufen, ein neu geschaffenes Gremium, das ein vereinigtes Deutschland daran hindern soll, seinen Handel in das Donaubecken auszuweiten.

AUSSCHUSS FÜR EINE DEMOKRATISCHE MEHRHEIT.

Beamte: Ben Wattenburg, Jeane Kirkpatrick, Elmo Zumwa und Midge Dector.

Zweck: Schaffung eines Bindeglieds zwischen der gebildeten sozialistischen Klasse und den Minderheitengruppen mit dem Ziel, einen soliden Block von Wählern zu bilden, die bei den Wahlen für linke Kandidaten stimmen werden. Es war wirklich eine Fabianisten-Operation von Anfang bis Ende.

AUSSENPOLITISCHES FORSCHUNGSINSTITUT.

Beamte: Robert Strausz Hupe.

Ziel: Untergrabung und schließlich Beendigung des NASA-Raumfahrtprogramms.

SOZIALDEMOKRATEN U.S.A.

Offizielle: Bayard Rustin, Lane Kirkland, Jay Lovestone, Carl Gershman, Howard Samuel, Sidney Hook.

Zweck: Verbreitung des Radikalsozialismus, insbesondere unter

Minderheiten, und Herstellung von Verbindungen zwischen ähnlichen Organisationen in sozialistischen Ländern. Lovestone war jahrzehntelang der führende Berater der US-Präsidenten in Fragen der Sowjetunion und stand in direkter Verbindung mit Moskau.

INSTITUT FÜR SOZIALE BEZIEHUNGEN.

Beamte: Harland Cleveland, Willis Harmon. Ziel: Veränderung der Denkweise in Amerika. DIE BÜRGERLIGA.

Beamte: Barry Commoner.

Zweck: Erhebung von Klagen "in gemeinsamer Sache" gegen verschiedene Regierungsstellen, insbesondere in der Verteidigungsindustrie.

WAR RESISTERS LEAGUE.

Beamte: Noam Chomsky und David McReynolds.

Zweck: Organisierung des Widerstands gegen den Vietnamkrieg unter linken Gruppen, Studenten und der Hollywood-"In-Crowd".

DAS DEMOKRATISCH-SOZIALISTISCHE ORGANISATIONSKOMITEE DES INSTITUTS FÜR DEMOKRATISCHEN SOZIALISMUS.

Beamte: Frank Zeider, Arthur Redier und David McReynolds.

Zweck: Eine Clearingstelle für linkssozialistische Ideen und Aktivitäten in den USA und Europa.

ANTI-DEFAMATION-LEAGUE-UNTERSUCHUNGSABTEILUNG.

Beamte: IRWIN SUALL, auch bekannt als John Graham.

Zweck: Eine gemeinsame Operation des FBI und des britischen Geheimdienstes, die darauf abzielt, rechtsgerichtete Gruppen und ihre Anführer ausfindig zu machen und sie aus dem Verkehr zu ziehen, bevor sie zu groß und zu einflussreich werden.

INTERNATIONALE VEREINIGUNG DER MASCHINENBAUER.

Zweck: Eine arbeiterorientierte Front für die Sozialistische Internationale und eine Brutstätte organisierter Arbeiterunruhen, die Arbeitnehmer und Management polarisieren.

DIE GEWERKSCHAFT DER BEKLEIDUNGSARBEITER.

Beamte: Murray Findley, IRWIN SUALL und Jacob Scheinkman.

Zweck: Ähnlich wie die Gewerkschaft der Näherinnen und Näher, um die Beschäftigten in der Bekleidungsindustrie zu sozialisieren und zu polarisieren.

A. PHILIP RANDOLPH INSTITUT.

Beamte: Bayard Rustin.

Zweck: Bereitstellung eines Mittels zur Koordinierung von Organisationen mit einem gemeinsamen Ziel, z. B. die Verbreitung sozialistischer Ideen unter Studenten und Arbeitern.

CAMBRIDGE POLICY STUDIES INSTITUTE.

Beamte: Gar Apelrovitz.

Zweck: Die Arbeit des Institute for Policy Studies soll erweitert werden. Gegründet im Februar 1969 von dem internationalen Sozialisten Gar Apelrovitz, ehemaliger Assistent von Senator Gaylord Nelson. Apelrovitz schrieb das umstrittene Buch ATOMIC DIPLOMACY für den Club of Rome, dessen Arbeit vom German Marshall Fund finanziert wurde. Er konzentriert sich auf Forschungs- und Aktionsprojekte mit dem erklärten Ziel, die amerikanische Gesellschaft grundlegend zu verändern, d.h. ein fabianistisches Amerika als Vorbereitung auf die kommende Eine-Welt-Regierung zu schaffen.

WIRTSCHAFTSAUSSCHUSS DES NORDATLANTIK-INSTITUTS.

Beamte: Dr. Aurellio Peccei.

Zweck: NATO-Denkfabrik für globale Wirtschaftsfragen.

ZENTRUM FÜR DAS STUDIUM DER DEMOKRATISCHEN INSTITUTIONEN.

Beamte: Robert Hutchins, Gründer des *Komitees der 300,* Harry Ashmore, Frank Kelly und eine große Gruppe von "Fellows".

Zweck: Verbreitung von Ideen, die zu sozialen Reformen liberaler Art mit Demokratie als Ideologie führen sollen. Eine ihrer Aktivitäten besteht darin, eine neue Verfassung für die USA zu entwerfen, die stark monarchisch und sozialistisch sein wird, wie es in Dänemark der Fall ist.

Das Zentrum ist eine "olympische" Festung. Es befindet sich in Santa Barbara und ist in einem Gebäude untergebracht, das liebevoll "das

Parthenon" genannt wird. Der ehemalige Abgeordnete John Rarick nannte es "eine Einrichtung voller Kommunisten". 1973 befand sich die Arbeit an einer neuen Verfassung der Vereinigten Staaten in ihrem fünfunddreißigsten Entwurf, der einen Zusatz vorschlägt, der "Umweltrechte" garantiert, was darauf abzielt, die industrielle Basis der USA auf einen Bruchteil dessen zu reduzieren, was sie 1969 war. Mit anderen Worten, diese Institution setzt die vom Club of Rome festgelegte postindustrielle Nullwachstumspolitik um, die *vom Ausschuss der 300* festgelegt wurde.

Weitere Ziele sind die Kontrolle von Wirtschaftskreisläufen, der Wohlstand, die Regulierung von Unternehmen und nationalen öffentlichen Arbeiten sowie die Kontrolle der Umweltverschmutzung. Im Namen des *Komitees der 300* sagte Ashmore, die Aufgabe der CSDI bestehe darin, Mittel und Wege zu finden, um unser politisches System effizienter zu gestalten. "Wir müssen das Bildungswesen ändern und eine neue US-Verfassung und eine Verfassung für die Welt in Betracht ziehen", so Ashmore.

Weitere von Ashmore formulierte Ziele sind folgende:

1) Die Mitgliedschaft in der UNO muss universell werden.

2) Die U.N. muss gestärkt werden.

3) Südostasien muss neutralisiert werden. (Für "neutralisiert" lesen Sie "kommunisiert".)

4) Der Kalte Krieg muss beendet werden.

5) Die Rassendiskriminierung muss abgeschafft werden.

6) Die Entwicklungsländer müssen unterstützt werden. (Das heißt, bei der Zerstörung unterstützt werden.)

7) Keine militärischen Lösungen für Probleme. (Schade, dass man das George Bush vor dem Golfkrieg nicht gesagt hat.)

8) Nationale Lösungen sind nicht ausreichend.

9) Koexistenz ist notwendig.

PSYCHOLOGISCHE KLINIK IN HARVARD.

Beamte: Dr. Kurt Lewin und ein Stab von 15 Nachwuchswissenschaftlern.

Ziel: Schaffung eines Klimas, in dem *der Ausschuss der 300* die uneingeschränkte Macht über die Vereinigten Staaten übernehmen kann.

INSTITUT FÜR SOZIALFORSCHUNG.

Beamte: Dr. Kurt Lewin und ein Stab von 20 Wissenschaftlern aus dem Bereich der neuen Wissenschaften.

Ziel: Ausarbeitung einer ganzen Reihe neuer Sozialprogramme, um Amerika von der Industrie wegzuführen.

FORSCHUNGSSTELLE FÜR WISSENSCHAFTSPOLITIK.

Beamte: Leland Bradford, Kenneth Dam, Ronald Lippert.

Zweck: Eine "Future Shocks"-Forschungseinrichtung an der Universität Sussex in England und Teil des Tavistock-Netzwerks.

SYSTEMS DEVELOPMENT CORPORATION.

Beamte: Sheldon Arenberg und Hunderte von Mitarbeitern, die hier nicht alle genannt werden können.

Zweck: Koordinierung aller Elemente der Nachrichtendienste der Vereinigten Staaten und Großbritanniens. Sie analysiert, welchen "Akteuren" die Rolle einer nationalen Einheit zugewiesen werden muss; zum Beispiel würde Spanien unter eine verweichlichte katholische Kirche fallen, die UNO unter den Generalsekretär und so weiter. Sie entwickelte das System "X RAY 2", bei dem Mitarbeiter von Denkfabriken, Militäreinrichtungen und Strafverfolgungsbehörden über ein landesweites Netz von Fernschreibern und Computern mit dem Pentagon verbunden sind: Um Überwachungstechniken landesweit anzuwenden. Arenberg sagt, seine Ideen seien nicht-militärisch, aber seine Techniken seien hauptsächlich die, die er vom Militär gelernt habe. Er war verantwortlich für das New York State Identification and Intelligence System, ein typisches "1984"-Projekt von George Orwell, das nach unserer Verfassung völlig ungesetzlich ist. Das NYSIIS-System ist dabei, landesweit eingeführt zu werden. Es ist das, was Brzezinski als die Fähigkeit bezeichnete, fast sofort Daten über jede Person abrufen zu können.

NYSIIS teilt Daten mit allen Strafverfolgungs- und Regierungsbehörden des Bundesstaates. Es ermöglicht die Speicherung und den schnellen Abruf individueller straf- und sozialrechtlicher Daten. Es handelt sich um ein TYPISCHES Projekt *des Ausschusses der 300*. Es besteht ein dringender Bedarf an einer umfassenden Untersuchung darüber, was genau die Systems Development Corporation tut, aber das würde den Rahmen dieses Buches sprengen. Eines ist *sicher*: Die SDC ist nicht dazu da, die von der US-Verfassung garantierte Freiheit zu bewahren. Wie praktisch, dass sie sich in Santa

Barbara befindet, in unmittelbarer Nähe von Robert Hutchins' "Parthenon".

Einige Veröffentlichungen dieser Club of Rome-Institutionen lauten wie folgt:

- "Centre Magazine"
- "Gegenspion" "Coventry"
- "Informationsbulletin zu verdeckten Aktionen"
- "Dissens"
- "Menschliche Beziehungen"
- "Industrielle Forschung"
- "Anfrage"
- "Mother Jones"
- "Eins"
- "Progressiv"
- "Raconteur"
- "Die Neue Republik"
- "Arbeitspapiere für eine neue Gesellschaft"

Dies sind bei weitem nicht alle Publikationen, die unter der Schirmherrschaft des Club of Rome herausgegeben werden. Es gibt noch viele Hunderte weitere, denn jede der Stiftungen gibt ihre eigene Publikation heraus. Angesichts der Anzahl der vom Tavistock Institute und dem Club of Rome betriebenen Stiftungen können wir hier nur eine unvollständige Liste aufführen. Einige der wichtigeren Stiftungen und Denkfabriken sind in der folgenden Liste aufgeführt, die auch Denkfabriken der Armee umfasst.

Die amerikanische Öffentlichkeit wäre erstaunt, wenn sie wüsste, wie tief die Armee in die Forschung über "neue Kriegstaktiken" mit den "Denkfabriken" des Komitees der 300 verstrickt ist. Die Amerikaner sind sich nicht bewusst, dass der Club of Rome 1946 *vom Komitee der 300* beauftragt wurde, den Fortschritt von Denkfabriken zu fördern, die angeblich ein neues Mittel zur Verbreitung der Philosophie des Komitees darstellen. Der Einfluss dieser Denkfabriken auf unser Militär, gerade seit 1959, als sie sich plötzlich ausbreiteten, ist wirklich erstaunlich. Es besteht kein Zweifel, dass sie gegen Ende des 20. Jahrhunderts eine noch größere Rolle in den täglichen Angelegenheiten dieser Nation spielen werden .

DIE MONT PELERIN GESELLSCHAFT

Mont Pelerin ist eine Wirtschaftsstiftung, die sich der Herausgabe irreführender Wirtschaftstheorien verschrieben hat und die Ökonomen in der westlichen Welt dazu bringt, den von ihr von Zeit zu Zeit vorgelegten Modellen zu folgen. Ihre führenden Vertreter sind Von Hayek und Milton Friedman.

DIE HOOVER-INSTITUTION

Die ursprünglich zur Bekämpfung des Kommunismus gegründete Institution hat sich langsam aber sicher dem Sozialismus zugewandt. Sie verfügt über ein Jahresbudget von 2 Millionen Dollar, das von Unternehmen unter dem Dach des *Komitees der 300* finanziert wird. Sie konzentriert sich jetzt auf "friedliche Veränderungen" mit Schwerpunkt auf Waffenkontrolle und inneramerikanische Probleme. Sie wird von den Nachrichtenmedien häufig als "konservative" Organisation benutzt, deren Ansichten sie suchen, wenn ein konservativer Standpunkt gefragt ist. Die Hoover Institution ist weit davon entfernt, und nach der Übernahme der Institution durch eine mit dem Club of Rome verbündete Gruppe im Jahr 1953 ist sie zu einem Ventil für die "wünschenswerte" Politik der Einen Welt und der Neuen Weltordnung geworden.

STIFTUNG FÜR DAS KULTURERBE

Das vom Brauereimagnaten Joseph Coors als konservative Denkfabrik gegründete Heritage wurde bald von den Fabianisten Sir Peter Vickers-Hall, Stuart Butler, Steven Ayzlei, Robert Moss und Frederich von Hayek unter der Leitung des Club of Rome übernommen. Dieses Institut spielte eine wichtige Rolle bei der Umsetzung des Auftrags des britischen Labour-Führers Anthony Wedgewood Benn, "Reagan zu thatcherisieren". Heritage ist sicherlich kein konservatives Unternehmen, auch wenn es manchmal so aussehen und klingen mag wie eines.

FORSCHUNGSBÜRO FÜR HUMANRESSOURCEN

Es handelt sich um eine Forschungseinrichtung der Armee, die sich mit "Psychotechnologie" befasst. Die meisten Mitarbeiter sind von Tavistock ausgebildet worden. Die "Psychotechnologie" befasst sich mit der Motivation der GIs, der Moral und der vom Feind verwendeten Musik. Vieles von dem, worüber George Orwell in seinem Buch "1984" schrieb, scheint dem, was bei HUMRRO gelehrt wird, bemerkenswert ähnlich zu sein. 1969 übernahm *das Komitee der 300* diese wichtige Einrichtung und wandelte sie in eine private, gemeinnützige Organisation um, die unter der Schirmherrschaft des Club of Rome steht. Es ist die größte Verhaltensforschungsgruppe in den USA.

HUMRRO lehrt das Heer, dass der Soldat nur eine Verlängerung seiner Ausrüstung ist, und hat großen Einfluss auf das System "Mann/Waffe" und seine "menschliche Qualitätskontrolle", das von der US-Armee so weithin akzeptiert wird. HUMRRO hat die Art und Weise, wie sich die Armee verhält, sehr stark beeinflusst. Seine Techniken der Gedankenbeeinflussung stammen direkt von Tavistock. Die Kurse in angewandter Psychologie von HUMRRO sollen den Militärs beibringen, wie man die menschliche Waffe zum Funktionieren bringt. Ein gutes Beispiel dafür ist die Art und Weise, in der die Soldaten im Krieg gegen den Irak bereit waren, ihre Feldhandbuch-Befehle zu missachten und 12.000 irakische Soldaten lebendig zu begraben.

Diese Art der Gehirnwäsche ist furchtbar gefährlich, denn heute wird sie bei der Armee angewandt, die Armee wendet sie an, um Tausende von "feindlichen" Soldaten brutal zu vernichten, und morgen könnte der Armee gesagt werden, dass Gruppen der Zivilbevölkerung, die gegen die Politik der Regierung sind, "der Feind" sind. Wir sind bereits eine hirnlose, gehirngewaschene Herde von Schafen (*We the sheeple[?]*), doch es scheint, dass HUMRRO die Bewusstseinsveränderung und -kontrolle noch einen Schritt weiter bringen kann. HUMRRO ist eine wertvolle Ergänzung zu Tavistock, und viele der Lektionen, die bei HUMRRO gelehrt wurden, wurden im Golfkrieg angewandt, was es ein wenig leichter macht zu verstehen, wie es dazu kam, dass amerikanische Soldaten sich wie rücksichtslose und herzlose Killer verhielten, die weit vom Konzept des traditionellen amerikanischen Kämpfers entfernt sind.

RESEARCH ANALYSIS CORPORATION

Dies ist die Schwesterorganisation von HUMRRO "1984" mit Sitz in McLean, Virginia. Sie wurde 1948 gegründet und 1961 vom *Komitee der 300* übernommen, als sie Teil des Johns-Hopkins-Blocks wurde. Sie hat an über 600 Projekten gearbeitet, darunter die Integration von Negern in die Armee, der taktische Einsatz von Atomwaffen, Programme zur psychologischen Kriegsführung und die Kontrolle der Massenbevölkerung.

Natürlich gibt es noch viele weitere große Denkfabriken, und wir werden in diesem Buch auf die meisten von ihnen eingehen. Einer der wichtigsten Bereiche der Zusammenarbeit zwischen den Ergebnissen der Denkfabriken und dem, was in der Regierung und der öffentlichen Politik umgesetzt wird, sind die "Meinungsforscher". Die Aufgabe der Meinungsforschungsinstitute ist es, die öffentliche Meinung so zu formen und zu gestalten, wie es den Verschwörern passt. CBS-NBC-ABC, die *New York Times* und die Washington Post führen ständig Umfragen durch. Die meisten dieser Bemühungen werden im Nationalen Meinungsforschungszentrum koordiniert, wo, was die meisten von uns erstaunen wird, ein psychologisches Profil für die gesamte Nation erstellt wurde.

Die Ergebnisse werden in die Computer von Gallup Poll und Yankelovich, Skelley und White eingespeist und vergleichend ausgewertet. Vieles von dem, was wir in unseren Zeitungen lesen oder im Fernsehen sehen, wurde zuvor von den Meinungsforschungsinstituten freigegeben. WAS WIR SEHEN, IST DAS, WAS WIR NACH MEINUNG DER MEINUNGSFORSCHER SEHEN SOLLTEN. Das nennt man "öffentliche Meinungsbildung". Die ganze Idee hinter dieser Art von sozialer Konditionierung ist es, herauszufinden, wie die Öffentlichkeit auf POLITISCHE RICHTLINIEN reagiert, die vom *Ausschuss der 300* erlassen werden. Wir werden als "Zielgruppen" bezeichnet, und die Meinungsforscher messen, wie viel Widerstand gegen das, was in den "Abendnachrichten" erscheint, entsteht. Später werden wir genau erfahren, wie diese betrügerische Praxis begonnen hat und wer dafür verantwortlich ist.

Das alles ist Teil des ausgeklügelten Meinungsbildungsprozesses, der in Tavistock entwickelt wurde. Heute *glauben* unsere Bürger, *dass* sie gut informiert sind, aber was sie *nicht* wissen, ist, dass die Meinungen, die sie *für ihre eigenen halten*, in Wirklichkeit in den Forschungsinstituten und Denkfabriken Amerikas entstanden sind und dass keiner von uns frei ist, sich seine eigene Meinung zu bilden, weil wir von den Medien und Meinungsforschern mit Informationen versorgt werden.

Unmittelbar vor dem Eintritt der Vereinigten Staaten in den Zweiten Weltkrieg wurde die Meinungsumfrage zu einer hohen Kunstform gebracht. Die Amerikaner wurden, ohne es zu wissen, darauf konditioniert, Deutschland und Japan als gefährliche Feinde zu betrachten, die aufgehalten werden mussten. In gewisser Weise stimmte das auch, und das macht das konditionierte Denken *umso* gefährlicher, denn auf der Grundlage der INFORMATIONEN, mit denen sie gefüttert wurden, schienen Deutschland und Japan tatsächlich der Feind zu sein. Erst kürzlich haben wir gesehen, wie gut Tavistocks

Konditionierungsprozess funktioniert, als die Amerikaner darauf konditioniert wurden, den Irak als Bedrohung und Saddam Hussein als persönlichen Feind der Vereinigten Staaten wahrzunehmen.

Ein solcher Konditionierungsprozess wird technisch als "die Botschaft, die die Sinnesorgane der zu beeinflussenden Personen erreicht" beschrieben. Einer der angesehensten Meinungsforscher ist das Mitglied *des Komitees der 300,* Daniel Yankelovich, von der Firma Yankelovich, Skelley and White. Yankelovich ist stolz darauf, seinen Studenten zu sagen, dass Meinungsumfragen ein Instrument sind, um die öffentliche Meinung zu ändern, obwohl dies nicht originell ist, da Yankelovich sich von David Naisbetts Buch "TREND REPORT" inspirieren ließ, das vom Club of Rome in Auftrag gegeben wurde.

In seinem Buch beschreibt Naisbett alle Techniken, die von Meinungsmachern eingesetzt werden, um die vom *Ausschuss der 300* gewünschte öffentliche Meinung zu erreichen. Die öffentliche Meinungsbildung ist das Juwel in der Krone der OLYMPIONEN, denn mit ihren Tausenden von Sozialwissenschaftlern der neuen Wissenschaft, die ihnen zur Verfügung stehen, und mit den Nachrichtenmedien, die sie fest in der Hand haben, können NEUE öffentliche Meinungen zu fast jedem Thema innerhalb von zwei Wochen erstellt und in der ganzen Welt verbreitet werden.

Genau das geschah, als ihrem Diener George Bush befohlen wurde, Krieg gegen den Irak zu führen. Innerhalb von zwei Wochen wendete sich nicht nur die öffentliche Meinung der USA, sondern fast der ganzen Welt gegen den Irak und seinen Präsidenten Saddam Hussein. Diese Medienveränderer und Nachrichtenmanipulatoren unterstehen direkt dem Club of Rome, der wiederum dem *Komitee der 300 untersteht,* an dessen Spitze die Königin von England steht, die über ein riesiges Netz eng verbundener Unternehmen herrscht, die niemals Steuern zahlen und niemandem Rechenschaft schuldig sind, die ihre Forschungsinstitute über Stiftungen finanzieren, deren gemeinsame Aktivitäten unser tägliches Leben nahezu vollständig kontrollieren.

Zusammen mit den ineinandergreifenden Unternehmen, dem Versicherungsgeschäft, den Banken, den Finanzkonzernen, den Ölgesellschaften, den Zeitungen, den Zeitschriften, dem Radio und dem Fernsehen sitzt dieser riesige Apparat rittlings auf den Vereinigten Staaten und der Welt. Es gibt keinen Politiker in Washington D.C., der nicht in irgendeiner Weise mit ihm verbunden ist. Die Linke wettert dagegen und nennt es "Imperialismus", was es in der Tat ist, aber die Linke wird von denselben Leuten geführt, die auch die Rechte kontrollieren, so dass die Linke nicht freier ist als wir!

Wissenschaftler, die sich mit dem Prozess der Konditionierung befassen, werden "Sozialingenieure" oder "Sozialwissenschaftler der neuen Wissenschaft" genannt, und sie spielen eine wesentliche Rolle bei dem, was wir sehen, hören und lesen. Die Sozialingenieure der "alten Schule" waren Kurt K. Lewin, Professor Hadley Cantril, Margaret Meade, Professor Derwin Cartwright und Professor Lipssitt, die zusammen mit John Rawlings Reese das Rückgrat der Wissenschaftler der neuen Wissenschaft am Tavistock-Institut bildeten.

Während des Zweiten Weltkriegs arbeiteten über 100 Forscher unter der Leitung von Kurt Lewin, die sklavisch die Methoden von Reinhard Heydrich von der SS kopierten. Das OSS basierte auf Heydrichs Methodik, und wie wir wissen, war das OSS der Vorläufer der Central Intelligence Agency. Der springende Punkt ist, dass die Regierungen Großbritanniens und der Vereinigten Staaten bereits über eine Maschinerie verfügen, die uns mit nur geringem Widerstand in eine neue Weltordnung einbinden kann, und diese Maschinerie ist seit 1946 in Betrieb. Mit jedem Jahr, das verging, wurden neue Verfeinerungen hinzugefügt.

Es ist dieser *Ausschuss der 300*, der Kontrollnetze und -mechanismen geschaffen hat, die weitaus verbindlicher sind als alles, was es je auf dieser Welt gab. Ketten und Seile sind nicht nötig, um uns zu fesseln. Unsere Angst vor dem, was kommen wird, erledigt diese Aufgabe weitaus effizienter als jedes physische Mittel der Beherrschung. Wir wurden einer Gehirnwäsche unterzogen, damit wir unser verfassungsmäßiges Recht, Waffen zu tragen, aufgeben; damit wir unsere Verfassung selbst aufgeben; damit wir zulassen, dass die Vereinten Nationen die Kontrolle über unsere Außenpolitik ausüben und der IWF die Kontrolle über unsere Steuer- und Währungspolitik übernimmt; damit wir zulassen, dass der Präsident ungestraft die Gesetze der Vereinigten Staaten bricht und in ein fremdes Land einmarschiert und dessen Staatsoberhaupt entführt. Kurz gesagt, wir wurden so weit einer Gehirnwäsche unterzogen, dass wir als Nation jede einzelne gesetzlose Handlung unserer Regierung fast ohne Frage akzeptieren werden.

Ich für meinen Teil weiß, dass wir bald kämpfen müssen, um unser Land vom Ausschuss zurückzuerobern, oder es für immer verlieren werden. ABER wenn es darauf ankommt, wie viele werden tatsächlich zu den Waffen greifen? Im Jahr 1776 griffen nur 3 % der Bevölkerung zu den Waffen gegen König Georg III. Diesmal werden 3 % erbärmlich unzureichend sein. Wir sollten uns nicht in Sackgassen führen lassen, denn das ist es, was unsere Bewusstseinskontrolleure für uns geplant haben, indem sie uns mit einer derartigen Komplexität von Themen konfrontieren, dass wir einfach der weitreichenden Penetration erliegen und in vielen lebenswichtigen Fragen überhaupt keine Entscheidungen treffen.

Wir werden uns die Namen derjenigen ansehen, die *das Komitee der 300* bilden, aber vorher sollten wir uns die massiven Verflechtungen aller wichtigen Institutionen, Unternehmen und Banken ansehen, die unter der Kontrolle des Komitees stehen. Wir müssen sie gut kennzeichnen, denn das sind die Leute, die entscheiden, wer leben und wer als "nutzlose Esser" eliminiert werden soll; wo wir Gott anbeten werden, was wir anziehen müssen und sogar was wir essen sollen. Laut Brzezinski werden wir 365 Tage im Jahr rund um die Uhr und ohne Unterlass überwacht.

Dass wir von innen verraten wurden, wird von Jahr zu Jahr von immer mehr Menschen akzeptiert, und das ist gut so, denn durch Wissen, ein Wort, das aus dem Wort GLAUBE übersetzt wird, werden wir in der Lage sein, die Feinde der gesamten Menschheit zu besiegen. Während wir von den Schreckgespenstern im Kreml abgelenkt wurden, wurde das Trojanische Pferd in Washington D.C. in Position gebracht. Die größte Gefahr für freie Menschen geht heute nicht von Moskau, sondern von Washington D.C. aus.

Die Carter-Regierung beschleunigte den Zusammenbruch unserer Wirtschaft und unserer militärischen Stärke, der von Club of Rome- und Lucis Trust-Mitglied Robert Strange McNamara eingeleitet wurde. Trotz seiner Versprechen setzte Reagan die Aushöhlung unserer industriellen Basis fort und begann dort, wo Carter aufgehört hatte. Auch wenn wir unsere Verteidigung stark halten müssen, können wir dies nicht mit einer schwachen industriellen Basis tun, denn ohne einen gut geführten militärisch-industriellen Komplex können wir kein lebensfähiges Verteidigungssystem haben. *Das Komitee der 300* hat dies erkannt und plante ab 1953 seine postindustrielle Politik des Nullwachstums, die jetzt in voller Blüte steht.

Dank des Club of Rome ist unser technologisches Potenzial hinter das von Japan und Deutschland zurückgefallen, Nationen, die wir im Zweiten Weltkrieg besiegt haben sollen. Wie ist es dazu gekommen? Aufgrund von Männern wie Dr. Alexander King und unserer Verblendung haben wir die Zerstörung unserer Bildungseinrichtungen und Lehrsysteme nicht erkannt. Infolge unserer Blindheit bilden wir nicht mehr genügend Ingenieure und Wissenschaftler aus, um uns unter den Industrienationen der Welt zu halten. Dank Dr. King, einem Mann, den nur wenige Amerikaner kennen, ist das Bildungsniveau in den USA auf dem niedrigsten Stand seit 1786. Statistiken des Institute for Higher Learning zeigen, dass die Lese- und Schreibfähigkeiten von High-School-Kindern in den Vereinigten Staaten NIEDRIGER sind als die von High-School-Kindern im Jahr 1786.

Was uns heute droht, ist nicht nur der Verlust unserer Freiheit und des Gefüges unserer Nation, sondern, was noch viel schlimmer ist, die Möglichkeit des Verlusts unserer Seelen. Das ständige Abtragen des Fundaments, auf dem diese Republik ruht, hat eine leere Stelle hinterlassen, die *Satanisten* und Sektierer eilig mit ihrem synthetischen Seelenmaterial füllen wollen. Diese Wahrheit ist schwer zu akzeptieren und zu würdigen, denn es gab nichts SUDDEN an diesen Ereignissen. Wenn uns ein plötzlicher Schock treffen würde, ein kultureller und religiöser Schock, würden wir aus unserer Apathie aufgerüttelt werden.

Aber *Gradualismus* - was der *Fabianismus* ist - trägt nicht dazu bei, Alarm zu schlagen. Da die überwiegende Mehrheit der Amerikaner keine MOTIVATION für die von mir beschriebenen Dinge sehen kann, können sie sie nicht akzeptieren, und so wird die Verschwörung (auf die ich hinweise) verachtet und oft verspottet (als wilde Theorie oder Hirngespinst). Indem wir durch die Präsentation von Hunderten von täglichen Entscheidungen, die unsere Leute treffen müssen, Chaos geschaffen haben, sind wir an einen Punkt gelangt, an dem alle Informationen abgelehnt werden, es sei denn, die Motivation kann eindeutig nachgewiesen werden.

Dies ist sowohl das schwache als auch das starke Glied in der konspirativen Kette. Die meisten schieben alles beiseite, was kein Motiv hat, so dass sich die Verschwörer hinter dem Spott sicher fühlen, mit dem diejenigen überschüttet werden, die auf die kommende Krise in unserer Nation und in unserem individuellen Leben hinweisen. Wenn wir jedoch genügend Menschen dazu bringen können, die Wahrheit zu erkennen, wird der Motivationsblock schwächer, bis er schließlich beiseite gedrängt wird, da immer mehr Menschen aufgeklärt werden und die (falsche) Vorstellung, dass "so etwas in Amerika nicht passieren kann", über Bord geworfen wird.

Das Komitee der 300 verlässt sich darauf, dass unsere Reaktion auf geschaffene Ereignisse von unseren fehlangepassten Reaktionen bestimmt wird, und es wird nicht enttäuscht werden, solange wir als Nation so weitermachen, wie wir jetzt reagieren. Wir müssen die Reaktionen auf geschaffene Krisen in ADAPTIVE Reaktionen umwandeln, indem wir die Verschwörer identifizieren und ihre Pläne für uns aufdecken, so dass diese Dinge öffentlich bekannt werden. Der

Club of Rome hat bereits den Übergang zum BARBARISMUS vollzogen. Anstatt darauf zu warten, "*entrückt*" zu werden, müssen wir *das Komitee der 300 aufhalten, bevor* es sein Ziel erreichen kann, uns zu Gefangenen (Sklaven) des für uns geplanten "Neuen Dunklen Zeitalters" zu machen. Es liegt *nicht* an Gott, ES GIBT *UNS. Wir* müssen die notwendigen Maßnahmen ergreifen.

"Sie *müssen* gestoppt werden, davon hängt *alles* ab."

Alle Informationen, die ich in diesem Buch gebe, stammen aus jahrelangen Recherchen, die durch einwandfreie Geheimdienstquellen gestützt werden. *Nichts* ist übertrieben. Es ist sachlich und präzise, tappen Sie also *nicht* in die vom Feind aufgestellte Falle, dass dieses Material "Desinformation" ist. In den vergangenen zwei Jahrzehnten habe ich Informationen geliefert, die sich als äußerst präzise erwiesen haben und die viele rätselhafte Ereignisse erklären konnten. Meine Hoffnung ist, dass dieses Buch zu einem besseren, klareren und umfassenderen Verständnis der gegen diese Nation gerichteten konspirativen Kräfte führt. Diese Hoffnung geht in Erfüllung, da immer mehr junge Menschen beginnen, Fragen zu stellen und Informationen darüber zu suchen, was WIRKLICH vor sich geht. Es ist für die Menschen schwer zu begreifen, dass diese Verschwörer real sind und dass sie die Macht haben, die ich und viele andere ihnen zugeschrieben haben. Viele haben geschrieben und gefragt, wie es sein kann, dass unsere Regierung nichts gegen diese schreckliche Bedrohung der Zivilisation unternimmt? Das Problem ist, dass unsere Regierung TEIL des Problems ist, Teil der Verschwörung, und nirgendwo und zu keiner Zeit ist dies deutlicher geworden als während der Präsidentschaft von Bush. Natürlich weiß Präsident Bush genau, was *das Komitee der 300* mit uns macht. ER ARBEITET FÜR SIE. Andere haben geschrieben: "Wir dachten, wir würden gegen die Regierung kämpfen." Natürlich tun wir das, aber hinter der Regierung steht eine Kraft, die so mächtig und allumfassend ist, dass die Geheimdienste sogar Angst haben, den Namen "Olympianer" zu erwähnen. (Die verborgene Hand.)

Ein Beweis für das *Komitee der 300* ist die große Anzahl mächtiger Institutionen, die ihm gehören und von ihm kontrolliert werden. Hier sind einige der wichtigsten aufgelistet, die alle unter der Mutter aller Denkfabriken und Forschungsinstitute, dem TAVISTOCK-INSTITUT FÜR MENSCHENBEZIEHUNGEN mit seinem weit verzweigten Netz von Hunderten von "Filialen", zusammengefasst sind.

Stanford-Forschungszentrum

Das Stanford Research Centre (SRC) wurde 1946 vom Tavistock Institute For Human Relations gegründet. Stanford wurde gegründet, um Robert O. Anderson und seine ARCO-Ölgesellschaft zu unterstützen, die sich für *das Komitee der 300* die Ölrechte am North Slope von Alaska gesichert hatte. Im Grunde war die Aufgabe zu groß für Andersons Aspen-Institut, so dass ein neues Zentrum gegründet und finanziert werden musste. Dieses neue Zentrum war das Stanford Research Centre. Alaska verkaufte seine Rechte gegen eine Anzahlung von 900 Millionen Dollar, ein relativ geringer Betrag für *das Komitee der 300*. Der Gouverneur von Alaska wurde an das SRI verwiesen, um Hilfe und Beratung zu erhalten. Dies war kein Zufall, sondern das Ergebnis einer umsichtigen Planung und eines Prozesses, der auf lange Sicht angelegt war.

Nach dem Hilferuf des Gouverneurs machten sich drei SRI-Wissenschaftler auf den Weg nach Alaska, wo sie mit dem Staatssekretär und dem Planungsamt des Bundesstaates zusammentrafen. Francis Greehan, der das SRI-Team leitete, versicherte dem Gouverneur, dass sein Problem, wie mit dem reichen Ölfund umzugehen sei, in den Händen des SRI sicher sei. Natürlich erwähnte Greehan weder *das Komitee der 300* noch den Club of Rome. In weniger als einem Monat stellte Greehan ein Team von Wirtschaftswissenschaftlern, Erdölwissenschaftlern und Wissenschaftlern der neuen Wissenschaften zusammen, das in die Hunderte ging. Der Bericht, den das SRI dem Gouverneur vorlegte, umfasste achtundachtzig Seiten. Der Vorschlag wurde 1970 von der Legislative Alaskas praktisch unverändert angenommen. Greehan hatte in der Tat eine bemerkenswerte Arbeit für *den Ausschuss der 300* geleistet. Von diesem Anfang an entwickelte sich das SRI zu einer Institution mit 4000 Mitarbeitern und einem Jahresbudget von über 160 Millionen Dollar. Der Präsident, Charles A. Anderson, hat einen großen Teil dieses Wachstums während seiner Amtszeit miterlebt, ebenso wie Professor Willis Harmon, Direktor des SRI Centre for the Study of Social Policies, das Hunderte von Wissenschaftlern aus dem Bereich der neuen Wissenschaften beschäftigt, von denen viele von Tavistocks

Londoner Basis übernommen wurden. Einer von ihnen war der RCA-Vorstandsvorsitzende und ehemalige britische Geheimdienstler David Sarnoff, der fünfundzwanzig Jahre lang eng mit Harmon und seinem Team zusammenarbeitete. Sarnoff war so etwas wie ein "Wachhund" für das Mutterinstitut in Sussex.

Stanford behauptet, keine moralischen Urteile über die Projekte zu fällen, die es annimmt, und arbeitet für Israel und die Araber, Südafrika und Libyen, aber, wie man sich vorstellen kann, sichert es sich mit dieser Haltung einen "Insider"-Vorteil bei ausländischen Regierungen, den die CIA für sehr nützlich hält. In Jim Ridgeways Buch "THE CLOSED CORPORATION" brüstet sich SRI-Sprecher Gibson mit der diskriminierungsfreien Haltung des SRI. Obwohl das SRI nicht auf den Listen der Bundesauftragsforschungszentren steht, ist es heute der größte militärische Think-Tank, der Hudson und Rand in den Schatten stellt. Zu den Spezialabteilungen des SRI gehören die Versuchszentren für chemische und biologische Kriegsführung.

Eine der gefährlichsten Aktivitäten von Stanford ist die Aufstandsbekämpfung gegen die Zivilbevölkerung - genau die Art von "1984", die die Regierung bereits gegen ihre *eigene* Bevölkerung einsetzt. Die US-Regierung zahlt dem SRI jedes Jahr Millionen von Dollar für diese Art von höchst umstrittener "Forschung". Nach Studentenprotesten gegen Experimente zur chemischen Kriegsführung, die in Stanford durchgeführt wurden, "verkaufte" sich das SRI für nur 25 Millionen Dollar an eine private Gruppe. Natürlich änderte sich nichts wirklich, SRI war immer noch ein Tavistock-Projekt und gehörte immer noch dem *Komitee der 300*, aber die Leichtgläubigen schienen mit dieser bedeutungslosen kosmetischen Veränderung zufrieden zu sein. Im Jahr 1958 kam es zu einer verblüffenden neuen Entwicklung. Die Advanced Research Products Agency (ARPA), eine Vertragsagentur des Verteidigungsministeriums, trat mit einem streng geheimen Vorschlag an das SRI heran. John Foster vom Pentagon teilte dem SRI mit, dass man ein Programm benötige, das die Vereinigten Staaten gegen "technologische Überraschungen" absichern würde. Foster wollte einen Zustand perfektionieren, in dem die Umwelt zur Waffe wurde; spezielle Bomben, um Vulkane und/oder Erdbeben auszulösen, Verhaltensforschung über potenzielle Feinde sowie Mineralien und Metalle mit Potenzial für neue Waffen. Das Projekt wurde von SRI angenommen und erhielt den Codenamen "SHAKY".

Das riesige elektronische Gehirn in SHAKY war in der Lage, viele Befehle auszuführen, da seine Computer von *IBM* für SRI konstruiert worden waren. Achtundzwanzig Wissenschaftler arbeiteten an der so genannten "Human Augmentation". Der IBM-Computer ist sogar in der Lage, Probleme durch Analogie zu lösen und erkennt und identifiziert die Wissenschaftler, die mit ihm arbeiten. Die "Spezialanwendungen" dieses Instruments lassen sich besser erahnen als beschreiben. Brzezinski wusste, wovon er sprach, als er "THE TECHNOTRONIC ERA" schrieb.

Das Stanford Research Institute arbeitet eng mit zahlreichen zivilen Beratungsfirmen zusammen, die versuchen, Militärtechnologie auf häusliche Situationen anzuwenden. Dies war nicht immer erfolgreich, aber mit der Verbesserung der Techniken wird die Aussicht auf eine massive *allumfassende Überwachung*, wie sie Brzezinski beschreibt, täglich realer. ES GIBT SIE BEREITS UND SIE WIRD EINGESETZT, AUCH WENN VON ZEIT ZU ZEIT NOCH KLEINE STÖRUNGEN BEHOBEN WERDEN MÜSSEN.

Eine dieser zivilen Beratungsfirmen war Schriever McKee Associates in McLean, Virginia, unter der Leitung des pensionierten Generals Bernard A. Schriever, einem ehemaligen Chef des Air Force Systems Command, der die Titan-, Thor-, Atlas- und Minuteman-Raketen entwickelt hat.

Schriever stellte ein Konsortium aus Lockheed, Emmerson Electric, Northrop, Control Data, Raytheon und TRW unter dem Namen URBAN SYSTEMS ASSOCIATES, INC. zusammen. Der Zweck des Konsortiums? Die Lösung sozialer und psychologischer "städtischer Probleme" mit Hilfe militärischer Techniken unter Einsatz fortschrittlicher elektronischer Systeme. Interessanterweise wurde TRW durch die Zusammenarbeit mit Urban Systems Associates, Inc. zum größten Unternehmen in der Kreditauskunftei, das Kreditinformationen sammelt.

Dies sollte uns eine Menge darüber sagen, wie weit diese Nation bereits unter TOTALER ÜBERWACHUNG steht, was die erste Forderung *des Ausschusses der 300* ist. Keine Diktatur, schon gar nicht eine im globalen Maßstab, kann ohne totale Kontrolle über jeden Einzelnen funktionieren. Das SRI war auf dem besten Weg, eine wichtige Forschungsorganisation des Komitees der 300 zu werden.

In den 1980er Jahren waren 60 % der SRI-Verträge dem "Futurismus" mit militärischen und zivilen Anwendungen gewidmet. Die wichtigsten Kunden waren das US-Verteidigungsministerium - Directorate of Defence Research and Engineering, Office of Aerospace Research, das sich mit "Applications of the Behavioural Sciences to Research Management" befasste, Executive Office of the President, Office of

Science and Technology, US-Gesundheitsministerium. Im Auftrag des Gesundheitsministeriums führte das SRI ein Programm mit dem Titel "Patterns in ESDEA Title I Reading Achievement Tests" durch. Weitere Kunden waren das US-Energieministerium, das US-Arbeitsministerium, das US-Verkehrsministerium und die National Science Foundation (NSF). Von Bedeutung war das für die NSF entwickelte Papier mit dem Titel "Assessment of Future and International Problems".

Stanford Research hat unter der Leitung des Tavistock-Instituts in London ein weitreichendes und abschreckendes System entwickelt, das es "Business Intelligence Program" nennt. Mehr als 600 Unternehmen in den USA und im Ausland wurden zu Abonnenten. Das Programm umfasste Forschungsarbeiten in den Bereichen japanische Außenhandelsbeziehungen, Verbrauchermarketing in einer Zeit des Wandels, die wachsende Herausforderung des internationalen Terrorismus, sensorische Bewertung von Konsumgütern, elektronisches Geldtransfersystem, opto-elektrische Sensoren, explorative Planungsmethoden, die US-Verteidigungsindustrie und Kapitalverfügbarkeit. Zu den TOP *The Committee of 300* Unternehmen, die Kunden dieses Programms wurden, gehörten die Bechtel Corporation (George Schultz saß im Vorstand), Hewlett Packard, TRW, Bank of America, Shell Company, RCA, Blyth, Eastman Dillon, Saga Foods Corporation, McDonnell Douglas, Crown Zellerbach, Wells Fargo Bank und Kaiser Industries. Aber eines der unheimlichsten aller SRI-Programme mit der Möglichkeit, enormen Schaden anzurichten und die Richtung zu ändern, in die sich die Vereinigten Staaten sozial, moralisch und religiös entwickeln werden, war das "CHANGING IMAGES OF MAN" der Charles F. Kettering Foundation in Stanford mit der offiziellen Referenz "Contract Number URH (489)-2150 Policy Research Report Number 4/4/74, Prepared by the SRI Centre for the Study of Social Policy, Director Willis Harmon". Dies ist wahrscheinlich eine der weitreichendsten Untersuchungen darüber, wie der Mensch verändert werden könnte, die jemals durchgeführt wurde.

Der 319 Seiten umfassende Bericht wurde von 14 New-Science-Wissenschaftlern unter der Aufsicht von Tavistock und 23 Top-Kontrolleuren verfasst, darunter B. F. Skinner, Margaret Meade, Ervin Lazlo und Sir Geoffrey Vickers, ein hochrangiger britischer Geheimdienstoffizier des MI6. Es sei daran erinnert, dass sein Schwiegersohn, Sir Peter Vickers-Hall, ein Gründungsmitglied der sogenannten konservativen "Heritage Foundation" war. Ein Großteil der 3000 Seiten umfassenden "Empfehlungen", die der Reagan-

Regierung im Januar 1981 vorgelegt wurden, basierte auf Material aus Willis Harmons "CHANGING IMAGES OF MAN".

Ich hatte das Privileg, von meinen Geheimdienstkollegen ein Exemplar von "THE CHANGING IMAGES OF MAN" zu erhalten, fünf Tage nachdem es von der Regierung der Vereinigten Staaten angenommen worden war. Was ich las, schockierte mich, denn ich erkannte, dass ich einen Entwurf für ein zukünftiges Amerika vor mir hatte, wie ich ihn noch nie zuvor gesehen hatte. Die Nation sollte auf Veränderung programmiert werden und sich so sehr an die geplanten Veränderungen gewöhnen, dass es kaum auffallen würde, wenn es zu tiefgreifenden Veränderungen käme. Seitdem "THE AQUARIAN CONSPIRACY" (der Buchtitel von Willis Harmons Facharbeit) geschrieben wurde, ist es mit uns so schnell bergab gegangen, dass heute Scheidungen kein Stigma mehr tragen, Selbstmord einen Höchststand erreicht hat und kaum noch auffällt, soziale Abweichungen von der Norm und sexuelle Entgleisungen, die früher in anständigen Kreisen unerwähnt blieben, heute alltäglich sind und keinen besonderen Protest hervorrufen.

Als Nation haben wir nicht bemerkt, wie "CHANGING IMAGES OF MANKIND" unseren American Way of Life für immer radikal verändert hat. Irgendwie wurden wir vom "Watergate-Syndrom" überwältigt. Eine Zeit lang waren wir schockiert und bestürzt, als wir erfuhren, dass Nixon nichts weiter als ein billiger Gauner war, der mit den Mafia-Freunden von Earl Warren in dem schönen Haus verkehrte, das sie für ihn neben dem Nixon-Anwesen gebaut hatten. Als zu viele "Zukunftsschocks" und Schlagzeilen unsere Aufmerksamkeit verlangten, verloren wir die Orientierung, oder besser gesagt, die riesige Anzahl von Wahlmöglichkeiten, mit denen wir täglich konfrontiert wurden und immer noch werden, verwirrten uns so sehr, dass wir nicht mehr in der Lage waren, die notwendigen Entscheidungen zu treffen.

Schlimmer noch, nachdem wir eine Flut von Verbrechen in hohen Positionen und das Trauma des Vietnamkriegs erlebt hatten, schien unsere Nation keine Wahrheiten mehr zu wollen. Diese Reaktion wird in Willis Harmons Fachaufsatz sorgfältig erläutert, kurz gesagt, die amerikanische Nation reagierte genau so, wie es im Profil beschrieben ist. Schlimmer noch: Indem wir die Wahrheit nicht akzeptieren wollten, gingen wir noch einen Schritt weiter: Wir haben uns an die Regierung gewandt, um uns vor der Wahrheit zu schützen.

Den korrupten Gestank der Reagan-Bush-Administrationen wollten wir mit sechs Fuß Erde bedeckt wissen. Die Verbrechen, die unter dem Titel Iran/Contra-Affäre (oder Skandale) begangen wurden, wollten wir nicht aufgedeckt wissen. Wir *haben zugelassen, dass* unser Präsident uns über seinen Aufenthaltsort in der Zeit vom 20. bis 23. Oktober 1980 belogen hat. Doch diese Verbrechen übertreffen in Menge und Umfang bei weitem alles, was Nixon während seiner Amtszeit getan hat. Erkennen wir als Nation, dass es mit angezogener Handbremse bergab geht?

Nein, das tun wir nicht. Als diejenigen, deren Aufgabe es ist, dem amerikanischen Volk die Wahrheit darüber zu sagen, dass eine private, gut organisierte kleine Regierung im Weißen Haus damit beschäftigt war, ein Verbrechen nach dem anderen zu begehen, Verbrechen, die die Seele dieser Nation und die republikanischen Institutionen, auf denen sie beruhte, angriffen, wurde uns gesagt, wir sollten die Öffentlichkeit nicht mit solchen Dingen belästigen. "Wir wollen von all diesen Spekulationen wirklich nichts wissen", war die Standardantwort.

Als der höchste gewählte Beamte des Landes in eklatanter Weise das Recht der Vereinten Nationen über die Verfassung der Vereinigten Staaten stellte - ein anklagbares Vergehen -, akzeptierte die Mehrheit dies als "normal". Als der höchste gewählte Beamte des Landes ohne eine Kriegserklärung des Kongresses in den Krieg zog, wurde diese Tatsache von den Nachrichtenmedien zensiert, und auch hier akzeptierten wir es eher, als der Wahrheit ins Auge zu sehen. Als der von unserem Präsidenten geplante Golfkrieg begann, waren wir nicht nur mit der Zensur der krassesten Art zufrieden, wir nahmen sie sogar in Kauf, weil wir glaubten, sie sei "gut für die Kriegsanstrengungen". Unser Präsident hat gelogen, April Glaspie hat gelogen, das Außenministerium hat gelogen. Sie sagten, der Krieg sei gerechtfertigt, weil Präsident Hussein gewarnt worden sei, Kuwait in Ruhe zu lassen. Als Glaspies Telegramme an das Außenministerium schließlich veröffentlicht wurden, verteidigte ein US-Senator nach dem anderen Glaspie, die Hure. Es spielte keine Rolle, dass sie sowohl von den Demokraten als auch von den Republikanern kamen. Wir, das Volk, haben sie mit ihren abscheulichen Lügen davonkommen lassen.

Mit dieser öffentlichen Haltung des amerikanischen Volkes wurden die kühnsten Träume von Willis Harmon und seinen Wissenschaftlerteams Wirklichkeit. Das Tavistock-Institut freute sich über seinen Erfolg bei der Zerstörung der Selbstachtung und des Selbstwertgefühls dieser einst großen Nation. Man sagt uns, dass wir den Golfkrieg gewonnen haben. Was die große Mehrheit der Amerikaner noch nicht erkannt hat, ist, dass der Sieg in diesem Krieg die Selbstachtung und die Ehre unserer Nation gekostet hat. Das liegt im Wüstensand von Kuwait und Irak verrottet, neben den Leichen der irakischen Soldaten, die wir beim vereinbarten Rückzug aus Kuwait und Basra abgeschlachtet haben - wir konnten unser Wort nicht halten, dass wir uns an die Genfer Konventionen halten und sie nicht angreifen würden. "Was wollt ihr", fragten uns unsere Kontrolleure, "den Sieg oder die Selbstachtung? Ihr könnt nicht beides haben."

Vor hundert Jahren wäre dies nicht möglich gewesen, aber jetzt ist es geschehen und gibt keinen Anlass zu Kritik. Wir haben uns dem von Tavistock gegen diese Nation geführten Ferndurchdringungskrieg unterworfen. Wie die deutsche Nation, die durch die Prudential Bombing Survey besiegt wurde, sind genug von uns erlegen, um diese Nation zu der Art von Nation zu machen, die sich totalitäre Regime der Vergangenheit nur in ihren Träumen vorstellen konnten. "Hier", würden sie sagen, "ist eine Nation, eine der größten der Welt, die die Wahrheit nicht will. Alle unsere Propaganda-Agenturen können entfallen. Wir brauchen uns nicht darum zu bemühen, diesem Volk die Wahrheit vorzuenthalten, es hat sie aus eigenem Antrieb abgelehnt. Dieses Volk ist ein Schwächling."

Unsere einst stolze Republik der Vereinigten Staaten von Amerika wurde zu einer Reihe von kriminellen Frontorganisationen, was, wie die Geschichte zeigt, immer der Anfang des Totalitarismus ist. In diesem Stadium der permanenten Veränderung befinden wir uns in Amerika, als sich das Jahr 1991 dem Ende zuneigte. Wir leben in einer Wegwerfgesellschaft, die nicht auf Dauer angelegt ist. Wir schrecken nicht einmal vor den 4 Millionen Obdachlosen, den 30 Millionen Arbeitslosen oder den 15 Millionen ermordeten Babys zurück. Sie sind "Wegwerfprodukte" des Wassermannzeitalters, einer Verschwörung, die so verdammenswert ist, dass die Mehrheit, wenn sie zum ersten Mal mit ihr konfrontiert wird, ihre Existenz leugnet und diese Ereignisse mit "die Zeiten haben sich geändert" *begründet.*

So *haben* das Tavistock-Institut und Willis Harmon *uns programmiert* zu reagieren. Die Demontage unserer Ideale geht ohne Protest weiter. Der spirituelle und intellektuelle Antrieb unseres Volkes ist zerstört worden! Am 27. Mai gab Präsident Bush eine sehr tiefgründige Erklärung ab, deren Aussagekraft von den meisten politischen Kommentatoren völlig missbraucht worden zu sein scheint:

"Die moralische Dimension amerikanischer Politik verlangt von uns, einen moralischen Kurs durch eine Welt des geringeren Übels einzuschlagen. Das ist die reale Welt, nicht schwarz und weiß. Es gibt nur wenige moralische Absolutheiten."

Was könnten wir von einem Präsidenten erwarten, der wahrscheinlich der böseste Mann ist, der je im Weißen Haus saß?

Bedenken Sie dies vor dem Hintergrund seines Befehls an das Militär, 12.000 irakische Soldaten lebendig zu begraben. Bedenken Sie dies vor dem Hintergrund seines andauernden Völkermordes gegen das irakische Volk. Präsident Bush war erfreut, Präsident Saddam Hussein als den "Hitler unserer Zeit" zu bezeichnen. Er hat sich nie die Mühe gemacht, auch nur den geringsten Beweis dafür zu erbringen. Das war auch nicht nötig. Weil Präsident Bush diese Aussage gemacht hat, haben wir sie ohne zu fragen akzeptiert. Bedenken Sie, dass er all diese Dinge im Namen des amerikanischen Volkes tat, während er insgeheim seine Befehle vom *Ausschuss der 300* entgegennahm.

Aber bedenken Sie vor allem dies: Präsident Bush und seine Kontrolleure fühlen sich so sicher, dass sie es nicht mehr für nötig halten, ihre böse Kontrolle über das amerikanische Volk zu verbergen oder darüber zu lügen. Dies zeigt sich in der Aussage, dass er als unser Führer alle möglichen Kompromisse mit der Wahrheit, der Ehrlichkeit und dem Anstand eingehen wird, wenn seine Kontrolleure (und unsere) es für notwendig halten. Am 27. Mai 1991 hat der Präsident der Vereinigten Staaten jeden einzelnen Grundsatz unserer Verfassung aufgegeben und kühn verkündet, dass er nicht mehr an sie gebunden ist. Dies ist ein großer Sieg für das Tavistock-Institut und die Prudential Bombing-Survey, deren Ziel sich von deutschen Arbeiterwohnungen im Jahr 1945 auf die Seele des amerikanischen Volkes in einem Krieg verlagert hat, der 1946 begann und bis 1992 andauert.

Der Druck auf diese Nation, etwas zu ändern, wurde Anfang der 1960er Jahre durch das Stanford Research Institute verstärkt. Die Offensive des SRI gewann an Kraft und Schwung. Schalten Sie Ihren Fernseher ein, und Sie werden den Sieg von Stanford direkt vor Ihren Augen sehen: Talkshows mit heftigen sexuellen Details, spezielle Videokanäle, in denen Perversion, Rock'n'Roll und Drogen die Oberhand haben. Wo einst John Wayne regierte, haben wir jetzt eine überarbeitete Entschuldigung für einen Mann (oder ist er es?) namens Michael Jackson, eine Parodie eines menschlichen Wesens, das als Held gefeiert wird, während er sich über die Fernsehbildschirme in Millionen von amerikanischen Haushalten bewegt, schlurft, murmelt und schreit.

Über eine Frau, die eine Reihe von Ehen hinter sich hat, wird landesweit berichtet. Eine schmutzige, halbgewaschene, drogengeschwängerte, dekadente Rockband nach der anderen bekommt stundenlang Sendezeit für ihre albernen Klänge und verrückten Drehungen, Kleidermoden und Sprachentgleisungen gewidmet. Soap-Opern, die pornografische Szenen zeigen, werden nicht kommentiert. Während dies Anfang 1960 niemals toleriert worden wäre, wird es heute als normal akzeptiert. Wir sind dem ausgesetzt und erlegen, was das Tavistock-Institut "Zukunftsschocks" nennt, deren Zukunft das JETZT ist, und wir sind von einem Kulturschock nach dem anderen so betäubt, dass uns Protest als sinnlose Geste erscheint und wir daher logischerweise denken, dass es nichts nützt, zu protestieren.

Im Jahr 1986 ordnete *der Ausschuss der 300* an, den Druck zu erhöhen. Den Vereinigten Staaten ging es nicht schnell genug. Die Vereinigten Staaten begannen den Prozess der "Anerkennung" der Schlächter von Kambodscha, des verbrecherischen Pol-Pot-Regimes, das sich selbst zur Ermordung von 2 Millionen kambodschanischen Bürgern bekannt hatte. 1991 drehte sich das Rad der Geschichte weiter. Die Vereinigten Staaten zogen in den Krieg gegen eine befreundete Nation, die darauf programmiert worden war, den Verrätern in Washington zu vertrauen. Wir beschuldigten Präsident Hussein von der kleinen Nation Irak aller möglichen Übel, von denen KEINES auch nur annähernd wahr war. Wir haben seine Kinder getötet und verstümmelt, wir haben sie verhungern und an allen möglichen Krankheiten sterben lassen.

Im gleichen Atemzug schickten wir die Bush-Abgesandten des *Komitees der 300* nach Kambodscha, um die bösen Massenmörder von 2 MILLIONEN Kambodschanern zu ERKENNEN, die dem Experiment des *Komitees der 300* zur Entvölkerung der Städte zum Opfer fielen, das die großen Städte der Vereinigten Staaten in nicht allzu ferner Zukunft erleben werden. Nun sagen Präsident Bush und seine *von dem Komitee der 300 beherrschte* Regierung: "Seht her, Leute, was wollt ihr von mir? Ich habe euch gesagt, dass ich Kompromisse eingehen werde, wo ich es für richtig halte, selbst wenn das bedeutet, mit den Mördern von Pol Pot zu schlafen. NA UND - KÜSST MEINE HÜFTEN."

Der Druck, etwas zu ändern, wird 1993 seinen Höhepunkt erreichen, und wir werden Zeugen von Szenen werden, die wir nie für möglich gehalten hätten. Das sturzbetrunkene Amerika wird reagieren, aber nur ganz leicht. Nicht einmal die neueste Bedrohung unserer Freiheit, die persönliche Computerkarte, wird uns beunruhigen. Willis Harmans "CHANGING IMAGES OF MAN" wäre für die meisten zu technisch gewesen, deshalb wurde Marilyn Ferguson hinzugezogen, um es leichter verständlich zu machen. "THE AGE OF AQUARIUS" (Das Zeitalter des Aquarius) kündigte Nacktbühnenshows und einen Song an, der die Spitze der Hitparade erreichte: "The Dawning of the Age of the Aquarius" eroberte den Globus.

Die persönliche Computerkarte, die uns, wenn sie vollständig verbreitet ist, unserer gewohnten Umgebung berauben wird, und wie wir sehen werden, bedeutet Umgebung viel mehr als die übliche Bedeutung des Wortes. Die Vereinigten Staaten haben eine Periode intensiver Traumata durchgemacht, wie sie noch keine andere Nation in der Geschichte der Welt erlebt hat, und das Schlimmste steht noch bevor.

Alles läuft so, wie Tavistock es angeordnet hat und wie es die Sozialwissenschaftler in Stanford geplant haben. Die Zeiten ändern sich nicht, sie werden *dazu gemacht,* sich zu ändern. Alle Veränderungen sind im Voraus geplant und sind das Ergebnis sorgfältiger Maßnahmen. Zunächst wurden wir nur allmählich verändert, aber jetzt nimmt das Tempo der Veränderungen zu. Die Vereinigten Staaten wandeln sich von einer Nation unter Gott zu einem Vielvölkerstaat unter mehreren Göttern. Die Vereinigten Staaten sind nicht mehr eine Nation unter Gott. Die Schöpfer der Verfassung haben die Schlacht verloren.

Unsere Vorfahren sprachen eine gemeinsame Sprache, glaubten an eine gemeinsame Religion - das Christentum - und hatten gemeinsame Ideale. Es gab keine Ausländer in unserer Mitte; das kam erst später in einem absichtlich geplanten Versuch, die Vereinigten Staaten in eine Reihe von zersplitterten Nationalitäten, Kulturen und Glaubensrichtungen aufzuteilen. Wenn Sie das bezweifeln, gehen Sie an einem beliebigen Samstag in die East Side von New York oder in die West Side von Los Angeles und schauen Sie sich um. Die Vereinigten Staaten sind zu mehreren Nationen geworden, die darum kämpfen, unter einem gemeinsamen Regierungssystem zu koexistieren. Als Franklin D. Roosevelt, ein Cousin des Leiters *des Komitees der 300,* die Schleusen der Einwanderung weit öffnete, sorgte der Kulturschock für große Verwirrung und Verwerfungen und machte "One Nation" zu einem undurchführbaren Konzept. Der Club of Rome und die NATO haben die Situation noch verschlimmert. "Liebe deinen Nächsten" ist ein Ideal, das nicht funktioniert, wenn dein Nächster nicht "wie du selbst" ist.

Für die Schöpfer unserer Verfassung waren die Wahrheiten, die sie für künftige Generationen festlegten, "selbstverständlich" - für sie selbst. Da sie sich nicht sicher waren, ob auch *künftige* Generationen die Wahrheiten, an die sie diese Nation gebunden haben, für selbstverständlich halten würden, haben sie sich daran gemacht, sie zu erklären. ES SCHEINT, DASS SIE ANGST VOR EINER ZEIT HATTEN, IN DER DIE WAHRHEITEN, FÜR DIE SIE EINTRATEN, NICHT MEHR SELBSTVERSTÄNDLICH SEIN

WÜRDEN. Das Tavistock Institute for Human Relations hat dafür gesorgt, dass das, was die Verfasser der Verfassung befürchteten, tatsächlich eingetreten ist. Diese Zeit ist mit Bush und seinem "no absolutes" und seiner Neuen Weltordnung unter *dem Komitee der 300* gekommen.

Dies ist Teil des Konzepts der sozialen Veränderungen, die den Amerikanern aufgezwungen werden und die laut Harmon und dem Club of Rome zu schweren Traumata und einem großen Druckaufbau führen würden. Die sozialen Umwälzungen, die seit dem Aufkommen von Tavistock, dem Club of Rome und der NATO stattgefunden haben, werden in den USA so lange anhalten, wie die Grenze der Absorption ignoriert wird. Nationen bestehen aus Individuen, und wie bei Individuen gibt es eine Grenze für ihre Fähigkeit, Veränderungen zu absorbieren, egal wie robust sie auch sein mögen.

Diese psychologische Wahrheit wurde durch den Strategic-Bombing-Survey, der die Sättigungsbombardierung von deutschen Arbeiterwohnungen vorsah, gut bewiesen. Wie bereits erwähnt, war das Projekt das Werk der *Prudential Insurance Company*, und niemand bezweifelt heute, dass Deutschland seine Niederlage aufgrund dieser Operation erlitt. Viele der Wissenschaftler, die an diesem Projekt mitgearbeitet haben, arbeiten heute an der Sättigungsbombardierung Amerikas, oder sie sind bereits verstorben und haben ihre Fachkenntnisse anderen hinterlassen, die nach ihnen kamen.

Das Vermächtnis, das sie hinterlassen haben, besteht darin, dass wir als Nation nicht so sehr *vom* Weg *abgekommen* sind, sondern dass wir in eine Richtung *gelenkt* wurden, *die* derjenigen *entgegengesetzt* ist, in die uns die Verfasser der Erklärung über 200 Jahre lang geführt haben. Wir haben, kurz gesagt, den Kontakt zu unseren historischen Genen, unserem Glauben, verloren, der unzählige Generationen von Amerikanern dazu inspirierte, als Nation voranzuschreiten und von dem Erbe zu profitieren, das uns die Verfasser der Unabhängigkeitserklärung und der Verfassung der Vereinigten Staaten hinterlassen haben. Dass wir verloren sind (Schafe), ist allen klar, die die Wahrheit suchen, so unangenehm sie auch sein mag.

Unter der Führung von Präsident Bush und seiner "fehlenden absoluten Moral" stolpern wir voran, wie es verlorene Nationen und Einzelpersonen zu tun pflegen. Wir *kollaborieren* mit *dem Komitee der 300* (gegen Gott) für unseren *eigenen* Untergang und unsere eigene Versklavung. Manche spüren das - und empfinden ein starkes Gefühl der Beunruhigung. Die verschiedenen Verschwörungstheorien, mit denen sie vertraut sind, scheinen nicht alles zu erfassen. Das liegt daran, dass sie nichts über die Hierarchie der Verschwörer, das *Komitee der 300*, wissen.

Diese Seelen, die ein tiefes Unbehagen verspüren und das Gefühl haben, dass etwas grundlegend falsch ist, die aber nicht in der Lage sind, das Problem zu benennen, leben in der Dunkelheit. Sie blicken auf eine Zukunft, die ihnen zu entgleiten scheint. Der amerikanische Traum ist zu einer Fata Morgana geworden. Sie setzen ihren Glauben in die Religion, unternehmen aber nichts, um diesen Glauben durch TATSACHEN zu unterstützen. Die Amerikaner werden niemals einen Rückschritt erleben, wie ihn die Europäer auf dem Höhepunkt des dunklen Zeitalters erlebten. Durch entschlossenes HANDELN erweckten sie in sich selbst einen Geist der Erneuerung, der zur glorreichen Renaissance führte.

Der Feind, der sie bis zu diesem Punkt geführt hat, beschloss 1980, einen starken Schritt gegen die Vereinigten Staaten zu unternehmen, damit eine Renaissance Amerikas unmöglich würde. Wer ist der Feind? Der Feind ist kein gesichtsloser "sie". Der Feind ist eindeutig identifizierbar als *das Komitee der 300*, der Club of Rome, die NATO und alle ihr angeschlossenen Organisationen, die Denkfabriken und Forschungsinstitute, die von Tavistock kontrolliert werden. Es besteht keine Notwendigkeit, "sie" oder "der Feind" zu verwenden, es sei denn als Kurzform. WIR WISSEN, WER "SIE", DER FEIND, SIND. *Das Komitee der 300* mit seiner östlichen liberalen Establishment-"Aristokratie", seinen Banken, Versicherungsgesellschaften, riesigen Konzernen, Stiftungen, Kommunikationsnetzwerken, die von einer HIERARCHIE VON KONSPIRATEN geleitet werden - DAS IST DER FEIND.

Dies ist die Macht, die die Schreckensherrschaft in Russland, die bolschewistische Revolution, die Weltkriege I und II, Korea, Vietnam, den Fall von Rhodesien, Südafrika, Nicaragua und den Philippinen ins Leben gerufen hat. Dies ist die geheime Regierung der oberen Ebene, die den kontrollierten Zerfall der US-Wirtschaft herbeiführte und das, was einst die größte Industriemacht war, die die Welt je kannte, endgültig entindustrialisierte.

Das heutige Amerika kann mit einem Soldaten verglichen werden, der mitten in der Schlacht einschläft. Wir Amerikaner sind eingeschlafen, haben uns der Apathie hingegeben, die dadurch entsteht, dass wir mit einer Vielzahl von Entscheidungen konfrontiert werden, die uns verwirren. Das sind die Veränderungen, die unsere Umwelt verändern, die unseren Widerstand gegen Veränderungen brechen, so dass wir benommen und apathisch werden und schließlich mitten in der Schlacht einschlafen.

Für diesen Zustand gibt es einen Fachbegriff. Er lautet "Long Range Penetration Strain". Die Kunst, eine sehr große Gruppe von Menschen einer anhaltenden Langstrecken-Durchdringungsbelastung auszusetzen, wurde von Wissenschaftlern des Tavistock Institute of Human Relations und deren US-Tochtergesellschaften, Stanford Research und Rand Corporation, sowie mindestens 150 weiteren Forschungseinrichtungen in den USA entwickelt.

Dr. Kurt Lewin, der Wissenschaftler, der diese teuflische Kriegsführung entwickelt hat, hat den durchschnittlichen amerikanischen Patrioten dazu veranlasst, sich über verschiedene Verschwörungstheorien aufzuregen, was ihn mit einem Gefühl der Ungewissheit und Unsicherheit zurücklässt, isoliert und vielleicht sogar verängstigt, während er sucht, aber nicht in der Lage ist, den Verfall und die Fäulnis zu verstehen, die durch "DIE VERÄNDERNDERNDEN BILDER DER MENSCHHEIT" verursacht werden, und nicht in der Lage ist, die sozialen, moralischen, wirtschaftlichen und politischen Veränderungen zu erkennen oder zu bekämpfen, die er für unerwünscht hält und nicht will, die jedoch immer stärker werden.

Der Name von Dr. Lewin wird in keinem der Geschichtsbücher unseres Establishments zu finden sein, in denen die Ereignisse zumeist aus der Sicht der herrschenden Klasse oder der Sieger von Kriegen dargestellt werden. Deshalb ist es mir ein Anliegen, Ihnen seinen Namen vorzustellen. Wie bereits erwähnt, organisierte Dr. Lewin die psychologische Klinik von Harvard und das Institut für Sozialforschung unter der Schirmherrschaft des Tavistock-Instituts. Die Namen geben nicht viel Aufschluss über den Zweck der beiden Organisationen.

Das erinnert mich an die berüchtigte Gesetzesvorlage zur Reform des Münz- und Münzgesetzes aus dem Jahr 1827. Der Titel des Gesetzes war harmlos genug oder klang harmlos, was auch die Absicht seiner Befürworter war. Mit diesem Gesetz verriet Senator John Sherman die Nation in die Hände der internationalen Bankiers.

Sherman unterstützte das Gesetz angeblich, "ohne es zu lesen". Wie wir wissen, bestand der wahre Zweck des Gesetzes darin, das Silber zu demonetisieren und den diebischen Bankern unbegrenzte Macht über den Kredit unserer Nation zu geben; Macht, die den Bankern nach den klaren und unmissverständlichen Bestimmungen der US-Verfassung eindeutig nicht zustand.

Kurt Lewin gab dem Tavistock-Institut, dem Club of Rome und der NATO unbegrenzte Macht über Amerika, die keiner Organisation, Einrichtung oder Gesellschaft zusteht. Diese Institutionen haben die usurpierte Macht genutzt, um den Willen der Nation zu zerstören, sich den Plänen und Absichten der Verschwörer zu widersetzen, uns der Früchte der amerikanischen Revolution zu berauben und uns auf einen Kurs zu lenken, der direkt in ein neues dunkles Zeitalter unter einer Eine-Welt-Regierung führt.

Lewins Kollegen bei diesem Ziel der langfristigen Durchdringung waren Richard Crossman, Eric Trist, H. V. Dicks, Willis Harmon, Charles Anderson, Garner Lindsay, Richard Price und W. R. Bion. Auch diese Namen tauchen nie in den Abendnachrichten auf; tatsächlich erscheinen sie nur in wissenschaftlichen Zeitschriften - so dass nur sehr wenige Amerikaner sie kennen und überhaupt nicht wissen, was die Männer hinter den Namen den Vereinigten Staaten angetan haben und noch antun.

Präsident Jefferson sagte einmal, er *bedauere* diejenigen, die *glaubten,* durch Zeitungslektüre zu wissen, was vor sich geht. Disraeli, der britische Premierminister, hat sich ähnlich geäußert. In der Tat haben sich die Herrscher seit jeher daran erfreut, die Dinge hinter den Kulissen zu regeln. Der Mensch hat schon immer das Bedürfnis verspürt, zu dominieren und nirgendwo hinzukommen, und zu keiner Zeit ist dieser Wunsch stärker ausgeprägt als in der heutigen Zeit.

Wenn dem nicht so wäre, wozu dann der ganze Bedarf an Geheimbünden? Wenn wir von einem offenen System regiert werden, das von demokratisch gewählten Amtsträgern geleitet wird, wozu brauchen wir dann einen geheimen Freimaurerorden in jedem Dorf, jeder Stadt und jedem Ort in den Vereinigten Staaten? Wie kommt es, dass die Freimaurerei so offen agieren kann und ihre Geheimnisse doch so gut verborgen hält? Diese Frage können wir den Neun Unbekannten der Loge der Neun Schwestern in Paris nicht stellen, ebenso wenig wie ihren neun Kollegen in der Loge Quatuar Coronati in London. Doch diese achtzehn Männer sind Teil einer noch geheimeren Regierung, der RIIA, und darüber hinaus *des Komitees der 300.*

Wie kann es sein, dass der Schottische Ritus der Freimaurerei John Hinckley eine Gehirnwäsche verpassen konnte, damit er Präsident Reagan erschießt? Warum haben wir solche Geheimorden wie die Ritter des Heiligen Johannes von Jerusalem, die Tafelrunde, die Milner-Gruppe und so weiter, eine Reihe von Geheimgesellschaften? Sie sind Teil einer weltweiten Befehls- und Kontrollkette, die über den Club of Rome, die NATO, die RIIA und schließlich bis hin zur Hierarchie der

Verschwörer, dem *Komitee der 300,* reicht. Die Menschen brauchen diese Geheimgesellschaften, weil ihre Taten böse sind und verborgen werden müssen. Das Böse kann im Licht der Wahrheit nicht bestehen.

Das Zeitalter des Wassermanns

In diesem Buch finden wir eine fast vollständige Liste der Verschwörer, ihrer Institutionen, Fronten und Publikationen. Im Jahr 1980 war die Wassermann-Verschwörung in vollem Gange, und ihr Erfolg lässt sich in jeder Facette unseres privaten und nationalen Lebens erkennen. Die überwältigende Zunahme der geistlosen Gewalt, der Serienmörder, der Teenager-Selbstmorde, die unverkennbaren Anzeichen von Lethargie - die "Ferndurchdringung" ist ein Teil unserer neuen Umwelt, genauso gefährlich, wenn nicht sogar gefährlicher, als die verschmutzte Luft, die wir atmen.

Der Anbruch des Wassermannzeitalters hat Amerika völlig unvorbereitet getroffen. Wir als Nation waren auf die Veränderungen, die uns *aufgezwungen* werden sollten, nicht vorbereitet. Wer hatte je von Tavistock, Kurt Lewin, Willis Harmon und John Rawlings Reese gehört? Sie waren nicht einmal in der amerikanischen politischen Szene bekannt. Was wir bemerkt hätten, wenn wir uns die Mühe gemacht hätten, überhaupt hinzuschauen, war ein Nachlassen unserer Fähigkeit, futuristischen Schocks zu widerstehen, während wir immer müder und verzweifelter wurden und schließlich in eine Periode des psychologischen Schocks eintraten, gefolgt von weit verbreiteter Apathie als äußerer Manifestation eines "Krieges mit langer Reichweite und Durchdringung".

Das "Zeitalter des Wassermanns" wurde vom Tavistock-Institut am besten als das Vehikel beschrieben, das für Turbulenzen sorgt: "Es gibt drei verschiedene Phasen in der Reaktion auf Stress, die von großen sozialen Gruppen gezeigt werden. *Die erste* Phase ist die *Oberflächlichkeit*; die angegriffene Bevölkerung verteidigt sich mit Parolen, die die *Ursache* der Krise nicht erkennen lassen und daher *nichts* dagegen unternehmen, so dass die Krise weiter bestehen bleibt. *Die zweite* ist die *Fragmentierung*. Sie tritt ein, wenn die Krise andauert und die soziale Ordnung zusammenbricht. Dann gibt es die *dritte* Phase, in der die Bevölkerungsgruppe in die '*Selbstverwirklichung*' geht und sich von der induzierten Krise abwendet, und es folgt eine Fehlanpassungsreaktion, begleitet von aktivem synoptischem

Idealismus und Abgrenzung."

Wer kann leugnen, dass mit der enormen Zunahme des Drogenkonsums - "Crack" macht jeden Tag Tausende von neuen Süchtigen; dem schockierenden Anstieg der täglichen Ermordung von Säuglingen (Abtreibungsmorde), die inzwischen die Verluste unserer Streitkräfte in beiden Weltkriegen, Korea und Vietnam, bei weitem übersteigt; der offenen Akzeptanz von Homosexualität und Lesbentum, deren "Rechte" jedes Jahr durch mehr und mehr Gesetze geschützt werden; der schrecklichen Seuche, die wir "AIDS" nennen und die unsere Städte überspült; das totale Versagen unseres Bildungssystems; der atemberaubende Anstieg der Scheidungsrate; eine Mordrate, die den Rest der Welt in Unglauben versetzt; satanische Serienmorde; das Verschwinden tausender kleiner Kinder, die von Perversen von unseren Straßen gerissen werden; eine virtuelle Flutwelle von Pornographie, begleitet von "Freizügigkeit" auf unseren Fernsehbildschirmen - wer kann leugnen, dass sich diese Nation in einer Krise befindet, die wir nicht angehen und von der wir uns abwenden.

Wohlmeinende Menschen, die sich auf diese Dinge spezialisiert haben, schieben einen großen Teil des Problems auf die Bildung oder das, was in den Vereinigten Staaten als Bildung gilt. Die Altersgruppe der 9- bis 15-Jährigen ist heute voller Verbrecher. Vergewaltiger sind nicht selten erst 10 Jahre alt. Unsere Sozialexperten, unsere Lehrergewerkschaften und unsere Kirchen sagen, dass dies alles auf ein fehlerhaftes Bildungssystem zurückzuführen ist. Die Testergebnisse sinken ständig. Die Fachleute beklagen die Tatsache, dass die Vereinigten Staaten im Hinblick auf das Bildungsniveau inzwischen weltweit auf Platz 39 liegen.

Warum beklagen wir, was so offensichtlich ist? UNSER BILDUNGSSYSTEM WURDE AUF SELBSTZERSTÖRUNG PROGRAMMIERT. DAS WAR ES, WAS DR. ALEXANDER KING WURDE VON DER NATO HERGESCHICKT, UM DAS ZU ARRANGIEREN. DAS IST ES, WAS JUSTIZMINISTER HUGO BLACK VERANLASSEN SOLLTE. DIE TATSACHE ist, dass *das Komitee der 300* mit Billigung unserer Regierung nicht will, dass unsere Jugend richtig ausgebildet wird. Die Erziehung, die die Freimaurer Justice Hugo Black, Alexander King, Gunnar Myrdal und seine Frau den Kindern der Vereinigten Staaten angedeihen lassen wollten, besteht darin, dass VERBRECHEN ZAHLT, PÜNKTLICHKEIT IST, WAS ZÄHLT.

Sie haben unseren Kindern beigebracht, dass die Gesetze der Vereinigten Staaten ungleich angewandt werden, und das ist völlig in

Ordnung. Unsere Kinder wurden durch ein Jahrzehnt korrupter Vorbilder richtig erzogen; Ronald Reagan und George Bush wurden von der Gier beherrscht und von ihr völlig korrumpiert. Unser Bildungssystem hat nicht versagt. Unter der Führung von King, Black und den Myrdals ist es sogar ein großer Erfolg, aber es kommt darauf an, aus wessen Sicht wir es betrachten. *Das Komitee der 300* ist mit unserem Bildungssystem BEGEISTERT und wird nicht zulassen, dass auch nur ein Komma davon geändert wird.

Nach Stanford und Willis Harmon dauert das induzierte Trauma der weitreichenden Durchdringung, zu der auch unsere Erziehung gehört, schon 45 Jahre an, doch wie viele sind sich des heimtückischen Drucks bewusst, der auf unsere Gesellschaft ausgeübt wird, und der ständigen Gehirnwäsche, der wir jeden Tag ausgesetzt sind? Die mysteriösen Bandenkriege, die in den 1950er Jahren in New York ausbrachen, sind ein Beispiel dafür, wie die Verschwörer jede Art von störenden Elementen schaffen und inszenieren können, die ihnen gefällt. Woher diese Bandenkriege kamen, wusste niemand, bis in den 1980er Jahren Forscher die versteckten Kontrolleure aufdeckten, die die so genannten "sozialen Phänomene" steuerten.

Bandenkriege wurden in Stanford sorgfältig geplant, um die Gesellschaft zu schockieren und Unruhe zu stiften. Bis 1958 gab es mehr als 200 dieser Banden. Sie wurden durch das Musical und den Hollywood-Film "West Side Story" populär gemacht. Nachdem sie ein Jahrzehnt lang für Schlagzeilen gesorgt hatten, verschwanden sie 1966 plötzlich aus den Straßen von New York, Los Angeles, New York, New Jersey, Philadelphia und Chicago.

Während des gesamten Jahrzehnts der Bandengewalt reagierte die Öffentlichkeit entsprechend der von Stanford erwarteten profilierten Reaktion; die Gesellschaft als Ganzes konnte den Bandenkrieg nicht verstehen, und die Öffentlichkeit reagierte in einer fehlangepassten Weise. Hätte es Menschen gegeben, die klug genug waren, in den Bandenkriegen ein Stanford-Experiment für Social Engineering und Gehirnwäsche zu erkennen, wäre das Komplott der Verschwörer aufgedeckt worden. Entweder hatten wir keine ausgebildeten Spezialisten, die erkennen konnten, was vor sich ging - was höchst unwahrscheinlich ist - oder sie wurden bedroht und schwiegen. Die Zusammenarbeit der Nachrichtenmedien mit Stanford brachte einen "New-Age"-Angriff auf unsere Umwelt ans Licht, wie er von den Social Engineers und New-Science-Wissenschaftlern in Tavistock vorhergesagt wurde.

1989 wurde der Bandenkrieg als soziale Konditionierung zur

Veränderung wieder in die Straßen von Los Angeles eingeführt. Innerhalb weniger Monate nach den ersten Vorfällen begannen sich die Gangs zu vermehren - zunächst zu Dutzenden, dann zu Hunderten in den Straßen der East Side von Los Angeles. Crack-Häuser und zügellose Prostitution breiteten sich aus; Drogenhändler beherrschten die Straßen. Jeder, der sich ihnen in den Weg stellte, wurde niedergeschossen. Der Aufschrei in der Presse war laut und lang. Die von Stanford anvisierte große Bevölkerungsgruppe begann, sich mit Slogans zu verteidigen. Tavistock nannte dies die erste Phase, in der die Zielgruppe die Quelle der Krise nicht erkennen konnte. Die zweite Phase der Bandenkriegskrise war die "Fragmentierung". Menschen, die nicht in den von den Banden frequentierten Gebieten leben, sagten: "Gott sei Dank sind sie nicht in unserer Nachbarschaft". Dies ignorierte die Tatsache, dass die Krise mit oder ohne Anerkennung weiterging und dass die soziale Ordnung in Los Angeles zu zerbrechen begann. Wie von Tavistock beschrieben, lösten sich die nicht vom Bandenkrieg betroffenen Gruppen, um sich zu verteidigen", weil die Ursache der Krise nicht erkannt wurde, der so genannte Fehlanpassungsprozess - die Phase der Abgrenzung.

Was ist der Zweck von Bandenkriegen, abgesehen von der Ausbreitung des Drogenverkaufs? Erstens soll den Zielgruppen gezeigt werden, dass sie nicht sicher sind, d.h. es wird Unsicherheit erzeugt. Zweitens soll gezeigt werden, dass die organisierte Gesellschaft dieser Gewalt hilflos gegenübersteht, und drittens soll die Tatsache anerkannt werden, dass unsere Gesellschaftsordnung zusammenbricht. Die gegenwärtige Welle der Bandengewalt wird genauso schnell wieder verschwinden, wie sie begonnen hat, wenn die drei Phasen des Stanford-Programms abgeschlossen sind.

Ein herausragendes Beispiel für die "soziale Konditionierung zur Akzeptanz von Veränderungen", selbst wenn diese von der großen Bevölkerungsgruppe, die das Stanford Research Institute im Visier hat, als unwillkommene Veränderungen erkannt werden, war das "Aufkommen" der BEATLES. Die Beatles wurden als Teil eines sozialen Experiments in die Vereinigten Staaten gebracht, um große Bevölkerungsgruppen einer Gehirnwäsche zu unterziehen, deren sie sich nicht einmal bewusst waren.

Als Tavistock die Beatles in die Vereinigten Staaten brachte, konnte sich niemand die kulturelle Katastrophe vorstellen, die in ihrem Gefolge folgen sollte. Die Beatles waren ein integraler Bestandteil von "THE AQUARIAN CONSPIRACY", einem lebenden Organismus, der aus "THE CHANGING IMAGES OF MAN", URH (489)-2150-Policy

Research Report No. 4/4/74, hervorging. Bericht des SRI-Zentrums für das Studium der Sozialpolitik, Direktor, Professor Willis Harmon.

Das Phänomen der Beatles war keine spontane Rebellion der Jugend gegen das alte Gesellschaftssystem. Es handelte sich vielmehr um ein sorgfältig ausgearbeitetes Komplott, mit dem ein verschwörerisches Gremium, das nicht identifiziert werden konnte, ein äußerst destruktives und spaltendes Element in eine große Bevölkerungsgruppe einführte, die gegen ihren Willen verändert werden sollte. Zusammen mit den Beatles wurden in Amerika neue Wörter und neue Redewendungen eingeführt, die von Tavistock vorbereitet wurden. Wörter wie "Rock" in Bezug auf Musikklänge, "Teenager", "cool", "entdeckt" und "Popmusik" waren ein Lexikon verdeckter Codewörter, die für die Akzeptanz von Drogen standen und die mit den Beatles kamen und sie begleiteten, wohin sie auch gingen, um von "Teenagern" "entdeckt" zu werden. Das Wort "Teenager" wurde übrigens erst kurz vor dem Erscheinen der Beatles vom Tavistock Institute for Human Relations verwendet.

Wie im Falle von Bandenkriegen hätte nichts ohne die Mitwirkung der Medien, insbesondere der elektronischen Medien und vor allem des skurrilen Ed Sullivan, der von den Verschwörern auf die ihm zugedachte Rolle vorbereitet worden war, erreicht werden können oder sollen. Niemand hätte der bunt zusammengewürfelten Truppe aus Liverpool und dem 12-atonalen System der "Musik", das folgen sollte, viel Aufmerksamkeit geschenkt, wenn nicht die Presse im Übermaß darüber berichtet hätte. Das 12-Atonal-System bestand aus schweren, sich wiederholenden Klängen, die von Adorno aus der Musik des Dionysos-Kultes und der Baal-Priesterschaft entnommen und von diesem besonderen Freund der Königin von England und damit *des Komitees der 300* mit einer "modernen" Note versehen wurden.

Tavistock und sein Stanford-Forschungszentrum schufen Trigger-Wörter, die dann im Zusammenhang mit "Rockmusik" und ihren Fans in den allgemeinen Sprachgebrauch gelangten. Die Trigger-Wörter schufen eine neue, abtrünnige, größtenteils junge Bevölkerungsgruppe, die durch Social-Engineering und Konditionierung zu der Überzeugung gebracht wurde, dass die Beatles wirklich ihre Lieblingsgruppe seien. Alle Trigger-Wörter, die im Zusammenhang mit "Rock-Musik" entwickelt wurden, dienten der Massenkontrolle der neuen Zielgruppe, der Jugend Amerikas.

Die Beatles leisteten perfekte Arbeit, oder vielleicht wäre es richtiger zu sagen, dass Tavistock und Stanford perfekte Arbeit leisteten, wobei die Beatles lediglich wie dressierte Roboter "mit ein wenig Hilfe ihrer

Freunde" reagierten - ein Codewort für den Konsum von Drogen und die Herstellung von "Coolness". Die Beatles wurden zu einem unübersehbaren "neuen Typus" - noch mehr Tavistock-Jargon - und als solcher dauerte es nicht lange, bis die Gruppe neue Stile (Modeerscheinungen bei Kleidung, Frisuren und Sprachgebrauch) entwickelte, die die ältere Generation verärgerten, was *beabsichtigt* war. Dies war Teil des "Fragmentierungs-Mal-Anpassungs"-Prozesses, der von Willis Harmon und seinem Team von Sozialwissenschaftlern und Gentechnik-Bastlern ausgearbeitet und in die Tat umgesetzt wurde. Die Rolle der Print- und elektronischen Medien in unserer Gesellschaft ist entscheidend für den Erfolg der Gehirnwäsche großer Bevölkerungsgruppen. Die Bandenkriege in Los Angeles endeten 1966, als die Medien ihre Berichterstattung einstellten. Das Gleiche wird mit der aktuellen Welle von Bandenkriegen in Los Angeles passieren. Die Straßenbanden werden verdorren, sobald die Medien ihre Berichterstattung einschränken und dann ganz einstellen. Wie im Jahr 1966 wird das Thema "ausgebrannt" sein. Die Straßengangs werden ihren Zweck erfüllt haben und für Unruhe und Unsicherheit sorgen. Genau dasselbe Muster wird im Falle der "Rock"-Musik verfolgt werden. Der Medienaufmerksamkeit beraubt, wird sie schließlich ihren Platz in der Geschichte einnehmen.

Nach den Beatles, die übrigens vom Tavistock-Institut zusammengestellt wurden, kamen andere "Made in England"-Rockgruppen, die, wie die Beatles, ihre Kulttexte von Theo Adorno schreiben und die gesamte "Musik" komponieren ließen. Ich hasse es, diese schönen Worte im Zusammenhang mit der "Beatlemania" zu verwenden; es erinnert mich daran, wie falsch das Wort "Liebhaber" verwendet wird, wenn es sich auf die schmutzige Interaktion zwischen zwei Homosexuellen bezieht, die sich in Schweinehaltung winden. Rock" als Musik zu bezeichnen, ist eine Beleidigung, ebenso wie die in "Rock-Lyrics" verwendete Sprache.

Tavistock und Stanford Research begannen dann mit der zweiten Phase der vom *Ausschuss der 300* in Auftrag gegebenen Arbeit. In dieser neuen Phase wurde der soziale Wandel in Amerika vorangetrieben. So schnell wie die Beatles auf der amerikanischen Bühne aufgetaucht waren, so schnell war auch die "Beat-Generation" aufgetaucht, ein Schlagwort, das die Gesellschaft spalten und fragmentieren sollte. Die Medien richteten ihre Aufmerksamkeit nun auf die "Beat-Generation". Andere von Tavistock geprägte Begriffe tauchten wie aus dem Nichts auf: "Beatniks", "Hippies", "Blumenkinder" wurden Teil des amerikanischen Wortschatzes. Es wurde populär, "auszusteigen" und schmutzige Jeans zu tragen, mit langen ungewaschenen Haaren herumzulaufen. Die "Beat-Generation" grenzte sich vom Mainstream Amerikas ab. Sie wurden genauso berüchtigt wie die sauberen Beatles vor ihnen.

Die neu gegründete Gruppe und ihr "Lebensstil" zogen Millionen junger Amerikaner in den Bann der Sekte. Die amerikanische Jugend erlebte eine radikale Revolution, ohne sich dessen bewusst zu sein, während die ältere Generation hilflos danebenstand, unfähig, die Quelle der Krise zu erkennen, und daher in einer schlecht angepassten Weise gegen ihre Manifestation reagierte, die aus Drogen aller Art, Marihuana und später Lysergsäure, "LSD", bestand, die ihnen so bequem von der Schweizer Pharmafirma SANDOZ zur Verfügung gestellt wurde, nachdem einer ihrer Chemiker, Albert Hoffman, entdeckt hatte, wie man synthetisches Ergotamin, eine starke bewusstseinsverändernde Droge, herstellen konnte. *Das Komitee der 300* finanzierte das Projekt über eine ihrer Banken, S. C. Warburg, und die Droge wurde von dem Philosophen Aldous Huxley nach Amerika gebracht.

Die neue "Wunderdroge" wurde umgehend in "Probe"-Paketen verteilt, die kostenlos auf College-Campussen in den Vereinigten Staaten und auf "Rock"-Konzerten abgegeben wurden, die sich zum führenden Instrument für die Verbreitung des Drogenkonsums entwickelten. Die Frage, die nach einer Antwort schreit, lautet: Was hat die Drug Enforcement Agency (DEA) zu dieser Zeit getan? Es gibt zwingende Indizien, die darauf hindeuten, dass die DEA *wusste,* was vor sich ging, aber angewiesen wurde, nichts zu unternehmen.

Mit der Ankunft einer beträchtlichen Anzahl neuer britischer "Rock"-Bands in den USA begannen Rockkonzerte zu einem festen Bestandteil des sozialen Kalenders der amerikanischen Jugend zu werden. Parallel zu diesen "Konzerten" stieg der Drogenkonsum unter den Jugendlichen in gleichem Maße. Der teuflische Lärm der disharmonischen Heavy-Beat-Klänge betäubte den Geist der Zuhörer, so dass sie sich leicht dazu überreden ließen, die neue Droge auszuprobieren, weil "alle es tun". Der Gruppenzwang ist eine sehr starke Waffe. Die "neue Kultur" wurde von den Schakalmedien mit maximaler Berichterstattung bedacht, was die Verschwörer nicht einen einzigen Cent kostete.

Eine Reihe von Bürgermeistern und Kirchenmännern war sehr verärgert über den neuen Kult, aber ihre Energie richtete sich gegen die Folgen des Geschehens und nicht gegen die Ursachen. Die Kritiker des Rock-Kults machten die gleichen Fehler wie in der Zeit der Prohibition, sie kritisierten die Strafverfolgungsbehörden, Lehrer, Eltern - alle, nur nicht die Verschwörer.

Wegen meines Zorns und meiner Abneigung gegen die große Drogenplage entschuldige ich mich nicht dafür, dass ich mich einer Sprache bediene, die für mich ungewohnt ist. Einer der schlimmsten Drogensüchtigen, der jemals auf den Straßen Amerikas unterwegs war, war Alan Ginsberg. Dieser Ginsberg förderte den Konsum von LSD durch Werbung, die ihn nichts kostete, obwohl sie unter normalen Umständen Millionen von Dollar an TV-Werbeeinnahmen gekostet hätte. Diese kostenlose Werbung für Drogen, insbesondere für LSD, erreichte in den späten 1960er Jahren dank der bereitwilligen Mitarbeit der Medien einen neuen Höhepunkt. Die Wirkung von Ginsbergs Massenwerbekampagne war verheerend; die amerikanische Öffentlichkeit wurde in rascher Folge einem kulturellen Zukunftsschock nach dem anderen ausgesetzt.

Wir wurden überreizt und überstimuliert, und ich möchte Sie daran erinnern, dass dies ein Tavistock-Jargon ist, der dem Tavistock-Trainingshandbuch entnommen wurde, überwältigt von der neuen Entwicklung, und als wir diesen Punkt erreichten, begann unser Geist in Apathie zu verfallen; es war einfach zu viel, um damit fertig zu werden, das heißt, "die weitreichende Penetration hatte uns ergriffen." Ginsberg behauptete, ein Dichter zu sein, aber ein größerer Blödsinn wurde nie von jemandem geschrieben, der jemals den Anspruch hatte, ein Dichter zu werden. Ginsbergs Aufgabe hatte wenig mit Poesie zu tun; seine Hauptfunktion bestand darin, die neue Subkultur voranzutreiben und ihre Akzeptanz in der großen Zielgruppe zu erzwingen.

Um ihm bei seiner Aufgabe zu helfen, nahm Ginsberg die Dienste von Norman Mailer in Anspruch, einem Schriftsteller, der einige Zeit in einer psychiatrischen Anstalt verbracht hatte. Mailer war ein Liebling des linken Hollywood-Publikums und hatte daher kein Problem damit, Ginsberg ein Maximum an Fernsehzeit zu verschaffen. Natürlich brauchte Mailer einen Vorwand - nicht einmal er konnte die wahre Natur von Ginsbergs Fernsehauftritten offenlegen. Also wurde eine Scharade inszeniert: Mailer würde mit Ginsberg vor der Kamera "ernsthaft" über Poesie und Literatur sprechen.

Diese Methode, eine breite Fernsehberichterstattung ohne eigene Kosten zu erhalten, wurde von allen Rockgruppen und Konzertveranstaltern angewandt, die dem Beispiel Ginsbergs folgten. Die Elektronik-Medien-Mogule hatten ein großes Herz, wenn es darum ging, diesen dreckigen Kreaturen und ihren noch dreckigeren Produkten und schmutzigen Ideen freie Zeit zu geben. Ihre Förderung des schrecklichen Mülls sprach Bände, und ohne die große Hilfe der

Print- und elektronischen Medien hätte sich der Drogenhandel nicht so schnell ausbreiten können, wie er es in den späten 1960er und frühen 1970er Jahren tat, und wäre wahrscheinlich auf einige kleine lokale Gebiete beschränkt geblieben.

Ginsberg konnte mehrere landesweit im Fernsehen übertragene Auftritte absolvieren, in denen er die Vorzüge von LSD und Marihuana unter dem Vorwand "neuer Ideen" und "neuer Kulturen" in der Kunst- und Musikwelt anpries. Ginsbergs Bewunderer ließen sich von den elektronischen Medien nicht unterkriegen und schrieben in den Kunst- und Gesellschaftsspalten aller großen amerikanischen Zeitungen und Zeitschriften glühende Artikel über "diesen bunten Mann". Eine solche medienübergreifende Gratis-Werbekampagne hatte es in der Geschichte der Zeitungen, des Rundfunks und des Fernsehens noch nie gegeben, und sie kostete die Förderer der Wassermann-Verschwörung, der NATO und des Club of Rome nicht einen roten Cent. Es war alles absolute Gratis-Werbung für LSD, nur dünn getarnt als "Kunst" und "Kultur".

Einer von Ginsbergs engsten Freunden, Kenny Love, veröffentlichte einen fünfseitigen Bericht in der New York Times. Dies entspricht der von Tavistock und Stanford Research angewandten Methodik: Wenn etwas beworben werden soll, das die Öffentlichkeit noch nicht vollständig durch eine Gehirnwäsche akzeptiert hat, dann soll jemand einen Artikel schreiben, der alle Seiten des Themas abdeckt. Die andere Methode sind Live-Fernseh-Talkshows, in denen ein Expertengremium das Produkt oder die Idee unter dem Vorwand der "Diskussion" bewirbt. Es gibt Argumente und Gegenargumente, wobei sowohl die Befürworter als auch die Gegner ihre Unterstützung oder Ablehnung zum Ausdruck bringen. Am Ende hat sich das Thema, für das geworben werden soll, in das Bewusstsein der Öffentlichkeit eingebrannt. Während dies Anfang der 1970er Jahre noch neu war, gehört es heute zum Standardrepertoire, von dem Talkshows leben.

Loves fünfseitiger Pro-LSD-Pro-Ginsberg-Artikel wurde von der New York Times ordnungsgemäß gedruckt. Hätte Ginsberg versucht, die gleiche Menge an Platz in einer Anzeige zu kaufen, hätte ihn das mindestens 50.000 Dollar gekostet. Aber Ginsberg brauchte sich keine Sorgen zu machen; dank seines Freundes Kenny Love bekam er die massive Werbung kostenlos. Da Zeitungen wie die New York Times und die Washington Post unter der Kontrolle *des Komitees der 300* stehen, ist diese Art von kostenloser Werbung für jedes Thema möglich, vor allem für solche, die einen dekadenten Lebensstil propagieren - Drogen, Hedonismus - alles, was das amerikanische Volk verwirren könnte. Nach dem Probelauf mit Ginsberg und LSD wurde es zur Standardpraxis des Club of Rome, große Zeitungen in Amerika aufzufordern, auf Anfrage kostenlose Werbung für Personen und Ideen zu machen, die sie fördern.

Noch schlimmer - oder besser, je nach Sichtweise - war, dass United Press (UP) Kenny Loves kostenlose Werbung für Ginsberg und LSD aufgriff und sie unter dem Deckmantel einer "Nachrichten"-Story an HUNDERTE von Zeitungen und Zeitschriften im ganzen Land weiterleitete. Sogar so hoch angesehene Zeitschriften wie "Harpers Bazaar" und "TIME" machten Mr. Ginsberg salonfähig.

Hätte eine Werbeagentur Ginsberg und den Förderern von LSD eine landesweite Kampagne dieses Ausmaßes vorgelegt, hätte sich der Preis auf mindestens 1 Million Dollar (1970) belaufen. Heute würde das Preisschild nicht weniger als 15 bis 16 Millionen Dollar betragen. Es ist kein Wunder, dass ich die Nachrichtenmedien als "Schakale" bezeichne.

Ich schlage vor, dass wir versuchen, jedes beliebige Medienorgan zu finden, das ein Exposé über das Federal Reserve Board erstellt, was ich auch getan habe. Ich wandte mich mit meinem Artikel, der den größten Schwindel der Welt gut darstellte, an jede größere Zeitung, jeden Radio- und Fernsehsender, jede Zeitschrift und mehrere Talkshow-Moderatoren. Einige machten Versprechungen, die sich gut anhörten - sie würden den Artikel auf jeden Fall ausstrahlen und mich darüber sprechen lassen - und gaben mir etwa eine Woche Zeit, um mich zu melden. Keiner von ihnen hat sich je gemeldet, und mein Artikel ist auch nie in ihren Zeitungen und Zeitschriften erschienen. Es war, als ob ein Mantel des Schweigens über mich und das Thema, für das ich mich einsetzen wollte, geworfen worden wäre, und genau das war auch geschehen.

Ohne den massiven Medienhype und die fast rund um die Uhr stattfindende Berichterstattung wäre der Hippie-Beatnik-Rock und der Drogenkult nie in Gang gekommen; er wäre eine lokal begrenzte Kuriosität geblieben. Die Beatles mit ihren klirrenden Gitarren, ihren albernen Ausdrücken, ihrer Drogensprache und ihren seltsamen Klamotten hätten nicht den Hauch einer Chance gehabt. Stattdessen haben die Vereinigten Staaten einen Kulturschock nach dem anderen erlitten, weil die Beatles von den Medien mit einer satten Berichterstattung bedacht wurden.

Die Männer in den Denkfabriken und Forschungsinstituten, deren Namen und Gesichter nur noch wenigen bekannt sind, haben dafür gesorgt, dass die Presse ihre Rolle spielte. Umgekehrt sorgte die wichtige Rolle der Medien, die Macht hinter den Zukunfts-Kulturschocks nicht zu enthüllen, dafür, dass die Quelle der Krise nie identifiziert wurde. So wurde unsere Gesellschaft durch psychologische Schocks und Stress in den Wahnsinn getrieben. "Driven mad" stammt aus dem Tavistock-Trainingshandbuch. Von seinen bescheidenen Anfängen im Jahr 1921 war Tavistock 1966 bereit, eine große, unumkehrbare Kulturrevolution in Amerika einzuleiten, die noch nicht beendet ist. Die Wassermann-Verschwörung ist ein Teil davon.

Auf diese Weise aufgeweicht, galt unser Land nun als reif für die Einführung von Drogen, die in ihrem Ausmaß und den riesigen Geldsummen, die damit zu verdienen waren, mit der Prohibitionszeit konkurrieren sollten. Auch dies war ein integraler Bestandteil der Wassermann-Verschwörung. Die Ausbreitung des Drogenkonsums war eines der Themen, die von der Science Policy Research Unit (SPRU) an der Tavistock-Universität in Sussex untersucht wurden. Es war als Zentrum für "Zukunftsschocks" bekannt, eine Bezeichnung für die so genannte zukunftsorientierte Psychologie, die darauf abzielt, ganze Bevölkerungsgruppen zu manipulieren, um "Zukunftsschocks" hervorzurufen. Es war die erste von mehreren Einrichtungen dieser Art, die von Tavistock gegründet wurden.

Als "Zukunftsschocks" bezeichnet man eine Reihe von Ereignissen, die so schnell eintreten, dass das menschliche Gehirn die Informationen nicht aufnehmen kann. Wie ich bereits sagte, hat die Wissenschaft gezeigt, dass es klar definierte Grenzen für die Menge und die Art der Veränderungen gibt, die der Verstand verkraften kann. Nach ständigen Schocks stellt die große Zielgruppe fest, dass sie keine Entscheidungen mehr treffen will. Apathie macht sich breit, oft gefolgt von sinnloser Gewalt, wie sie für die Straßengangs von Los Angeles, Serienmörder, Vergewaltiger und Kinderentführer charakteristisch ist.

Eine solche Gruppe ist leicht zu kontrollieren und wird Befehlen gefügig folgen, ohne zu rebellieren, was ja das Ziel der Übung ist. "Zukünftige Schocks", sagt SPRU, "werden definiert als physische und psychische Belastung, die durch die Überlastung des Entscheidungsmechanismus des menschlichen Geistes entsteht." Das ist Tavistock-Jargon, direkt aus den Tavistock-Handbüchern entnommen - von denen sie nicht wissen, dass ich sie habe.

So wie ein überlasteter Stromkreis einen Auslöseschalter aktiviert, schalten auch Menschen "aus", ein Syndrom, das die medizinische Wissenschaft erst jetzt zu verstehen beginnt, obwohl John Rawlings Reese bereits in den 1920er Jahren Experimente auf diesem Gebiet durchführte. Wie man sich vorstellen kann, ist eine solche Zielgruppe bereit, "auszurasten" und zu Drogen zu greifen, um dem Druck so vieler Entscheidungen zu entkommen. Auf diese Weise verbreitete sich der Drogenkonsum in der amerikanischen "Beat-Generation" so schnell. Was mit den Beatles und Probepackungen von LSD begann, hat sich zu einer Flut von Drogenkonsum entwickelt, die Amerika überschwemmt.

Der Drogenhandel wird durch *den Ausschuss der 300* von oben nach unten kontrolliert. Der Drogenhandel begann mit der Britischen Ostindien-Kompanie und wurde dicht gefolgt von der Niederländischen Ostindien-Kompanie. Beide wurden von einem "Rat der 300" kontrolliert. Die Namensliste der Mitglieder und Anteilseigner der BEIC liest sich wie etwas aus Debretts Peerage. Die BEIC richtete die "China Inland Mission" ein, deren Aufgabe es war, die chinesischen Bauern oder Coolies, wie sie genannt wurden, opiumsüchtig zu machen. Dies schuf den Markt für Opium, den die BEIC dann füllte.

In ähnlicher Weise nutzte *das Komitee der 300* die Beatles, um "soziale Drogen" bei der amerikanischen Jugend und dem Hollywood-Publikum populär zu machen. Ed Sullivan wurde nach England geschickt, um DIE erste "Rockgruppe" des Tavistock-Instituts kennen zu lernen, die an die Küsten der Vereinigten Staaten kam. Sullivan kehrte dann in die Vereinigten Staaten zurück, um die Strategie für die elektronischen Medien zu entwerfen, wie die Gruppe verpackt und verkauft werden sollte. Ohne die uneingeschränkte Mitarbeit der elektronischen Medien und insbesondere von Ed Sullivan wären die "Beatles" und ihre "Musik" auf der Strecke geblieben. Stattdessen wurden unser nationales Leben und der Charakter der Vereinigten Staaten für immer verändert.

Jetzt, da wir es wissen, ist nur allzu klar, wie erfolgreich die Kampagne der "Beatles" zur Verbreitung des Drogenkonsums war. Die Tatsache, dass "The Beatles" ihre Musik und ihre Texte von Theo Adorno schreiben ließen, wurde vor der Öffentlichkeit verborgen. Die Hauptaufgabe der "Beatles" bestand darin, von Teenagern entdeckt zu werden, die dann einer ununterbrochenen Flut von "Beatle-Musik" ausgesetzt wurden, bis sie überzeugt waren, dass ihnen der Sound gefiel und sie ihn mit allem, was dazu gehörte, übernahmen. Die Gruppe aus Liverpool erfüllte die in sie gesetzten Erwartungen und schuf mit "ein wenig Hilfe von ihren Freunden", d.h. mit illegalen Substanzen, die wir Drogen nennen, eine ganz neue Klasse von jungen Amerikanern, wie sie das Tavistock-Institut beschrieben hat.

Tavistock hatte einen gut sichtbaren "neuen Typ" geschaffen, der als Drogenkurier fungieren sollte. Die "*christlichen Missionare*" der China Inland Mission hätten nicht in die 1960er Jahre gepasst. "Neuer Typ" ist sozialwissenschaftlicher Fachjargon; gemeint ist, dass die Beatles neue soziale Muster schufen, die in erster Linie darin bestanden, den Drogenkonsum zu normalisieren und zu popularisieren, sowie einen neuen Kleidungs- und Frisurengeschmack, der sie wirklich von der älteren Generation unterschied, wie es von Tavistock beabsichtigt war.

Es ist wichtig, die bewusst fragmentierende Sprache von Tavistock zu beachten. Die "Teenager" dachten nicht im Traum daran, dass all die "anderen" Dinge, die sie anstrebten, das Produkt älterer Wissenschaftler waren, die in Think-Tanks in England und Stanford Research arbeiteten. Wie beschämt wären sie gewesen, wenn sie entdeckt hätten, dass die meisten ihrer "coolen" Angewohnheiten und Ausdrücke von einer Gruppe älterer sozialwissenschaftlicher Wissenschaftler absichtlich für sie geschaffen wurden!

Die Rolle der Medien war und ist bei der Förderung des Drogenkonsums auf nationaler Ebene sehr wichtig. Als die Medien die Berichterstattung über die Straßenkampf-Banden abrupt beendeten, wurden sie als soziales Phänomen "ausgebrannt"; das "neue Zeitalter" der Drogen folgte. Die Medien haben schon immer als Katalysator gedient und "neue Dinge" vorangetrieben, und nun konzentrierte sich die Aufmerksamkeit der Medien auf den Drogenkonsum und seine Anhänger, die "Beat Generation", ein weiterer Begriff, der von Tavistock geprägt wurde, in ihrem entschlossenen Bemühen, soziale Veränderungen in den Vereinigten Staaten herbeizuführen.

Der Drogenkonsum wurde nun zu einem akzeptierten Teil des amerikanischen Alltagslebens. Dieses von Tavistock entworfene Programm nahm Millionen amerikanischer Jugendlicher auf, und die ältere Generation begann zu glauben, dass Amerika eine natürliche soziale Revolution erlebte, wobei sie nicht erkannte, dass das, was mit ihren Kindern geschah, keine spontane Bewegung war, sondern eine hochgradig künstliche Schöpfung, die darauf abzielte, Veränderungen im sozialen und politischen Leben Amerikas zu erzwingen.

Die Nachkommen der Britischen Ostindien-Kompanie freuten sich über den Erfolg ihres Drogenförderungsprogramms. Ihre Jünger wurden versiert im Umgang mit Lysergsäure (LSD), die ihnen von Gönnern des Drogenhandels wie Aldous Huxley mit freundlicher Genehmigung der hoch angesehenen Schweizer Firma Sandoz zur Verfügung gestellt und von der großen Warburg-Bankendynastie finanziert wurde. Die neue "Wunderdroge" wurde umgehend auf allen Rockkonzerten und auf dem Universitätsgelände in Form von kostenlosen Probepackungen verteilt. Die Frage, die sich aufdrängt, ist: "Was hat das FBI getan, während all dies geschah?"

Der Zweck der Beatles war überdeutlich geworden. Die Nachfahren der Britischen Ostindien-Kompanie in der Londoner Oberschicht müssen sich über die Milliarden von Dollars gefreut haben, die nun ins Land flossen. Mit dem Aufkommen des "Rock", der von nun an als Kurzformel für Adornos teuflisch-satanische Musik verwendet werden soll, wurde ein enormer Anstieg des Konsums von Gesellschaftsdrogen, insbesondere Marihuana, beobachtet. Das gesamte Drogengeschäft wurde unter der Kontrolle und Leitung der Science Policy Research Unit (SPRU) ausgebaut. Die SPRU wurde von Leland Bradford, Kenneth Damm und Ronald Lippert geleitet, unter deren fachkundiger Leitung eine große Zahl von Wissenschaftlern ausgebildet wurde, um "Zukunftsschocks" zu fördern, zu denen vor allem der dramatische Anstieg des Drogenkonsums unter Amerikas Teenagern gehörte. Die Strategiepapiere der SPRU, die in verschiedenen Regierungsbehörden, einschließlich der Drug Enforcement Agency (DEA), platziert wurden, diktierten den Verlauf des katastrophalen "Drogenkriegs", der angeblich von den Regierungen Reagan und Bush geführt wurde.

Dies war der Vorläufer dessen, wie die Vereinigten Staaten heute regiert werden, von einem Ausschuss und/oder Rat nach dem anderen, von einer Innenregierung, die mit Tavistock-Papieren gefüttert wird, von denen sie fest überzeugt sind, dass sie ihre eigene Meinung sind. Diese virtuellen Unbekannten treffen Entscheidungen, die unsere Regierungsform und die Lebensqualität hier in den Vereinigten Staaten für immer verändern werden. Durch die "Krisenanpassung" haben wir uns bereits so sehr verändert, dass wir kaum noch mit dem zu vergleichen sind, was wir in den 1950er Jahren waren. Auch unsere Umwelt hat sich verändert.

Heutzutage wird viel über Umwelt geredet, und während es sich dabei meist um eine grüne Umgebung, reine Flüsse und frische Luft handelt, gibt es eine andere, ebenso wichtige Umwelt, nämlich die Drogenumwelt. Die Umwelt unseres Lebensstils ist verschmutzt worden; unser Denken ist verschmutzt worden. Unsere Fähigkeit, unser Schicksal zu kontrollieren, ist verschmutzt. Wir sind mit Veränderungen konfrontiert, die unser Denken so sehr verschmutzen, dass wir nicht wissen, was wir davon halten sollen. Das "Umfeld des Wandels" lähmt die Nation; wir scheinen so wenig Kontrolle zu haben, dass es zu Angst und Verwirrung geführt hat.

Wir suchen jetzt nach Gruppenlösungen statt nach individuellen Lösungen für unsere Probleme. Wir nutzen nicht unsere eigenen Ressourcen, um Probleme zu lösen. Dabei spielt der rapide steigende

Drogenkonsum eine führende Rolle. Es handelt sich um eine bewusste Strategie, die von den Wissenschaftlern der neuen Wissenschaften, den Sozialingenieuren und Tüftlern entwickelt wurde und die auf den verletzlichsten aller Bereiche abzielt, nämlich auf unser Selbstbild oder darauf, wie wir uns selbst wahrnehmen, was dazu führt, dass wir schließlich wie Schafe *(We the sheeple.)* zur Schlachtbank geführt werden. Die vielen Entscheidungen, die wir zu treffen haben, haben uns verwirrt, und wir sind apathisch geworden.

Wir werden von skrupellosen Menschen manipuliert, ohne dass wir uns dessen jemals bewusst sind. Dies gilt insbesondere für den Drogenhandel, und wir befinden uns jetzt in der Übergangsphase, in der wir uns auf einen Wechsel von der derzeitigen verfassungsmäßigen Regierungsform einstellen können, die unter der Bush-Regierung einen riesigen Schritt nach vorn gemacht hat. Es gibt zwar einige, die trotz aller gegenteiligen Beweise immer noch sagen: "Das kann in Amerika nicht passieren", aber Tatsache ist: ES IST BEREITS GESCHEHEN. Unser Wille, uns gegen Ereignisse zu wehren, die uns nicht gefallen, wurde immer weiter ausgehöhlt und unterminiert. Wir werden Widerstand leisten, sagen einige von uns, aber nicht so viele von uns werden das tun, und wir werden in der Minderheit sein.

Der Drogenhandel hat unsere Umwelt schleichend verändert. Der angebliche "Krieg gegen die Drogen" ist eine Farce; er existiert nicht in dem Maße, dass er den Nachkommen der britischen Ostindien-Kompanie auch nur das Geringste anhaben könnte. In Verbindung mit der Computerisierung sind wir fast vollständig gehirngewaschen und unserer Fähigkeit beraubt, uns gegen erzwungene Veränderungen zu wehren. Das bringt uns zu einem anderen Bereich, der MENSCHENKONTROLLE, auch bekannt als Kontrolle der persönlichen Informationen, ohne die die Regierungen ihr Zahlenspiel nicht spielen können. So wie die Dinge liegen, haben wir, die Menschen, absolut keine Möglichkeit zu wissen, was die Regierung über uns weiß oder nicht weiß. Die Computerdateien der Regierung werden von der breiten Öffentlichkeit nicht eingesehen. Glauben wir törichterweise, dass persönliche Informationen unantastbar sind? Denken Sie daran, dass es in jeder Gesellschaft reiche und mächtige Familien gibt, die die Strafverfolgungsbehörden kontrollieren. Ich habe bewiesen, dass es solche Familien gibt. Glauben Sie nicht, dass diese Familien, wenn sie etwas über uns herausfinden wollten, dies nicht tun könnten. Das sind die Familien, die oft ein Mitglied im *Ausschuss der 300* haben.

Nehmen Sie zum Beispiel Kissinger, der seine eigenen privaten

Dossiers über Hunderttausende von Menschen hat, nicht nur in den USA, sondern überall auf der Welt. Stehen wir auf Kissingers Feindesliste? Ist das weit hergeholt? Ganz und gar nicht. Nehmen Sie die P2-Freimaurer und das Komitee Monte Carlo, die solche Listen mit Zehntausenden von Namen führen. Übrigens ist Kissinger einer von ihnen. Es gibt noch andere "private" Nachrichtendienste, wie *INTEL*, die wir später kennenlernen werden.

Eine der Möglichkeiten, Heroin nach Europa zu bringen, ist das Fürstentum Monaco. Das Heroin kommt aus Korsika und wird auf Fähren transportiert, die im Sommer regen Verkehr zwischen Korsika und Monte Carlo haben. Es wird nicht kontrolliert, was auf diese Fähren gelangt oder von ihnen kommt. Da es keine Grenze zwischen Frankreich und Monaco gibt, fließen die Drogen, insbesondere das Heroin (teilweise verarbeitetes Opium), über die offene Grenze Monacos in französische Labors, oder, wenn es bereits zu Heroin verarbeitet wurde, direkt zu den Händlern.

Die Familie Grimaldi ist seit Jahrhunderten im Drogenschmuggelgeschäft tätig. Weil Fürst Rainier aus Habgier anfing, kräftig abzusahnen und auch nach dreimaliger Ermahnung nicht aufhörte, wurde seine Frau, Fürstin Grace, bei einem Auto "unfall" ermordet. Rainier hat die Macht des Komitees, dem er angehört, unterschätzt. Bei dem Rover, in dem sie unterwegs war, waren die Bremsflüssigkeitskammern so manipuliert worden, dass bei jeder Betätigung der Bremsen Flüssigkeit in abgemessener Menge austrat, bis der Wagen an der gefährlichsten von mehreren Haarnadelkurven nicht mehr zu bremsen war, über eine Steinmauer fuhr und fünfzig Fuß tief auf dem Boden aufschlug.

Das Komitee der 300 Agenten hat alles getan, um die Wahrheit über den Mord an Prinzessin Grace zu verbergen. Bis heute befindet sich der Rover in der Obhut der französischen Polizei, versteckt unter einer Abdeckung auf einem Anhänger, dem sich niemand nähern, geschweige denn ihn untersuchen darf. Das Signal für die Hinrichtung von Prinzessin Grace wurde vom Abhörposten der britischen Armee auf Zypern aufgefangen, und eine gut platzierte Quelle geht davon aus, dass das Komitee Monte Carlo und P2 den Befehl dazu gegeben hat.

Der Drogenhandel, der vom *Komitee der 300* kontrolliert wird, ist ein Verbrechen gegen die Menschheit, aber da wir durch die jahrelangen unaufhörlichen Bombardements des Tavistock-Instituts konditioniert und weichgekocht wurden, haben wir unsere veränderte Umgebung mehr oder weniger akzeptiert und betrachten den Drogenhandel als ein Problem, das "zu groß" ist, um es zu bewältigen. Dies ist jedoch nicht der Fall. Wenn wir in der Lage waren, eine ganze Nation zu mobilisieren, Millionen amerikanischer Soldaten auszurüsten und in einen Krieg in Europa zu schicken, in dem wir nichts zu suchen hatten, wenn wir eine Großmacht besiegen konnten, dann können wir auch den Drogenhandel mit der gleichen Taktik wie im Zweiten Weltkrieg zerschlagen. Die logistischen Probleme, die bei unserem Eintritt in den Zweiten Weltkrieg zu lösen waren, sind auch heute noch verblüffend.

Dennoch haben wir alle Probleme erfolgreich überwunden. Warum ist es dann nicht möglich, einen klar definierten Feind zu besiegen, der viel kleiner und schwächer ist als Deutschland, wenn man die immens verbesserten Waffen und Überwachungsgeräte hat, die wir heute haben? Der wahre Grund dafür, dass das Drogenproblem nicht ausgerottet ist, liegt darin, dass es von den höchsten Familien der Welt als Teil einer koordinierten gigantischen Geldmaschine betrieben wird.

Im Jahr 1930 übertrafen die britischen Investitionen in Südamerika die Investitionen in den britischen "Dominions" bei weitem. Graham, eine Autorität für britische Investitionen im Ausland, erklärte, dass die britischen Investitionen in Südamerika "eine Billion Pfund überstiegen". Zur Erinnerung: Das war 1930, und eine Billion Pfund war damals eine schwindelerregende Summe. Was war der Grund für solch umfangreiche Investitionen in Südamerika? Mit einem Wort, es ging um Drogen.

Die Plutokratie, die die britischen Banken kontrolliert, hielt die Fäden in der Hand und verbarg damals wie heute ihre wahren Geschäfte hinter einer höchst respektablen Fassade. Niemand hat sie jemals mit schmutzigen Händen erwischt. Sie hatten immer Strohmänner, genau wie heute, die bereit waren, die Schuld auf sich zu nehmen, wenn die Dinge schief liefen. Damals wie heute waren die Verbindungen zum Drogenhandel bestenfalls dürftig. Niemand war jemals in der Lage, den respektablen und "noblen" Bankiersfamilien Großbritanniens, deren Mitglieder im *"Committee of 300"* sitzen, auf die Schliche zu kommen.

Es ist von großer Bedeutung, dass nur 15 Mitglieder des Parlaments die Kontrolle über dieses riesige Imperium hatten, von denen die prominentesten Sir Charles Barry und die Familie Chamberlain waren. Diese Oberherren der Finanzwelt waren in Ländern wie Argentinien, Jamaika und Trinidad tätig, die durch den Drogenhandel zu großen Geldquellen für sie wurden. In diesen Ländern hielten die britischen Plutokraten "die Einheimischen", wie sie verächtlich genannt wurden, am Existenzminimum, kaum über der Sklaverei. Das durch den Drogenhandel in der Karibik erwirtschaftete Vermögen war enorm.

Die Plutokraten versteckten sich hinter Namen wie Trinidad Leaseholds Limited, aber das eigentliche Fleisch waren damals wie heute die Drogen. Das gilt auch heute, wo das Bruttosozialprodukt (BSP) Jamaikas fast ausschließlich aus dem Verkauf von Ganja, einer sehr potenten Form von Marihuana, besteht. Der Mechanismus zur Abwicklung des Ganja-Handels wurde von David Rockefeller und Henry Kissinger unter dem Titel "Caribbean Basin Initiative" ins Leben gerufen.

Bis vor relativ kurzer Zeit war die wahre Geschichte des Opiumhandels in China ziemlich unbekannt, da sie so gut aufgedeckt wurde, wie es nur möglich ist. Viele meiner ehemaligen Studenten fragten mich, warum die Chinesen so gerne Opium rauchten. Sie waren verblüfft, wie viele auch heute noch, über die widersprüchlichen Berichte darüber, was in China tatsächlich passiert war. Die meisten dachten, es handele sich lediglich darum, dass die chinesischen Arbeiter Opium auf dem freien Markt kauften und rauchten, oder dass sie in eine der Tausenden von Opiumhöhlen gingen und dort für eine Weile ihre schreckliche Existenz vergaßen. Die Wahrheit ist, dass die Lieferung von Opium nach China ein britisches Monopol war, ein offizielles Monopol der britischen Regierung und der offiziellen britischen Politik. Der indisch-britische Opiumhandel in China war eines der bestgehüteten Geheimnisse, um das sich viele irreführende Legenden rankten, wie z. B. "Clive von Indien" und die von Rudyard Kipling so gut geschriebenen Geschichten über die Heldentaten der britischen Armee in Indien zum Ruhme des "Empire" und die Geschichten über die "Tea Clippers", die mit ihren Ladungen chinesischen Tees für die Salons der High Society im viktorianischen England über die Ozeane rasten. In Wirklichkeit gehören die Geschichte der britischen Besatzung Indiens und die britischen Opiumkriege zu den schlimmsten Schandflecken der westlichen Zivilisation.

Fast 13 % der Einnahmen Indiens unter britischer Herrschaft stammten aus dem Verkauf von hochwertigem bengalischem Opium an die von den Briten geführten Opiumhändler in China. Die damaligen "Beatles", die China Inland Mission ("*christliche Missionare*"), hatten viel dazu beigetragen, den Opiumkonsum unter den armen chinesischen Arbeitern (Coolies, wie sie genannt wurden) zu verbreiten. Diese Süchtigen sind nicht plötzlich aus dem Nichts aufgetaucht, genauso wenig wie die Teenager-Süchtigen in den Vereinigten Staaten. In China wurde zunächst ein Markt für Opium geschaffen, der dann mit Opium aus Bengalen gefüllt wurde. Auf die gleiche Weise wurde in den Vereinigten Staaten mit den bereits beschriebenen Methoden zunächst ein Markt für Marihuana und LSD geschaffen, der dann von britischen

Plutokraten und ihren amerikanischen Cousins mit Hilfe der Oberherren des britischen Bankenestablishments gefüllt wurde.

Der lukrative Drogenhandel ist eines der schlimmsten Beispiele dafür, wie aus menschlichem Elend Geld gemacht wird; das andere ist der legale Drogenhandel, der von den pharmazeutischen Unternehmen unter Rockefeller-Besitz betrieben wird, größtenteils in den USA, aber auch mit bedeutenden Unternehmen, die in der Schweiz, Frankreich und Großbritannien tätig sind und von der American Medical Association (AMA) voll unterstützt werden. Die schmutzigen Drogengeschäfte und das damit verbundene Geld fließen durch die Londoner City, Hongkong, Dubai und seit der israelischen Invasion in den Libanon.

Es wird einige geben, die diese Aussage anzweifeln. "Schauen Sie sich die Wirtschaftsspalten der Financial Times an", werden sie uns sagen. "Sagen Sie mir nicht, dass das alles mit Drogengeldern zu tun hat?" NATÜRLICH hat es damit zu tun, aber glauben Sie bloß nicht, dass die edlen Herren und Damen von England dies bekannt machen werden. Erinnern Sie sich an die Britische Ostindien-Kompanie? Offiziell war ihr Geschäft der Handel mit Tee!

Die Londoner "Times" hat es nie gewagt, der britischen Öffentlichkeit mitzuteilen, dass es unmöglich war, mit dem Tee VAST PROFIT zu machen, noch hat die illustre Zeitung auch nur angedeutet, dass diejenigen, die ihre Zeit in den Londoner Modeclubs oder beim Chukka-Polo im Royal Windsor Club verbrachten, mit Opium handelten, oder dass die Gentlemen-Offiziere, die im Dienste des Empire nach Indien gingen, sich AUSSCHLIESSLICH durch die enormen Einnahmen finanzierten, die aus dem Elend der Millionen opiumsüchtigen chinesischen Kulis stammten.

Der Handel wurde von der illustren Britischen Ostindien-Kompanie betrieben, deren Einmischung in politische, religiöse und wirtschaftliche Angelegenheiten der Vereinigten Staaten uns seit über 200 Jahren sehr teuer zu stehen kommt. Die 300 Mitglieder des Vorstands der Britischen Ostindien-Kompanie standen weit über der gewöhnlichen Herde. Sie waren so mächtig, dass sie, wie Lord Bertrand Russell einmal bemerkte, "sogar Gott Ratschläge erteilen konnten, wenn er im Himmel Probleme hatte". Wir sollten uns auch nicht einbilden, dass sich in den vergangenen Jahren etwas geändert hat. Genau dieselbe Einstellung herrscht heute unter den Mitgliedern des *Komitees der 300*, weshalb sie sich oft als "Olympier" bezeichnen.

Später schloss sich die britische Krone, d. h. die königliche Familie, dem Handel der Britischen Ostindien-Kompanie an und nutzte ihn als Vehikel für die Opiumproduktion in Bengalen und anderswo in Indien, wobei sie die Ausfuhren durch so genannte "Transitzölle" kontrollierte, d. h. die Krone erhob eine Steuer auf alle ordnungsgemäß bei der staatlichen Behörde registrierten Opiumproduzenten, die ihr Opium nach China schickten.

Vor 1896, als der Handel noch "illegal" war - ein Wort, das verwendet wurde, um von den Opiumproduzenten einen höheren Tribut zu fordern - und nie der geringste Versuch unternommen wurde, den Handel zu unterbinden, wurden riesige Mengen Opium von Indien aus an Bord der "China Tea Clippers" verschifft, jener Segelschiffe, um die sich Legenden und Überlieferungen ranken und die angeblich Kisten mit Tee aus Indien und China zu den Londoner Börsen brachten.

Die Herren und Damen der Britischen Ostindien-Kompanie waren so dreist, dass sie versuchten, diese tödliche Substanz in Pillenform als Schmerzmittel an die Armeen der Union und der Konföderation zu verkaufen. Ist es schwer, sich vorzustellen, was passiert wäre, wenn ihr Plan Erfolg gehabt hätte? All diese Hunderttausende von Soldaten hätten die Schlachtfelder völlig opiumsüchtig verlassen. "Die Beatles" waren viel erfolgreicher, indem sie in späteren Jahren Millionen von jugendlichen Süchtigen hervorgebracht haben. (Sie wurden alle von Königin Elisabeth der Zweiten mit dem O.B.E. ausgezeichnet und Paul McCartney wurde sogar zum Ritter geschlagen).

Die bengalischen Kaufleute und ihre britischen Kontrolleure und Bankiers wurden fett und intolerant durch die enormen Geldsummen, die durch den Opiumhandel mit den elenden chinesischen Kulis in die Kassen der British East India Company flossen. Die Gewinne der BEIC übertrafen selbst in jenen Jahren bei weitem die Gewinne, die General Motors, Ford und Chrysler in ihrer Blütezeit zusammen in einem einzigen Jahr erzielten. Der Trend, mit Drogen riesige Gewinne zu machen, wurde in den 60er Jahren von solchen "legalen" Drogenhändlern wie Sandoz, dem Hersteller von LSD, und Hoffman la Roche, dem Hersteller von *VALIUM*, fortgesetzt. Die Kosten für das Rohmaterial und die Herstellung von Valium belaufen sich bei Hoffman la Roche auf 3 $ pro Kilo (2,2 Pfund). Es wird zu einem Preis von 20.000 $ pro Kilo an die Vertriebshändler verkauft. Bis es den Verbraucher erreicht, ist der Preis von Valium auf 50.000 $ pro Kilo gestiegen. Valium wird in Europa und in den Vereinigten Staaten in großen Mengen konsumiert. Es ist möglicherweise die weltweit am meisten konsumierte (*süchtig machende*) Droge ihrer Art.

Hoffman la Roche macht dasselbe mit Vitamin C, dessen Herstellung sie weniger als 1 Cent pro Kilo kostet. Es wird mit einem Gewinn von 10.000 Prozent verkauft. Als ein Freund von mir dieses kriminelle Unternehmen, das mit anderen Herstellern eine Monopolvereinbarung getroffen hatte, die gegen die Gesetze der Europäischen Wirtschaftsgemeinschaft verstieß, auffliegen ließ, wurde er an der schweizerisch-italienischen Grenze verhaftet und ins Gefängnis gesteckt; seine Frau wurde von der Schweizer Polizei bedroht, bis sie Selbstmord beging. Als britischer Staatsangehöriger wurde er sofort nach Bekanntwerden seiner Notlage vom britischen Konsul in Bern gerettet, aus dem Gefängnis geholt und außer Landes geflogen. Er verlor seine Frau, seinen Arbeitsplatz und seine Rente, weil er es gewagt hatte, Hoffman-La-Roche-Geheimnisse zu verraten. Die Schweizer nehmen ihr Gesetz über Industriespionage sehr ernst.

Denken Sie daran, wenn Sie das nächste Mal diese schöne Werbung mit Schweizer Skipisten, schönen Uhren, unberührten Bergen und Kuckucksuhren sehen. Das ist nicht das, worum es in der Schweiz geht. Es geht um schmutzige, milliardenschwere Geldwäsche, die von großen Schweizer Bankhäusern betrieben wird. Es geht um *das Komitee von 300 "legalen"* (süchtig machenden) Drogenherstellern. Die Schweiz ist der ultimative "sichere Hafen" des Komitees für Geld und Schutz ihrer Körper in Zeiten globaler Katastrophen.

Wohlgemerkt, man könnte ernsthafte Probleme mit den Schweizer Behörden bekommen, wenn man Informationen über diese ruchlosen Aktivitäten weitergibt. Die Schweizer betrachten dies als "Industriespionage", auf die in der Regel eine 5-jährige Gefängnisstrafe steht. Es ist sicherer, so zu tun, als sei die Schweiz ein nettes, sauberes Land, als unter die Decke oder in die Mülleimer der Banken zu schauen.

Im Jahr 1931 wurden die Geschäftsführer der so genannten "Big Five" britischen Unternehmen für ihre Aktivitäten im Bereich der Drogengeldwäsche mit der Ernennung zu Peers of the Realm belohnt. Wer entscheidet über solche Angelegenheiten und vergibt solche Ehrungen? Es ist die Königin von England, die die Männer in den Spitzenpositionen des Drogenhandels mit Ehrungen bedenkt.

Es gibt zu viele britische Banken, die in diesen schrecklichen Handel verwickelt sind, um sie alle aufzuzählen, aber einige der wichtigsten sind:

Die britische Bank des Nahen Ostens. Midland Bank. National and Westminster Bank. Barclays Bank. Royal Bank of Canada. Hongkong und Shanghai Bank. (HSBC) Baring Brothers Bank.

Viele der Handelsbanken stecken bis zu den Sprunggelenken in den

Gewinnen aus dem Drogenhandel, wie z.B. die Hambros, die von Sir Jocelyn Hambro geleitet werden. Für eine wirklich interessante Studie über den chinesischen Opiumhandel bräuchte man Zugang zum India Office in London. Ich hatte aufgrund meines Nachrichtendienstes Zugang zu diesem Büro und erhielt große Unterstützung vom Treuhänder der Papiere des verstorbenen Professors Frederick Wells Williamson, die viele Informationen über den Opiumhandel der Britischen Ostindien-Kompanie in Indien und China im 18. und 19 Jahrhundert enthielten. Wenn diese Papiere nur veröffentlicht werden könnten, was für ein Sturm würde über die Köpfe der gekrönten Vipern Europas hereinbrechen. Heute hat sich der Handel insofern etwas verlagert, als das billigere Kokain einen großen Teil des nordamerikanischen Marktes erobert hat. In den 1960er Jahren drohte die Flut von Heroin aus Hongkong, Libanon und Dubai die Vereinigten Staaten und Westeuropa zu überschwemmen. Als die Nachfrage das Angebot überstieg, wurde auf Kokain umgestellt. Heute, Ende 1991, hat sich dieser Trend umgekehrt; heute ist Heroin wieder im Kommen, auch wenn Kokain in den ärmeren Bevölkerungsschichten nach wie vor sehr beliebt ist.

Heroin, so sagt man uns, befriedigt die Süchtigen mehr; die Wirkung ist weitaus intensiver und hält länger an als die Wirkung von Kokain, und die internationale Aufmerksamkeit für die Heroinproduzenten ist geringer als für die kolumbianischen Kokainverteiler. Außerdem ist es unwahrscheinlich, dass die USA echte Anstrengungen unternehmen würden, um die Opiumproduktion im Goldenen Dreieck zu stoppen, das unter der Kontrolle des chinesischen Militärs steht, und es würde zu einem ernsthaften Krieg kommen, wenn ein Land versuchen würde, den Handel zu unterbinden. Ein ernsthafter Angriff auf den Opiumhandel würde eine chinesische Militärintervention nach sich ziehen.

Die Briten wissen das; sie haben keinen Streit mit China[1] , abgesehen von einem gelegentlichen Gezänk darüber, wer den größeren Teil des Kuchens bekommt. Großbritannien ist seit über zwei Jahrhunderten in den Opiumhandel mit China verwickelt. Niemand wird so töricht sein,

[1] Am 21.10.1999 wurde der chinesische Präsident vom Buckingham-Palast mit dem "Roten Teppich" verwöhnt und zusammen mit der Königin in ihrer königlichen Pferdekutsche und einer Rolls-Royce-Limousine stilvoll transportiert, wobei sehr aufwendige Vorkehrungen getroffen wurden, um ihn zu beeindrucken und zu unterhalten. Gleichzeitig hinderte die britische Polizei jeden daran, gegen Chinas Menschenrechtslage zu demonstrieren, um ihn nicht zu verärgern.

das Boot zu schaukeln, wenn Millionen und Abermillionen von Dollar auf die Bankkonten der britischen Oligarchen fließen und auf dem Goldmarkt in Hongkong mehr Gold gehandelt wird als in London und New York zusammen.

Diejenigen, die sich einbilden, mit einem kleinen chinesischen oder birmanischen Oberherrn in den Bergen des Goldenen Dreiecks ein Geschäft machen zu können, haben offensichtlich keine Ahnung, worum es geht. Hätten sie das gewusst, hätten sie nie von der Unterbindung des Opiumhandels gesprochen. Solches Gerede zeugt von wenig Wissen über die Unermesslichkeit und Komplexität des chinesischen Opiumhandels.

Britische Plutokraten, der russische KGB, die CIA und US-Banker sind alle mit China verbündet. Könnte ein einzelner Mann den Handel stoppen oder auch nur eine kleine Delle in den Handel machen? Es wäre absurd, sich das vorzustellen. Was ist Heroin und warum wird es heutzutage gegenüber Kokain bevorzugt? Laut Professor Galen ist Heroin ein Derivat des Opiums, einer Droge, die die Sinne betäubt und zu langen Schlafphasen führt. Das ist es, was die meisten Süchtigen mögen, man nennt es "in den Armen von Morpheus liegen". Opium ist die am stärksten abhängig machende Droge, die der Mensch kennt. Viele pharmazeutische Medikamente enthalten Opium in unterschiedlichem Maße, und es wird angenommen, dass das für die Herstellung von Zigaretten verwendete Papier zunächst mit Opium imprägniert wird, weshalb Raucher so süchtig nach dieser Droge werden.

Die Mohnsamen, aus denen er gewonnen wird, waren den indischen Mogulen lange bekannt, die die Samen in Tee gemischt verwendeten, der einem schwierigen Gegner angeboten wurde. Es wird auch als schmerzstillende Droge verwendet, die Chloroform und andere ältere Betäubungsmittel einer vergangenen Ära weitgehend ersetzt hat. Opium war in allen angesagten Clubs des viktorianischen Londons beliebt, und es war kein Geheimnis, dass Männer wie die Brüder Huxley es ausgiebig konsumierten. Die Mitglieder der Orphik-Dionysos-Kulte des hellenischen Griechenlands und der Osiris-Horus-Kulte des ptolemäischen Ägyptens, denen die viktorianische Gesellschaft anhing, rauchten alle Opium; es war "in", das zu tun. Das taten auch einige derjenigen, die sich 1903 im St. Ermins Hotel trafen, um zu entscheiden, wie unsere Welt aussehen sollte. Die Nachfahren dieser Leute aus dem St. Ermins finden sich heute im *Komitee der 300* wieder. Es sind diese so genannten Führer der Welt, die eine solche Veränderung in unserer Umwelt herbeigeführt haben, dass der

Drogenkonsum sich so stark ausbreiten konnte, dass er durch normale Strafverfolgungstaktiken und -politiken nicht mehr aufgehalten werden kann. Dies gilt insbesondere für Großstädte, in denen eine große Bevölkerung einen Großteil der Vorgänge verbergen kann.

Viele in den Kreisen des Königshauses waren regelmäßige Opiumkonsumenten. Einer ihrer Favoriten war der Schriftsteller Coudenhove-Kalergi, der 1932 ein Buch mit dem Titel "REVOLUTION DURCH TECHNOLOGIE" schrieb, das eine Blaupause für die Rückkehr der Welt zu einer mittelalterlichen Gesellschaft darstellte. Das Buch wurde zu einem Arbeitspapier für den Plan des *Komitees der 300*, die Welt zu entindustrialisieren, angefangen mit den Vereinigten Staaten. Kalergi behauptet, dass der Druck der Überbevölkerung ein ernsthaftes Problem darstellt, und rät zu einer Rückkehr zu dem, was er "offene Räume" nennt. Klingt das nicht nach den Roten Khmer und Pol Pot?

Hier sind einige Auszüge aus dem Buch:

"Die Stadt der Zukunft wird in ihrer Ausstattung der Stadt des Mittelalters ähneln...und wer nicht durch seinen Beruf dazu verdammt ist, in einer Stadt zu leben, wird aufs Land ziehen. Unsere Zivilisation ist eine Kultur der Großstädte; sie ist also eine Sumpfpflanze, geboren von degenerierten, kränklichen und dekadenten Menschen, die freiwillig oder unfreiwillig in dieser Sackgasse des Lebens gelandet sind."

Kommt das nicht dem sehr nahe, was "Ankar Wat" als "seine" Gründe für die Entvölkerung von Phnom Penh angab?

Die ersten Opiumlieferungen erreichten England 1683 von Bengalen aus, befördert in "Tea Clippers" der British East India Company. Das Opium wurde als Test, als Experiment nach England gebracht, um zu sehen, ob das einfache Volk Englands, die Yeomen und die unteren Klassen, dazu gebracht werden konnten, die Droge zu nehmen. Es war das, was wir heute "Testmarketing" für ein neues Produkt nennen würden. Aber die stämmigen Yeomen und die viel verhöhnten "unteren Klassen" waren aus hartem Holz geschnitzt, und das Testmarketing-Experiment war ein totaler Flop. Die "unteren Klassen" der britischen Gesellschaft lehnten das Opiumrauchen entschieden ab.

Die Plutokraten und Oligarchen der Londoner High Society begannen, sich nach einem Markt umzusehen, der nicht so resistent und unbeugsam war. Sie fanden einen solchen Markt in China. In den Papieren, die ich im India Office unter der Rubrik "Miscellaneous Old Records" studiert habe, fand ich die Bestätigung, die ich mir gewünscht hätte, um zu beweisen, dass der Opiumhandel in China nach der Gründung der von der Britischen Ostindien-Kompanie finanzierten "China Inland Mission", die angeblich eine *christliche Missionsgesellschaft* war, in Wirklichkeit aber die "Werbemänner und -frauen" für das neue Produkt, das auf den Markt gebracht wurde, nämlich OPIUM, wirklich in Gang kam.

Dies wurde später bestätigt, als ich Zugang zu den Unterlagen von Sir George Birdwood in den Akten des India Office erhielt. Kurz nachdem die Missionare der China Inland Mission ihre Musterpakete verteilten und den Kulis zeigten, wie man Opium raucht, kamen große Mengen Opium in China an. Die "Beatles" hätten es nicht besser machen können. (In beiden Fällen wurde der Handel vom britischen Königshaus sanktioniert, das die Beatles offen unterstützte). Wo die Britische Ostindien-Kompanie in England gescheitert war, hatte sie nun in China einen Erfolg, der ihre kühnsten Erwartungen übertraf: Millionen von Armen sahen im Opiumrauchen einen Ausweg aus dem Elend.

In ganz China breiteten sich Opiumhöhlen aus, und in den großen Städten wie Shanghai und Kanton fanden Hunderttausende von unglücklichen Chinesen, dass eine Opiumpfeife das Leben scheinbar erträglich machte. Die Britische Ostindien-Kompanie hatte über 100 Jahre lang freie Bahn, bevor die chinesische Regierung aufwachte und erkannte, was vor sich ging. Erst im Jahr 1729 wurden die ersten Gesetze gegen das Opiumrauchen erlassen. Den 300 Vorstandsmitgliedern der BEIC gefiel das überhaupt nicht, und da sie nie einen Rückzieher machten, lieferte sich das Unternehmen bald einen erbitterten Kampf mit der chinesischen Regierung.

Die BEIC hatte Mohnsamen entwickelt, die die beste Qualität von Opium aus den Mohnfeldern von Benares und Bihar im Ganges-Becken in Indien lieferten; ein Land, das sie vollständig kontrollierten. Um ihren lukrativen Markt nicht zu verlieren, lieferte sich die britische Krone regelrechte Schlachten mit den chinesischen Streitkräften und besiegte sie. Auf die gleiche Art und Weise liefert sich die US-Regierung angeblich einen Wettlauf mit den heutigen Drogenbaronen[2] und verliert, wie die Chinesen, schwer. Es gibt jedoch einen großen Unterschied: Die chinesische Regierung kämpfte, um zu gewinnen, während die Regierung der Vereinigten Staaten sich nicht verpflichtet

---

[2] Haben Sie sich jemals gefragt, warum diese Leute als Drogenbarone und nicht als Drogenkönige bezeichnet werden? Wenn diese Leute nur Barone sind, wer sind dann die Drogenkönige?

fühlt, die Schlacht zu gewinnen, was erklärt, warum die Personalfluktuation in der Drug Enforcement Agency (DEA) so hoch ist.

In letzter Zeit kommt hochwertiges Opium aus Pakistan über Makra an der einsamen Küste des Landes, von wo aus Schiffe die Fracht nach Dubai bringen, wo sie gegen Gold getauscht wird. Dies soll mit ein Grund dafür sein, dass Heroin heute dem Kokain vorgezogen wird. Der Heroinhandel ist diskreter, es gibt keine Morde an prominenten Beamten, wie sie in Kolumbien fast an der Tagesordnung waren. Das pakistanische Opium wird nicht so teuer verkauft wie das Opium vom Goldenen Dreieck oder vom Goldenen Halbmond (Iran). Dies hat die Produktion und den Verkauf von Heroin stark angekurbelt, das Kokain als Verkaufsschlager abzulösen droht.

Der abscheuliche Opiumhandel wurde in den gehobenen Kreisen der englischen Gesellschaft viele Jahre lang als "die Beute des Empire" bezeichnet. Die Märchen von der Tapferkeit am Khyber-Pass bezogen sich auf einen umfangreichen Opiumhandel. Die britische Armee war am Khyber-Pass stationiert, um Karawanen mit Rohopium vor Plünderungen durch Bergstämme zu schützen. Wusste die britische Königsfamilie davon? Sie müssen es gewusst haben, denn was sonst hätte die Krone dazu veranlasst, eine Armee in dieser Region zu stationieren, in der es außer dem lukrativen Opiumhandel nichts von großem Wert gab? Es war sehr teuer, in einem weit entfernten Land Männer unter Waffen zu halten. Ihre Majestät muss sich gefragt haben, warum diese Militäreinheiten dort waren? Sicherlich nicht, um in der Offiziersmesse Polo oder Billard zu spielen. Die BEIC war eifersüchtig auf ihr Opiummonopol. Potenzielle Konkurrenten wurden kurz gehalten. In einem bekannten Prozess im Jahr 1791 wurde ein gewisser Warren Hastings angeklagt, einem Freund geholfen zu haben, auf Kosten der BEIC in den Opiumhandel einzusteigen. Der eigentliche Wortlaut, den ich in den im India Office aufbewahrten Akten des Falles gefunden habe, gibt einen Einblick in den ausgedehnten Opiumhandel: "Die Anklage lautet, dass Hastings Stephen Sullivan einen Vertrag über die Lieferung von Opium für vier Jahre gewährt hat, ohne dafür zu werben, und zwar zu ganz offensichtlichen und mutwillig üppigen Bedingungen, um besagtem William Sullivan Esq. einen RIESIGEN Reichtum zu verschaffen" (Hervorhebung hinzugefügt).

Da die BEIC - die britische Regierung - das Monopol für den Opiumhandel innehatte, waren die einzigen, denen es erlaubt war, sofort ein Vermögen zu machen, der "Adel", die "Aristokratie", die Plutokraten und die oligarchischen Familien Englands, von denen viele

Nachkommen im *Ausschuss der 300* sitzen, so wie ihre Vorfahren im Rat der 300 saßen, der die BEIC leitete. Außenseiter wie Mr. Sullivan bekamen bald Ärger mit der Krone, wenn sie so dreist waren, zu versuchen, in das milliardenschwere Sterling-Opiumgeschäft einzusteigen.

Die ehrenwerten Männer der BEIC mit ihrer Liste von 300 Beratern waren Mitglieder aller berühmten Gentlemen's Clubs in London, und sie waren größtenteils Mitglieder des Parlaments, während andere, sowohl in Indien als auch zu Hause, Magistrate waren. Für die Einreise nach China waren Firmenpässe erforderlich. Als einige Wichtigtuer in China eintrafen, um die Beteiligung der britischen Krone an dem lukrativen Handel zu untersuchen, entzogen die BEIC-Magistrate ihnen umgehend die Pässe und verweigerten ihnen somit die Einreise nach China. Reibereien mit der chinesischen Regierung waren an der Tagesordnung. Die Chinesen hatten ein Gesetz, das Yung-Cheny-Edikt von 1729, erlassen, das die Einfuhr von Opium verbot. Dennoch gelang es der BEIC, Opium bis 1753 als Eintrag in den chinesischen Zolltarifbüchern beizubehalten, wobei der Zoll drei Tael pro Kiste Opium betrug. Selbst als der britische Special-Secret-Service (der 007 der damaligen Zeit) dafür sorgte, dass lästige chinesische Beamte gekauft wurden, und in Fällen, in denen dies nicht möglich war, wurden sie einfach ermordet.

Jeder britische Monarch seit 1729 hat in hohem Maße vom Drogenhandel profitiert, und das gilt auch für den derzeitigen Thronfolger. Ihre Minister sorgten dafür, dass der Reichtum in ihre Familienkassen floss. Ein solcher Minister Victorias war Lord Palmerston. Er hielt hartnäckig an der Überzeugung fest, dass dem Opiumhandel Großbritanniens mit China nichts im Wege stehen dürfe. Palmerstons Plan sah vor, die chinesische Regierung mit so viel Opium zu versorgen, dass einzelne Mitglieder gierig wurden. Dann sollten die Briten die Lieferungen zurückhalten, und wenn die chinesische Regierung in die Knie gegangen war, sollten die Lieferungen wieder aufgenommen werden - allerdings zu einem viel höheren Preis, so dass die chinesische Regierung selbst ein Monopol behalten würde, aber der Plan scheiterte.

Die chinesische Regierung reagierte daraufhin mit der Vernichtung großer Opiumladungen, die in Lagerhäusern gelagert waren, und die britischen Kaufleute mussten EINZELVEREINBARUNGEN unterzeichnen, kein Opium mehr nach Kanton einzuführen. Die BEIC reagierte daraufhin mit der Entsendung zahlreicher voll beladener Opiumschiffe, die auf den Straßen Macaus lagen. Diese Ladungen wurden dann nicht von Einzelpersonen, sondern von Unternehmen verkauft, die der BEIC verpflichtet waren. Der chinesische Kommissar Lin sagte: "Es gibt so viel Opium an Bord englischer Schiffe, das jetzt auf den Straßen dieses Ortes (Macao) liegt, dass es niemals in das Land zurückkehren wird, aus dem es stammt, und es würde mich nicht wundern, wenn es unter amerikanischer Flagge eingeschmuggelt würde." Lins Prophezeiung erwies sich als bemerkenswert zutreffend.

Die Opiumkriege gegen China sollten, wie Lord Palmerston einmal sagte, "die Chinesen in die Schranken weisen", und die britische Armee tat dies auch. Es war einfach nicht möglich, den riesigen, lukrativen Handel zu stoppen, der den britischen oligarchischen Feudalherren ungezählte Milliarden einbrachte, während in China Millionen von Opiumsüchtigen zurückblieben. In späteren Jahren baten die Chinesen Großbritannien um Hilfe bei ihrem immensen Problem, die sie auch erhielten. Danach erkannten die jeweiligen chinesischen Regierungen, dass es sinnvoller ist, mit Großbritannien zu kooperieren statt zu kämpfen - und das galt auch während der blutigen Herrschaft von Mao Tse Tung -, so dass es heute, wie ich bereits erwähnt habe, nur noch zu Streitigkeiten über den Anteil am Opiumhandel kommt, der jedem zusteht.

In der neueren Geschichte wurde die chinesisch-britische Partnerschaft durch das Abkommen von Hongkong gefestigt, das eine gleichberechtigte Partnerschaft im Opiumhandel begründete. Während jedoch Gewalt und Tod, Raub und Mord die Entwicklung des kolumbianischen Kokainhandels kennzeichneten, wurde der Heroinhandel nicht durch derartige Niedertracht gestört, der, wie ich bereits sagte, gegen Ende des Jahres 1991 wieder an Bedeutung gewinnt.

Das Hauptproblem in den chinesisch-britischen Beziehungen der letzten 60 Jahre betraf die Forderung Chinas nach einem größeren Anteil am Opium-Heroinkuchen. Dieses Problem wurde gelöst, als Großbritannien zustimmte, Hongkong unter die vollständige Kontrolle der chinesischen Regierung zu stellen, was 1997 in Kraft treten wird. Abgesehen davon behalten die Partner ihre früheren gleichen Anteile am lukrativen Opiumhandel von Hongkong aus.

Die britischen Oligarchenfamilien des *Komitees der 300*, die sich auf dem Höhepunkt des Opiumhandels in Kanton verschanzt hatten, hinterließen ihre Nachkommen in ihren Positionen. Schauen Sie sich eine Liste prominenter britischer Einwohner in China an, und Sie werden die Namen von Mitgliedern des *Komitees der 300* unter ihnen finden. Das Gleiche gilt für Hongkong. Diese Plutokraten aus einer feudalen Ära, die sie in die Welt zurückbringen wollen, kontrollieren den Gold- und Opiumhandel, dessen Zentrum Hongkong ist. Die burmesischen und chinesischen Opiummohnanbauer werden in Gold bezahlt; sie trauen dem 100-Dollar-Schein aus Papier nicht. Dies erklärt das sehr große Volumen des Goldhandels an der Börse in Hongkong.

Das Goldene Dreieck ist nicht mehr der größte Opiumproduzent. Diesen zweifelhaften Titel teilen sich seit 1987 der Goldene Halbmond (Iran), Pakistan und Libanon. Diese Länder sind die wichtigsten Opiumproduzenten, auch wenn kleinere Mengen wieder aus Afghanistan und der Türkei kommen. Der Drogenhandel, und insbesondere der Opiumhandel, könnte ohne die Hilfe von Banken nicht funktionieren, wie wir im weiteren Verlauf zeigen werden.

Banken und Drogen

Wie passen die Banken mit ihrer großen Seriosität in den Drogenhandel mit all seinem Schmutz? Das ist eine sehr lange und komplizierte Geschichte, über die ein eigenes Buch geschrieben werden könnte. Die Banken sind unter anderem an der Finanzierung von Scheinfirmen beteiligt, die die für die Verarbeitung von Rohopium zu Heroin erforderlichen Chemikalien importieren. Die Hongkong and Shanghai Bank mit einer Zweigstelle in London ist über eine Firma namens TEJAPAIBUL, die mit der Hongkong and Shanghai Bank zusammenarbeitet, mitten in diesen Handel verwickelt. Was macht dieses Unternehmen? Sie importiert nach Hongkong die meisten Chemikalien, die für den Heroin-Raffinierungsprozess benötigt werden.

Es ist auch ein wichtiger Lieferant von Essigsäureanhydrid für den Goldenen Halbmond und das Goldene Dreieck, Pakistan, die Türkei und den Libanon. Die eigentliche Finanzierung dieses Handels ist bei der Bangkok Metropolitan Bank angesiedelt. Die mit der Opiumverarbeitung verbundenen Nebentätigkeiten sind zwar nicht mit dem Opiumhandel gleichzusetzen, bringen den Banken aber dennoch erhebliche Einnahmen. Das eigentliche Einkommen der Hongkong and Shanghai Bank und aller Banken in der Region besteht jedoch in der Finanzierung des eigentlichen Opiumhandels.

Ich habe lange recherchiert, um einen Zusammenhang zwischen dem Goldpreis und dem Opiumpreis herzustellen. Ich pflegte jedem, der mir zuhörte, zu sagen: "Wenn ihr den Goldpreis wissen wollt, findet heraus, wie hoch der Preis für ein Pfund oder ein Kilo Opium in Hongkong ist." Meinen Kritikern antwortete ich: "Schauen Sie sich an, was 1977 geschah, ein entscheidendes Jahr für Gold." Die Bank of China schockierte die Gold-Experten und die klugen Prognostiker, die es in Amerika zuhauf gibt, indem sie plötzlich und ohne Vorwarnung 80 Tonnen Gold auf den Markt warf.

Das drückte den Goldpreis in großer Eile. Alles, was die Experten sagen konnten, war: "Wir wussten nicht, dass China so viel Gold hat; woher könnte es kommen?" Es kam von dem Gold, das China auf dem

Goldmarkt in Hongkong für große Opiumkäufe bezahlt. Die derzeitige Politik der chinesischen Regierung gegenüber England ist die gleiche wie im 18 und 19 Jahrhundert. Die chinesische Wirtschaft, die mit der Wirtschaft Hongkongs verbunden ist - und damit meine ich nicht Fernsehgeräte, Textilien, Radios, Uhren, Raubkopien von Kassetten und Videokassetten -, sondern Opium/Heroin, würde ohne den Opiumhandel, den sie mit Großbritannien teilt, einen schweren Schlag erleiden. Die BEIC gibt es nicht mehr, aber die Nachkommen des Rates der 300 leben in der Mitgliedschaft *des Ausschusses der 300* weiter.

Die ältesten der oligarchischen britischen Familien, die in den letzten 200 Jahren im Opiumhandel führend waren, sind auch heute noch darin tätig. Nehmen Sie zum Beispiel die Mathesons. Diese "adlige" Familie ist eine der Säulen des Opiumhandels. Als es vor ein paar Jahren etwas wackelig aussah, sprangen die Mathesons ein und gaben China einen Kredit von 300 Millionen Dollar für Immobilieninvestitionen. Eigentlich wurde es als "Joint-Venture zwischen der Volksrepublik China und der Matheson Bank" bezeichnet. Bei der Durchsicht von Dokumenten des India Office aus den 1700er Jahren stieß ich auf den Namen Matheson, und er tauchte immer wieder auf - in London, Peking, Dubai, Hongkong, überall dort, wo Heroin und Opium erwähnt wurden.

Das Problem mit dem Drogenhandel ist, dass er zu einer Bedrohung der nationalen Souveränität geworden ist. Hier ist, was der venezolanische Botschafter bei den Vereinten Nationen über diese weltweite Bedrohung sagte:

"Das Drogenproblem wird schon lange nicht mehr nur als Problem der öffentlichen Gesundheit oder als soziales Problem behandelt. Es hat sich zu einem viel ernsteren und weitreichenderen Problem entwickelt, das unsere nationale Souveränität betrifft; ein Problem der nationalen Sicherheit, weil es die Unabhängigkeit einer Nation angreift. Drogen in all ihren Erscheinungsformen der Produktion, der Kommerzialisierung und des Konsums denaturalisieren uns, indem sie unser ethisches, religiöses und politisches Leben, unsere historischen, wirtschaftlichen und republikanischen Werte verletzen."

Genau auf diese Weise arbeiten die Bank für Internationalen Zahlungsausgleich und der IWF. Lassen Sie mich ohne zu zögern sagen, dass diese beiden Banken nichts anderes als Tyrannen-Clearinghäuser für den Drogenhandel sind. Die BIZ untergräbt jedes Land, das der IWF untergehen lassen will, indem sie Mittel und Wege für den einfachen Abfluss von Fluchtkapital bereitstellt. Die BIZ unterscheidet auch nicht, was Fluchtkapital und was gewaschenes

Drogengeld ist.

Die BIZ arbeitet nach dem Gangsterprinzip. Wenn ein Land sich nicht dem Entzug von Vermögenswerten durch den IWF unterwirft, dann sagt sie im Grunde: "Gut, dann werden wir euch mit Hilfe der riesigen Menge an Narco-Dollars, die wir besitzen, brechen." Es ist leicht zu verstehen, warum das Gold demonetisiert und durch den Papier-"Dollar" als Weltreservewährung ersetzt wurde. Ein Land, das über Goldreserven verfügt, ist nicht so leicht zu erpressen wie ein Land, das seine Reserven in Papierdollar hält.

Vor einigen Jahren hielt der IWF eine Tagung in Hongkong ab, an der ein Kollege von mir teilnahm, und er erzählte mir, dass sich das Seminar mit genau dieser Frage befasste. Er teilte mir mit, dass die IWF-Vertreter auf der Tagung sagten, sie könnten buchstäblich einen Ansturm auf die Währung eines jeden Landes mit Hilfe von Narco-Dollars auslösen, was eine Kapitalflucht zur Folge hätte. Rainer-Gut, ein Delegierter der Credit Suisse und Mitglied *des Komitees der 300,* sagte, er sehe eine Situation voraus, in der nationale Kredite und nationale Finanzierungen bis zur Jahrhundertwende unter einer Dachorganisation zusammengefasst sein würden. Auch wenn Rainer-Gut es nicht genau formulierte, wussten alle Teilnehmer des Seminars genau, wovon er sprach.

Von Kolumbien bis Miami, vom Goldenen Dreieck bis zur Goldenen Pforte, von Hongkong bis New York, von Bogota bis Frankfurt ist der Drogenhandel, und insbesondere der Heroinhandel, ein GROSSES GESCHÄFT, das von oben nach unten von einigen der "unantastbarsten"[3] Familien der Welt betrieben wird, und jede dieser Familien hat mindestens ein Mitglied, das *im Ausschuss der 300 sitzt.* Es handelt sich nicht um ein Geschäft, das man an jeder Straßenecke machen kann, und es braucht viel Geld und Fachwissen, um es reibungslos am Laufen zu halten. Dafür sorgt die Maschinerie, die *der Ausschuss der 300* kontrolliert.

Solche Talente sind an den Straßenecken und in den U-Bahnen von New York nicht zu finden. Zwar sind die Drücker und Hausierer ein fester Bestandteil des Handels, aber nur als sehr kleine Teilzeitverkäufer. Ich sage Teilzeit, weil sie erwischt werden und einige

[3] Die britische königliche Familie hat die britischen Gerichte eingerichtet und ihre eigenen Gesetze und ihr Rechtssystem so gestaltet, dass niemand gegen den Monarchen vorgehen kann.

von ihnen wegen Rivalität erschossen werden. Aber was macht das schon? Es gibt reichlich Ersatz für sie.

Nein, das ist nichts, wofür sich die Small Business Administration interessieren würde. ES IST GROSSES GESCHÄFT, ein riesiges Imperium, dieses schmutzige Drogengeschäft. Zwangsläufig wird es in jedem einzelnen Land der Welt von oben nach unten betrieben. Es ist in der Tat das größte Einzelunternehmen der Welt und übertrifft alle anderen. Dass es von oben nach unten geschützt wird, wird durch die Tatsache bestätigt, dass es, wie der internationale Terrorismus, nicht ausgemerzt werden kann, was für einen vernünftigen Menschen ein Hinweis darauf sein sollte, dass einige der größten Namen in königlichen Kreisen, der Oligarchie, der Plutokratie es betreiben, selbst wenn es durch Mittelsmänner geschieht.

Die wichtigsten Anbauländer für Mohn und Kokasträucher sind Birma, Nordchina, Afghanistan, Iran, Pakistan, Thailand, Libanon, Türkei, Peru, Ecuador und Bolivien. Kolumbien baut keinen Kokastrauch an, ist aber neben Bolivien der Hauptveredler von Kokain und das wichtigste Finanzzentrum des Kokainhandels, das seit der Entführung und Inhaftierung von General Noriega durch Präsident Bush von Panama um den ersten Platz bei der Geldwäsche und der Kapitalfinanzierung des Kokainhandels angefochten wird.

Der Heroinhandel wird von Banken in Hongkong, London und einigen Banken im Nahen Osten wie der British Bank of the Middle East finanziert. Der Libanon wird schnell zur "Schweiz des Nahen Ostens". An der Verteilung und Weiterleitung von Heroin sind folgende Länder beteiligt: Hongkong, Türkei, Bulgarien, Italien, Monaco, Frankreich (Korsika und Marseille), Libanon und Pakistan. Die Vereinigten Staaten sind der größte Konsument von Betäubungsmitteln, wobei der erste Platz von Kokain eingenommen wird, das von Heroin verdrängt wird. Westeuropa und die südwestasiatischen Länder sind die größten Konsumenten von Heroin. Im Iran gibt es eine große Zahl von Heroinsüchtigen - mehr als 2 Millionen im Jahr 1991.

Es gibt keine einzige Regierung, die nicht genau weiß, was in Bezug auf den Drogenhandel vor sich geht, aber einzelne Mitglieder, die einflussreiche Positionen innehaben, werden vom *Ausschuss der 300* über sein weltweites Netz von Tochtergesellschaften überwacht. Wenn ein Regierungsmitglied "schwierig" ist, wird es abgesetzt, wie im Fall von Ali Bhutto aus Pakistan und Aldo Moro aus Italien. Niemand ist dem Zugriff dieses allmächtigen Ausschusses entzogen, auch wenn sich Malaysia bisher erfolgreich dagegen gewehrt hat. Malaysia hat die strengsten Antidrogengesetze der Welt. Auf den Besitz selbst geringer

Mengen steht die Todesstrafe.

Wie die bulgarische Kintex Company sind die meisten kleineren Länder direkt an diesen kriminellen Unternehmen beteiligt. Die Kintex-LKWs transportierten regelmäßig Heroin durch Westeuropa in ihrer eigenen LKW-Flotte mit der EWG-Kennzeichnung Triangle Internationale Routier (TIR). Lkw mit dieser Kennzeichnung und der EWG-Erkennungsnummer dürfen an den Zollgrenzübergängen nicht angehalten werden. TIR-Lkw dürfen nur verderbliche Waren transportieren. Sie müssen in dem Land, aus dem sie stammen, kontrolliert werden, und jeder Lkw-Fahrer muss ein entsprechendes Dokument mit sich führen.

So konnten die Kintex-Lkw ihre Heroinladung als "frisches Obst und Gemüse" deklarieren und durch Westeuropa fahren, bis hin zu den hochgesicherten NATO-Stützpunkten in Norditalien. Auf diese Weise wurde Bulgarien zu einem der wichtigsten Länder, durch die das Heroin geleitet wurde.

Die einzige Möglichkeit, die riesigen Mengen an Heroin und Kokain zu stoppen, die derzeit ihren Weg zu den europäischen Märkten finden, ist die Abschaffung des TIR-Systems. Das wird niemals geschehen. Die internationalen Vertragsverpflichtungen, die ich soeben erwähnt habe, wurden vom *Komitee der 300* mit Hilfe seiner erstaunlichen Netzwerke und Kontrollmechanismen eingerichtet, um den Transport aller Arten von Drogen nach Westeuropa zu erleichtern. Vergessen Sie verderbliche Waren! Ein ehemaliger DEA-Agent, der in Italien stationiert war, sagte mir: "*TIR=DOPE*".

Denken Sie daran, wenn Sie das nächste Mal in der Zeitung lesen, dass eine große Menge Heroin in einem Koffer mit falschem Boden auf dem Kennedy-Flughafen gefunden wurde und ein unglücklicher "Kurier" den Preis für seine kriminellen Aktivitäten zahlt. Solche Aktionen sind in den Augen der Öffentlichkeit nur "kleine Kartoffeln", um uns glauben zu machen, unsere Regierung tue wirklich etwas gegen die Drogenproblematik. Nehmen Sie zum Beispiel "The French Connection", ein Nixon-Programm, das ohne das Wissen und die Zustimmung des *Ausschusses der 300* in Angriff genommen wurde.

Die gesamte Menge an Opium/Heroin, die bei diesem massiven Einsatz beschlagnahmt wurde, beträgt etwas weniger als ein Viertel der Menge, die ein einzelner TIR-Lkw transportiert. *Der Ausschuss der 300* sorgte dafür, dass Nixon einen hohen Preis für eine relativ kleine Menge Heroin bezahlte. Dabei ging es nicht um die Menge des Heroins, sondern darum, dass jemand, dem sie zum Aufstieg ins Weiße Haus verholfen hatten, glaubte, er könne nun ohne ihre Hilfe und Unterstützung auskommen und sich sogar gegen direkte Befehle von oben stellen.

Der Heroinhandel läuft folgendermaßen ab: Wilde thailändische und birmanische Bergstämme bauen den Schlafmohn an. Bei der Ernte wird die samentragende Schote mit einer Rasierklinge oder einem scharfen Messer aufgeschnitten. Durch den Schnitt tritt eine harzige Substanz aus, die zu erstarren beginnt. Dies ist das Rohopium. Die Rohopiumernte wird zu klebrigen, rundlichen Kugeln geformt. Die Stammesangehörigen werden mit 1-Kilo-Goldbarren - den so genannten 4/10tel-Barren - bezahlt, die von der Credit Suisse geprägt werden. Diese kleinen Barren werden NUR zur Bezahlung der Stammesangehörigen verwendet - die Goldbarren mit normalem Gewicht werden von den Großkäufern von Rohopium oder teilweise verarbeitetem Heroin auf dem Markt von Hongkong gehandelt. Mit denselben Methoden werden auch die indischen Bergstämme - die Belutschen - bezahlt, die seit den Tagen der Mogule in diesem Geschäft tätig sind. In der so genannten "Dope Season" wird auf dem Markt von Hongkong eine Flut von Gold gehandelt. Mexiko hat mit der Produktion relativ kleiner Mengen von Heroin namens "Mexican Brown" begonnen, das in Hollywood sehr gefragt ist. Auch hier wird der Heroinhandel von hohen Regierungsbeamten betrieben, die das Militär auf ihrer Seite haben. Einige Produzenten von "Mexican Brown" verdienen mit der Belieferung ihrer US-Kunden eine Million Dollar im Monat. Wenn sich einige mexikanische Bundespolizisten veranlasst sehen, gegen die Heroinproduzenten vorzugehen, werden sie von Militäreinheiten "ausgeschaltet", die wie aus dem Nichts aufzutauchen scheinen.

Ein solcher Vorfall ereignete sich im November 1991 auf einer abgelegenen Landebahn in Mexikos Opiumanbaugebiet. Drogenfahnder der Bundesbehörden umstellten die Landebahn und wollten gerade Personen verhaften, die Heroin verladen wollten, als eine Gruppe von Soldaten eintraf. Die Soldaten trieben die Drogenfahnder des Bundes zusammen und töteten sie systematisch. Diese Aktion stellt eine ernsthafte Bedrohung für den mexikanischen Präsidenten Goltarin dar, der lautstark eine umfassende Untersuchung der Morde fordert. Goltarin sitzt in der Klemme: Er kann sich nicht zurückhalten, eine Untersuchung zu fordern, und er kann es sich auch nicht leisten, die Militärs zu verärgern. Es ist der erste derartige Riss in der straffen Befehlskette in Mexiko, die bis zum *Komitee der 300* zurückreicht. Das Rohopium aus dem Goldenen Dreieck wird über Pipelines an die sizilianische Mafia und die französische Seite des

Geschäfts weitergeleitet, wo es in den Labors an der französischen Küste von Marseille bis Monte Carlo raffiniert wird. Der Libanon und die Türkei produzieren immer größere Mengen an raffiniertem Heroin, und in den letzten vier Jahren sind in diesen beiden Ländern zahlreiche Labors entstanden. Auch in Pakistan gibt es eine Reihe von Labors, aber das Land spielt nicht in der gleichen Liga wie z. B. Frankreich.

Die Route der Rohopiumtransporte des Goldenen Halbmonds führt durch den Iran, die Türkei und den Libanon. Als der Schah von Iran an der Macht war, weigerte er sich, den Heroinhandel fortzusetzen, und er wurde gewaltsam unterbrochen, bis er vom *Komitee der 300* "erledigt" wurde. Rohopium aus der Türkei und dem Libanon gelangt nach Korsika, von wo aus es mit dem Einverständnis der Familie Grimaldi nach Monte Carlo verschifft wird. Die pakistanischen Laboratorien, die sich als "militärische Verteidigungslaboratorien" ausgeben, haben einen größeren Anteil an der Raffination als noch vor zwei Jahren, aber die beste Raffination findet immer noch an der französischen Mittelmeerküste und in der Türkei statt. Auch hier spielen die Banken eine wichtige Rolle bei der Finanzierung dieser Operationen.

Lassen Sie uns hier einen Moment innehalten. Sollen wir glauben, dass die Strafverfolgungsbehörden in diesen Ländern mit all den modernen und stark verbesserten Überwachungstechniken, einschließlich Satellitenaufklärung, diesen abscheulichen Handel nicht aufspüren und unterbinden können? Wie kommt es, dass die Strafverfolgungsbehörden nicht eingreifen und diese Labors zerstören können, sobald sie entdeckt werden? Wenn dies der Fall ist und wir den Heroinhandel immer noch nicht unterbinden können, dann sollten unsere Drogenbekämpfungsdienste als "Geriatrie" und nicht als Drogenbekämpfungsbehörden bekannt sein.

Selbst ein Kind könnte unseren angeblichen "Drogenbeobachtern" sagen, was zu tun ist. Überwachen Sie einfach alle Fabriken, die Essigsäureanhydrid herstellen, DIE wichtigste chemische Komponente, die von den Labors benötigt wird, um Heroin aus Rohopium zu raffinieren. DANN FOLGEN SIE DER SPUR! So einfach ist das! Ich muss an Peter Sellers in der Serie "Der rosarote Panther" denken, wenn ich an die Bemühungen der Strafverfolgungsbehörden denke, Heroinraffinerielabors ausfindig zu machen. Selbst jemand, der so unbeholfen ist wie der imaginäre Inspektor, hätte keine Schwierigkeiten gehabt, den Weg der Essigsäureanhydrid-Lieferungen bis zu ihrem Bestimmungsort zu verfolgen.

Die Regierungen könnten Gesetze erlassen, die die Hersteller von

Essigsäureanhydrid dazu verpflichten würden, genaue Aufzeichnungen darüber zu führen, wer die Chemikalie kauft und für welche Zwecke sie verwendet werden soll. Aber halten Sie nicht den Atem an, denken Sie daran, dass Drogen das große Geschäft sind und das große Geschäft wird von den oligarchischen Familien in Europa und dem ostliberalen Establishment der Vereinigten Staaten gemacht. Das Drogengeschäft ist weder eine Mafia-Operation, noch wird es von den kolumbianischen Kokain-Kartellen betrieben. Die adligen Familien Großbritanniens und Amerikas Spitzenleute werden ihre Rolle nicht in den Schaufenstern anpreisen; sie haben immer eine Schicht von Strohleuten, die die Drecksarbeit erledigen.

Denken Sie daran, dass der britische und amerikanische "Adel" sich im chinesischen Opiumhandel nie die Hände schmutzig gemacht hat. Dafür waren die Lords und Ladies viel zu schlau, ebenso wie die amerikanische Elite: die Delanos, Forbes, Appletons, Bacons, Boylestons, Perkins, Russells, Cunninghams, Shaws, Coolidges, Parkmans, Runnewells, Cabots und Codmans; keineswegs eine vollständige Liste von Familien in Amerika, die durch den Opiumhandel in China immens reich wurden.

Da es sich hier nicht um ein Buch über den Drogenhandel handelt, kann ich dieses Thema zwangsläufig nicht in aller Ausführlichkeit behandeln. Aber seine Bedeutung für *den Ausschuss der 300* muss hervorgehoben werden. Amerika wird nicht von 60, sondern von 300 Familien regiert, und England wird von 100 Familien regiert, und wie wir sehen werden, sind diese Familien durch Heirat, Unternehmen und Banken miteinander verflochten, ganz zu schweigen von den Verbindungen zum Schwarzen Adel, zur Freimaurerei, zum Orden des Heiligen Johannes von Jerusalem und so weiter. Dies sind die Leute, die durch ihre Stellvertreter Wege finden, um riesige Heroinlieferungen aus Hongkong, der Türkei, dem Iran und Pakistan zu schützen und sicherzustellen, dass sie die Marktplätze in den USA und Westeuropa mit einem Minimum an Geschäftskosten erreichen.

Manchmal werden Kokainlieferungen abgefangen und beschlagnahmt. Das ist reine Augenwischerei. Oftmals gehören die beschlagnahmten Sendungen einer neuen Organisation, die versucht, in den Handel einzusteigen. Solche Konkurrenten werden ausgeschaltet, indem die Behörden genau darüber informiert werden, wo das Kokain in die USA eingeführt werden soll und wer die Besitzer sind. Das große Zeug wird nie angerührt; Heroin ist zu teuer. Es ist erwähnenswert, dass Mitarbeiter der U.S. Drug Enforcement Agency nicht nach Hongkong einreisen dürfen. Sie können kein Schiffsmanifest prüfen, bevor es den

Hafen verlässt. Man fragt sich, warum, wenn es doch so viel "internationale Zusammenarbeit" gibt - was die Medien gerne als "Zerschlagung des Drogenhandels" bezeichnen. Offensichtlich werden die Handelswege für Heroin von "einer höheren Instanz" geschützt. In Südamerika, abgesehen von Mexiko, ist Kokain der König. Die Herstellung von Kokain ist im Gegensatz zu Heroin sehr einfach, und ein großes Vermögen können diejenigen machen, die bereit sind, für und im Namen der "Höheren" Risiken einzugehen. Wie im Heroingeschäft sind Eindringlinge nicht willkommen und enden oft als Opfer von Familienfehden. In Kolumbien ist die Drogenmafia eine eingeschworene Familie. Doch der M19-Guerilla-Angriff auf das Justizgebäude in Bogota (die M19 ist die Privatarmee der Kokainbarone) und die Ermordung von Rodrigo Lara Bonilla, einem prominenten Staatsanwalt und Richter, haben so viel Aufsehen erregt, dass die "höhere Autorität" die Dinge in Kolumbien neu ordnen musste.

Dementsprechend stellten sich die Ochoas des Medellin-Kartells, nachdem man ihnen versichert hatte, dass sie weder einen Vermögensverlust noch irgendeinen Schaden erleiden und auch nicht an die Vereinigten Staaten ausgeliefert werden würden. Man einigte sich darauf, dass keine Strafmaßnahmen gegen sie ergriffen würden, sofern sie den Großteil ihres riesigen Narco-Dollar-Vermögens an kolumbianische Banken zurückführen würden. Die Ochoas - Jorge, Fabio und ihr Spitzenmann Pablo Escobar - würden in Privatgefängnissen festgehalten, die einem Motelzimmer der Luxusklasse ähneln, und dann zu einer Höchststrafe von zwei Jahren verurteilt, die sie im selben Motelgefängnis absitzen müssten. Diese Vereinbarung ist noch nicht abgeschlossen. Den Ochoas wurde auch das Recht zugesichert, ihr "Geschäft" weiterhin von ihrem Motel-Gefängnis aus zu betreiben.

Das heißt aber nicht, dass der Kokainhandel zum Erliegen gekommen ist. Im Gegenteil, er wurde einfach auf das zweitrangige Cali-Kartell übertragen, und das Geschäft läuft weiter wie bisher. Aus irgendeinem seltsamen Grund wurde das Cali-Kartell, das genauso groß ist wie das Medellin-Kartell, von der DEA - zumindest bis jetzt - weitgehend ignoriert. Cali unterscheidet sich vom Medellin-Kartell dadurch, dass es von GESCHÄFTSMÄNNERN geführt wird, die jede Form von Gewalt meiden und niemals Vereinbarungen brechen.

Noch bedeutender ist, dass Cali praktisch keine Geschäfte in Florida macht. Meine Quelle sagte mir, dass das Cali-Kartell von gewieften Geschäftsleuten geführt wird, wie man sie im Kokaingeschäft noch nie gesehen hat. Er glaubt, dass sie "speziell ernannt" wurden, aber er weiß nicht, von wem. "Sie machen nie auf sich aufmerksam", sagte er. "Sie fahren nicht mit roten Ferraris herum, wie es Jorge Ochoa getan hat, um sofort Aufmerksamkeit zu erregen, denn es ist verboten, solche Autos nach Kolumbien einzuführen."

Die Märkte des Cali-Kartells befinden sich in Los Angeles, New York und Houston, die eng mit den Heroin-Märkten zusammenhängen. Es gibt keine Anzeichen dafür, dass Cali nach Florida vordringt. Ein ehemaliger DEA-Mitarbeiter, der ein Kollege von mir ist, sagte kürzlich: "Diese Cali-Leute sind wirklich clever. Sie sind eine andere Sorte als die Ochoa-Brüder. Sie verhalten sich wie professionelle Geschäftsleute. Sie sind jetzt größer als das Medellin-Kartell, und ich glaube, dass viel mehr Kokain in die Vereinigten Staaten gelangen wird als je zuvor. Die Entführung von Manuel Noriega wird den Fluss von Kokain und Geld durch Panama erleichtern, da es dort so viele Banken gibt. So viel zu Präsident George Bushs 'Operation Just Cause'. Sie hat lediglich Nicolas Ardito Barletta das Leben sehr erleichtert, der früher von den Brüdern Ochoa geführt wurde und jetzt als Tarnorganisation für das Cali-Kartell fungiert." Aufgrund meiner Erfahrungen mit dem Heroinhandel glaube ich, dass *das Komitee der 300* die volle Kontrolle über den südamerikanischen Kokainhandel übernommen hat. Es gibt keine andere Erklärung für den Aufstieg des Cali-Kartells, der mit der Entführung Noriegas zusammenhängt. Hat Bush seine Befehle in Bezug auf Noriega aus London erhalten? Alles deutet darauf hin, dass er buchstäblich dazu gedrängt wurde, in Panama einzumarschieren und Noriega zu entführen, der zu einem ernsthaften Hindernis für den "Handel" in Panama geworden war, insbesondere für das Bankgeschäft.

Mehrere ehemalige Geheimdienstmitarbeiter haben mir ihre Meinung mitgeteilt, die mit meiner übereinstimmt. Wie beim Golfkrieg, der im Gefolge von Panama folgte, hat Bush erst nach mehreren Aufforderungen des britischen Botschafters in Washington den Mut aufgebracht, seinen völlig illegalen Schritt gegen General Noriega zu unternehmen. Dass er dabei von der britischen Presse und der New York Times, einer vom britischen Geheimdienst betriebenen Zeitung, unterstützt wurde, spricht Bände.

Noriega war früher der Liebling des Washingtoner Establishments. Er verkehrte häufig mit William Casey und Oliver North und traf sogar bei mindestens zwei Gelegenheiten mit Präsident George Bush zusammen. Noriega wurde oft im Pentagon gesehen, wo er wie einer dieser arabischen Potentaten behandelt wurde, und im CIA-Hauptquartier in Langley, Virginia, wurde für ihn stets der rote Teppich ausgelegt. Der Geheimdienst der US-Armee und die CIA haben ihm nachweislich

320.000 Dollar gezahlt.

Etwa zur gleichen Zeit, als das Cali-Kartell den Kokainhandel von den Brüdern Ochoa und Pablo Escobar übernahm, zogen Gewitterwolken am Horizont auf. Unter der Führung von Senator Jesse Helms, der sich 1985 an Ariel Sharon und die israelische Histradut-Partei verkaufte, begann plötzlich eine Agitation für die Beseitigung Noriegas. Jesse Helms und Gleichgesinnte wurden von Simon Hersh unterstützt, einem britischen Geheimdienstagenten, der für die New York Times arbeitet, die seit der Zeit, als der Chef des MI6, Sir William Stephenson, das RCA-Gebäude in New York besetzte, ein Sprachrohr des britischen Geheimdienstes in den USA ist.

Es ist sehr bezeichnend, dass Helms den Angriff auf Noriega anführen sollte. Helms ist der Liebling der Sharon-Fraktion in Washington, und Sharon war der wichtigste Waffenhändler in Mittelamerika und Kolumbien. Außerdem genießt Helms den Respekt der christlichen Fundamentalisten, die an die Maxime glauben: "Israel, mein Land, ob richtig oder falsch". So entstand eine starke Dynamik, um "Noriega zu kriegen". Es liegt auf der Hand, dass Noriega sich als ernsthaftes Hindernis für die internationalen Drogenhändler und ihr *Komitee der 300* Banker erweisen könnte, so dass er beseitigt werden musste, bevor er größeren Schaden anrichten konnte.

Bush wurde von seinen britischen Herren unter Druck gesetzt, eine illegale Durchsuchungs- und Beschlagnahmungsaktion in Panama durchzuführen, die den Tod von nicht weniger als 7.000 Panamaern und die mutwillige Zerstörung von Eigentum zur Folge hatte. Da nichts gefunden wurde, was Noriega als "Drogenhändler" hätte belasten können, wurde er entführt und in die USA gebracht - eines der eklatantesten Beispiele für internationale Räuberei in der Geschichte. Diese illegale Aktion entspricht wahrscheinlich am besten der Philosophie von Bush: "Die moralischen Dimensionen der amerikanischen (lies: britischen königlichen Familie - *Das Komitee der 300*) Außenpolitik erfordern es, dass wir einen moralischen Kurs durch eine Welt des geringeren Übels einschlagen. Das ist die reale Welt, nicht schwarz und weiß. Es gibt nur wenige Absolutheiten."

Es war ein "kleineres Übel", Noriega zu entführen, anstatt ihn die Banken in Panama stürzen zu lassen, die für *das Komitee der 300* arbeiten. Der Fall Noriega ist ein Prototyp für monströse Aktionen der Eine-Welt-Regierung, die in den Startlöchern stehen. Ein ermutigter Bush ging direkt an die Öffentlichkeit, ohne Angst, weil wir, das Volk, uns einen geistigen Mantel umgehängt haben, der LÜGEN beherbergt und keinen Teil der WAHRHEIT* will. Dies ist die Welt, die wir zu akzeptieren beschlossen haben. Wenn es nicht so wäre, hätte ein Feuersturm der Wut über die Invasion in Panama das Land überrollt, der nicht aufgehört hätte, bis Bush aus dem Amt gejagt worden wäre. Nixons Watergate-Vergehen verblassen neben den vielen strafbaren Handlungen, die Präsident Bush beging, als er die Invasion Panamas zur Entführung von General Noriega anordnete, zur Bedeutungslosigkeit.

Die Anklage der Regierung gegen Noriega beruht auf Meineid-Aussagen einer Gruppe von großen Männern, die größtenteils bereits verurteilt sind und nach Strich und Faden lügen, um ihre eigenen Strafen zu mildern. Ihre Darbietung hätte Gilbert und Sullivan sehr gefallen, wenn sie heute noch am Leben wären. "They made them the rulers of DEA" könnte anstelle von "They made them the rulers of Queen's Navy" aus "HMS Pinafore" zutreffend sein. Es ist schon grotesk, wenn man sieht, wie diese Hochstapler wie nicht so gut ausgebildete Seehunde für das US-Justizministerium arbeiten, wenn man ein so schönes, sauberes Tier mit einem so unwürdigen Vergleich beleidigen will.

Wichtige Daten widersprechen sich, wichtige Details fallen durch Abwesenheit auf, Gedächtnislücken in entscheidenden Punkten führen zu der offensichtlichen Tatsache, dass die Regierung keine Beweise gegen Noriega hat, aber das macht nichts; das Royal Institute for International Affairs (RIIA) sagt "verurteilt ihn trotzdem", und das ist es, was der arme Noriega erwarten kann. Einer der Hauptzeugen des Justizministeriums ist ein gewisser Floyd Carlton Caceres, ein ehemaliger Pilot der Brüder Ochoa. Nach seiner Verhaftung im Jahr 1986 versuchte Carlton, seine Position auf Kosten von Noriega zu erleichtern.

Er erzählte seinen DEA-Vernehmern, dass die Gebrüder Ochoa Noriega 600.000 Dollar dafür gezahlt hatten, dass drei mit Kokain beladene Flugzeuge in Panama landen und auftanken durften. Vor Gericht in Miami stellte sich jedoch bald heraus, dass der als "Kronzeuge" der Staatsanwaltschaft angekündigte Zeuge bestenfalls eine Lappalie war. Im Kreuzverhör kam die wahre Geschichte ans Licht: Noriega wurde nicht für die Genehmigung der Flüge bezahlt, sondern von den Ochoas nicht einmal kontaktiert. Schlimmer noch: Im Dezember 1983 hatte Noriega angeordnet, dass allen Flügen von Medellin nach Panama die Landeerlaubnis verweigert werden sollte. Carlton ist nicht der einzige diskreditierte Zeuge. Einer, der noch schlechter lügt als Carlton, ist Carlos Lehder, der eine Hauptperson des Medellin-Kartells war, bis er in Spanien verhaftet und in die USA geschickt wurde. Wer gab der DEA die entscheidende Information, dass Lehder in Madrid war? Die DEA räumt widerwillig ein, dass sie diesen wichtigen Fang Noriega zu verdanken hat. Nun aber setzt das Justizministerium Lehder als Zeugen gegen Noriega ein. Zumindest zeigt dieser einzige Zeuge, wie erbärmlich das Vorgehen der US-Regierung gegen Manuel Noriega ist.

Als Gegenleistung für die geleisteten Dienste wurde Lehder eine Strafmilderung und eine weitaus schönere Unterkunft gewährt - ein Zimmer mit Aussicht und Fernseher - und seine Familie erhielt einen ständigen Wohnsitz in den USA. Robert Merkel, ein ehemaliger US-Staatsanwalt, der Lehder 1988 strafrechtlich verfolgte, sagte der Washington Post: "Ich glaube nicht, dass die Regierung mit Carlos Lehder zu tun haben sollte, Punkt. Dieser Kerl ist ein Lügner von Anfang bis Ende".

Das Justizministerium, dessen Name nichts mit dem zu tun hat, wofür es eigentlich stehen soll, hat alle schmutzigen Tricks gegen Noriega angewandt: illegales Abhören seiner Gespräche mit seinem Anwalt; Ernennung eines Regierungsanwalts, der vorgab, Noriega zu dienen, der aber mittendrin kündigte; Einfrieren seiner Bankkonten, so dass Noriega nicht in der Lage ist, sich angemessen zu verteidigen; Entführung, illegale Durchsuchung und Beschlagnahme. Die Regierung hat mehr Gesetze gebrochen, als Noriega je getan hat - wenn er überhaupt Gesetze gebrochen hat.

Es ist das US-Justizministerium, das zehnmal mehr vor Gericht steht als General Noriega. Der Fall Noriega zeigt, wie schlecht das System ist, das sich in diesem Land als "Justiz" ausgibt. Der "Krieg gegen die Drogen" der USA steht ebenso vor Gericht wie die so genannte Drogenpolitik der Bush-Regierung. Der Noriega-Prozess wird zwar in einer gewalttätigen und schamlosen Vergewaltigung der Justiz enden, aber er wird dennoch eine gewisse Entschädigung für diejenigen bieten, die nicht blind, taub und stumm sind. Er beweist ein für alle Mal, dass Großbritannien in unserer Regierung das Sagen hat, und er wird die völlig bankrotte Ideologie der Bush-Regierung offenbaren, deren Motto lauten müsste: "Egal, was passiert, der Zweck heiligt immer die Mittel. Es gibt nur sehr wenige moralische Absolutheiten". Wie bei den meisten Politikern wäre es SUIZIDAL, wenn Bush einen Maßstab für ABSOLUTE MORALITÄT hätte. Nur in diesem Klima hätten wir Präsident Bush erlauben können, mit seinem Krieg gegen den Irak gegen mindestens sechs Gesetze der Vereinigten Staaten und Dutzende internationaler Abkommen zu verstoßen.

Was wir in Kolumbien und Washington erleben, ist eine vollständige

Überarbeitung der Art und Weise, wie der Kokainhandel betrieben werden soll: kein wildes Zeug mehr, keine scharfen Waffen mehr. Sollen doch die Herren des Cali-Kartells in Nadelstreifenanzügen die Geschäfte auf sanfte Art und Weise führen. Kurzum, *das Komitee der 300* hat den Kokainhandel direkt in die Hand genommen, der von nun an so reibungslos ablaufen wird wie der Heroinhandel. Die neue kolumbianische Regierung hat sich auf den Wechsel in Taktik und Richtung eingestellt. Sie ist angehalten, sich an den Spielplan des Komitees zu halten.

Es ist notwendig, die Beteiligung der USA am Opiumhandel mit China zu erwähnen, der im Süden der Vereinigten Staaten vor dem Krieg zwischen den Staaten begann. Wie können wir den Opiumhandel mit den großen Baumwollplantagen des Südens in Verbindung bringen? Dazu müssen wir in Bengalen, Indien, beginnen, wo das feinste Opium (wenn man eine so verdorbene Substanz fein nennen kann) hergestellt wurde, das sehr gefragt war. Baumwolle war DER größte Handelszweig Englands, nach dem Opiumverkauf durch die BEIC. Der größte Teil der Baumwolle von den Plantagen im Süden wurde in den Sklavenmühlen in Nordengland verarbeitet, wo Frauen und Kinder für einen Hungerlohn einen 16-Stunden-Tag arbeiteten. Die Tuchfabriken befanden sich im Besitz der wohlhabenden Londoner Gesellschaft, der Barings, Palmerstons, Keswicks und vor allem der Jardine Mathesons, denen die Blue Star Shipping Line gehörte, mit der die fertigen Baumwolltücher nach Indien verschifft wurden. Die unglücklichen Bedingungen, unter denen die Untertanen Ihrer Majestät lebten, waren ihnen völlig gleichgültig. Dafür waren sie schließlich da, und ihre Ehemänner und Söhne waren nützlich, um Kriege zu führen, um das weit verstreute Reich Ihrer Majestät zu erhalten, wie sie es seit Jahrhunderten und zuletzt im blutigen Burenkrieg getan hatten. Das war britische Tradition, nicht wahr?

Nach Indien exportierte Baumwolltuchveredelungserzeugnisse unterboten und zerstörten die langjährigen indischen Produzenten von Baumwollveredelungserzeugnissen. Tausende von Indern, die arbeitslos wurden, weil die billigeren britischen Waren ihre Märkte eroberten, mussten schreckliche Entbehrungen ertragen. Indien war nun völlig abhängig von Großbritannien, um genug Geld für seine Eisenbahnlinien und die Einfuhr von Baumwollfertigwaren zu verdienen. Es gab nur eine Lösung für Indiens wirtschaftliche Probleme. Man produzierte mehr Opium und verkaufte es billiger an die britische East India Company. Dies war der Fels, auf dem der britische Handel wuchs und gedieh. Ohne seinen Opiumhandel wäre Großbritannien ebenso bankrott gewesen.

Wussten die Plantagenbesitzer in den Südstaaten von dem hässlichen Geheimnis der Opium-gegen-Baumwoll-Waren? Es ist unwahrscheinlich, dass einige von ihnen nicht wussten, was vor sich ging. Nehmen wir zum Beispiel die Familie Sutherland, einen der größten Baumwollplantagenbesitzer im Süden. Die Sutherlands waren eng mit der Familie Matheson - Jardine Matheson - verwandt, die ihrerseits die Gebrüder Baring als Geschäftspartner hatte, die Gründer der berühmten Peninsular and Orient Navigation Line (P&O), der größten der zahlreichen britischen Handelsschifffahrtslinien.

Die Barings waren Großinvestoren in den Plantagen der Südstaaten und in den US-Klipperschiffen, die die Meere zwischen den chinesischen Häfen und allen wichtigen Häfen an der Ostküste der Vereinigten Staaten durchpflügten. Heute betreiben die Barings eine Reihe von sehr bedeutenden Finanzunternehmen in den Vereinigten Staaten. Alle genannten Namen waren Mitglieder des *Komitees der 300,* und ihre Nachkommen sind es noch immer.

Die meisten Familien, die das östliche liberale Establishment bilden und zu denen die wohlhabendsten in diesem Land gehören, haben ihr Vermögen entweder aus dem Baumwoll- oder dem Opiumhandel und in einigen Fällen aus beidem. Die Lehmans sind ein herausragendes Beispiel dafür. Wenn es um Vermögen geht, das ausschließlich aus dem Opiumhandel in China stammt, sind die ersten Namen, die einem in den Sinn kommen, die Astors und die Delanos. Die Frau von Präsident Franklin D. Roosevelt war eine Delano. John Jacob Astor machte ein riesiges Vermögen mit dem Opiumhandel in China und wurde dann seriös, indem er mit seinem schmutzigen Geld große Grundstücke in Manhattan aufkaufte. Zu seinen Lebzeiten spielte Astor eine wichtige Rolle bei den Beratungen des *Ausschusses der 300.* Tatsächlich war es *das Komitee der 300,* das darüber entschied, wer über seinen Monopolisten BEIC am sagenhaft lukrativen Opiumhandel in China teilnehmen durfte, und die Nutznießer seiner Großzügigkeit blieben für immer mit dem *Komitee der 300* verbunden.

Aus diesem Grund gehören, wie wir noch feststellen werden, die meisten Immobilien in Manhattan verschiedenen Ausschussmitgliedern, und zwar schon seit den Tagen, als Astor begann, sie aufzukaufen. Da ich Zugang zu Unterlagen hatte, die anderen außerhalb des britischen Geheimdienstes verschlossen blieben, fand ich heraus, dass Astor seit langem ein Aktivposten des britischen Geheimdienstes in den Vereinigten Staaten war. Die Finanzierung von Aaron Burr, dem Mörder von Alexander Hamilton, durch Astor beweist dies ohne jeden Zweifel.

Dem Sohn von John Jacob Astor, Waldorf Astor, wurde die zusätzliche Ehre zuteil, in das Royal Institute for International Affairs (RIIA) berufen zu werden, über dessen Organisation *das Komitee der 300* alle Facetten unseres Lebens in den Vereinigten Staaten kontrolliert. Es wird vermutet, dass die Astor-Familie Owen Lattimore ausgewählt hat, um ihre Verbindung zum Opiumhandel fortzuführen, was er über das von Laura Spelman finanzierte Institute for Pacific Relations (IPR) tat. Es war das IPR, das Chinas Einstieg in den Opiumhandel als gleichberechtigter Partner und nicht nur als Lieferant überwachte. Es war das IPR, das den Weg für den japanischen Angriff auf Pearl Harbour ebnete. Der Versuch, die Japaner opiumsüchtig zu machen, scheiterte kläglich.

Um die Jahrhundertwende waren die oligarchischen Plutokraten Großbritanniens wie überfressene Geier auf der Serengeti-Ebene zur Zeit des jährlichen Gnu-Zuges. Ihr Einkommen aus dem Opiumhandel in China überstieg das Einkommen von David Rockefeller um MEHRERE MILLIARDEN DOLLAR PRO JAHR. Historische Aufzeichnungen, die mir im Britischen Museum in London und vom India Office und anderen Quellen - ehemaligen Kollegen in hochrangigen Positionen - zur Verfügung gestellt wurden, belegen dies eindeutig.

1905 versuchte die chinesische Regierung, die über die steigende Zahl der Opiumsüchtigen in China sehr besorgt war, Hilfe von der internationalen Gemeinschaft zu erhalten. Großbritannien gab vor, zu kooperieren, machte aber keinerlei Anstalten, sich an die 1905 unterzeichneten Protokolle zu halten. Später vollzog die Regierung Ihrer Majestät eine Kehrtwende, nachdem sie China gezeigt hatte, dass es besser war, sich dem Opiumgeschäft anzuschließen, als zu versuchen, es zu beenden.

Sogar die Haager Konvention wurde von den Briten verhöhnt. Die Delegierten der Konvention waren übereingekommen, dass Großbritannien sich an die von ihm unterzeichneten Protokolle halten müsse, die eine drastische Reduzierung der in China und anderswo verkauften Opiummenge vorsahen. Die Briten gaben zwar Lippenbekenntnisse ab, hatten aber nicht die Absicht, ihren Handel mit Menschenmorden, zu denen auch der so genannte "Schweinehandel" gehörte, aufzugeben.

Ihr Diener, Präsident George Bush, hat bei der Verfolgung des grausamen Völkermordkrieges gegen das irakische Volk, der AUSSCHLIESSLICH für und im Namen britischer Interessen geführt wurde, ebenfalls seine Verachtung gezeigt, indem er das Haager

Abkommen über Luftangriffe und eine ganze Reihe internationaler Konventionen missachtet hat, die die USA unterzeichnet haben, darunter ALLE Genfer Konventionen.

Als zwei Jahre später, insbesondere von den Japanern, die über den britischen Opiumschmuggel in ihr Land sehr besorgt waren, Beweise dafür vorgelegt wurden, dass der Opiumverkauf zu- statt abgenommen hatte, legte der Delegierte Ihrer Majestät bei der Fünften Haager Konvention eine Reihe von Statistiken vor, die im Widerspruch zu den von Japan vorgelegten standen. Der britische Delegierte drehte den Spieß um, indem er sagte, dass dies ein sehr starkes Argument für die Legalisierung des Opiumverkaufs sei, was zur Folge hätte, dass der "Schwarzmarkt", wie er es nannte, abgeschafft würde.

Er schlug im Namen der Regierung Ihrer Majestät vor, dass die japanische Regierung dann ein Monopol und die volle Kontrolle über den Handel haben würde. DIES IST GENAU DAS GLEICHE ARGUMENT, DAS VON DEN FRONTMÄNNERN DER BRONFMANS UND ANDEREN GROSSEN DROGENHÄNDLERN VORGEBRACHT WIRD - LEGALISIERT KOKAIN, MARIHUANA UND HEROIN, ÜBERLASST DER US-REGIERUNG DAS MONOPOL UND HÖRT DAMIT AUF, MILLIARDEN FÜR DEN FALSCHEN KRIEG GEGEN DROGEN ZU VERSCHWENDEN UND SPART DEN STEUERZAHLERN MILLIARDEN VON DOLLAR.

Im Zeitraum von 1791 bis 1894 stieg die Zahl der lizenzierten Opiumhöfe in der Shanghai International Settlement von 87 auf 663. Auch die Opiumlieferungen in die Vereinigten Staaten wurden verstärkt. Die Plutokraten des Johanniterordens und des Hosenbandordens spürten, dass sie in China Probleme bekommen könnten, da sie im Rampenlicht der Weltöffentlichkeit standen, und verlegten einen Teil ihrer Aufmerksamkeit nach Persien (Iran).

Lord Inchcape, der um die Jahrhundertwende 19 die größte Dampfschifffahrtsgesellschaft der Welt, die legendäre Peninsula and Orient Steam Navigation Company, gründete, war der Hauptverantwortliche für die Gründung der Hongkong and Shanghai Bank, die nach wie vor die größte und am wenigsten kontrollierte Clearinghouse-Bank für den Opiumhandel ist und auch den "Schweinehandel" mit den Vereinigten Staaten finanzierte.

Die Briten hatten eine Masche ausgeheckt, bei der chinesische "Kulis" als so genannte Indentured-Labors in die USA geschickt wurden. Die raubgierige Harriman-Eisenbahn brauchte "Coolies", um die

Eisenbahnverbindung nach Westen zur kalifornischen Küste zu schaffen, so hieß es. Seltsamerweise wurden nur sehr wenige Neger mit den damals üblichen manuellen Arbeiten betraut und hätten bessere Arbeit leisten können als die ausgemergelten Opiumsüchtigen, die aus China kamen.

Das Problem war, dass es unter den Negern keinen Markt für Opium gab, und außerdem brauchte Lord Inchcape, der Sohn des P&O-Gründers, die "Coolies", um Tausende von Pfund Rohopium nach Nordamerika zu schmuggeln, was die Neger nicht konnten. Es war derselbe Lord Inchcape, der 1923 warnte, dass der Schlafmohnanbau in Bengalen nicht zurückgehen dürfe. "Diese wichtigste Einnahmequelle muss gesichert werden", sagte er der Kommission, die angeblich die Opiumproduktion in Indien untersuchte.

Im Jahr 1846 waren bereits etwa 120.000 "Coolies" in die USA gekommen, um an Harrimans Eisenbahn zu arbeiten und nach Westen zu drängen. Der "Schweinehandel" war in vollem Gange, denn die US-Regierung schätzte, dass von dieser Zahl 115.000 opiumsüchtig waren. Nach der Fertigstellung der Eisenbahn kehrten die Chinesen nicht dorthin zurück, wo sie herkamen, sondern siedelten sich in San Francisco, Los Angeles, Vancouver und Portland an. Sie schufen ein riesiges kulturelles Problem, das bis heute nicht gelöst ist.

Interessant ist, dass Cecil John Rhodes, ein Mitglied des *Komitees der 300*, der für die Rothschilds in Südafrika tätig war, dem Inchcape-Muster folgte und Hunderttausende von indischen "Kulis" zur Arbeit auf den Zuckerrohrplantagen in der Provinz Natal holte. Unter ihnen war Mahatma Ghandi, ein kommunistischer Agitator und Unruhestifter. Wie die chinesischen "Coolies" wurden sie nach Ablauf ihrer Verträge nicht in ihr Heimatland zurückgeschickt. Auch sie schufen ein umfangreiches Sozialprogramm, und ihre Nachkommen wurden zu Anwälten, die die Regierung im Namen des Africa National Congress unterwanderten.

Bis 1875 hatten die von San Francisco aus operierenden chinesischen "Coolies" einen Opiumlieferring aufgebaut, der zu 129.000 amerikanischen Opiumsüchtigen führte. Zusammen mit den bekannten 115.000 chinesischen Süchtigen nahmen Lord Inchcape und seine Familie allein aus dieser Quelle jährlich Hunderttausende von Dollar ein, was in heutigen Dollar ausgedrückt mindestens ein Einkommen von 100 Millionen Dollar pro Jahr bedeuten würde.

Dieselben britischen und amerikanischen Familien, die sich zusammengetan hatten, um die indische Textilindustrie zu zerstören und den Opiumhandel zu fördern, und die afrikanische Sklaven in die USA brachten, machten den "Schweinehandel" zu einer wertvollen Einnahmequelle. Später sollten sie gemeinsam den schrecklichen Krieg zwischen den Staaten, auch bekannt als Amerikanischer Bürgerkrieg, verursachen und fördern.

Die dekadenten amerikanischen Familien der unheiligen Partnerschaft, die durch und durch korrumpiert waren und in schmutzigem Geld schwelgten, wurden zu dem, was wir heute als das östliche liberale Establishment kennen, dessen Mitglieder unter der sorgfältigen Führung und Leitung der Krone und später ihres außenpolitischen Exekutivarms, des Royal Institute of International Affairs (RIIA), dieses Land von oben bis unten durch ihre geheime Parallelregierung auf oberster Ebene leiteten - und dies immer noch tun -, die eng mit dem *Komitee der 300*, dem ultimativen Geheimbund, verflochten ist. 1923 wurden Stimmen gegen diese Bedrohung laut, die man in die Vereinigten Staaten hatte einschleppen lassen. In der Überzeugung, dass die Vereinigten Staaten eine freie und souveräne Nation sind, brachte der Kongressabgeordnete Stephen Porter, Vorsitzender des Ausschusses für auswärtige Angelegenheiten des Repräsentantenhauses, eine Gesetzesvorlage ein, in der die Briten aufgefordert wurden, über ihre Opiumexport- und -importgeschäfte für jedes einzelne Land Rechenschaft abzulegen. In der Resolution wurden für jedes Land Quoten festgelegt, deren Einhaltung den Opiumhandel um l0 % reduziert hätte. Die Resolution wurde als Gesetz verabschiedet und die Vorlage vom Kongress der Vereinigten Staaten angenommen.

Doch das Royal Institute of International Affairs hatte andere Vorstellungen. Dieses Institut wurde 1919 im Gefolge der Pariser Friedenskonferenz in Versailles gegründet und war einer der ersten "außenpolitischen" Vollstrecker des *Ausschusses der 300.* Meine Nachforschungen im Haus der Kongressakten zeigen, dass Porter sich der mächtigen Kräfte, gegen die er antrat, überhaupt nicht bewusst war. Porter war sich nicht einmal der Existenz der RIIA bewusst, geschweige denn, dass ihr spezifischer Zweck darin bestand, alle Bereiche der Vereinigten Staaten zu kontrollieren.

Offenbar wurde dem Abgeordneten Porter von der Morgan Bank an der Wall Street nahegelegt, er solle die ganze Angelegenheit fallen lassen. Stattdessen brachte ein wütender Porter seinen Fall vor den Opiumausschuss des Völkerbundes. Dass Porter überhaupt nicht wusste, mit wem er es zu tun hatte, zeigen einige seiner Schreiben an die Kollegen im Auswärtigen Ausschuss des Repräsentantenhauses, mit denen er auf den offenen britischen Widerstand gegen seine

Vorschläge reagierte.

Der Vertreter Ihrer Majestät schimpfte mit Porter, und dann legte der britische Delegierte - auf Anweisung des RIIA - die Vorschläge Ihrer Majestät zur ERHÖHUNG der Opiumquoten vor, um dem steigenden Opiumverbrauch zu medizinischen Zwecken Rechnung zu tragen. Den Dokumenten zufolge, die ich in Den Haag finden konnte, war Porter zunächst verwirrt, dann erstaunt und schließlich wütend. Zusammen mit dem chinesischen Delegierten stürmte Porter aus der Bevollmächtigungssitzung des Ausschusses und überließ den Briten das Feld.

In seiner Abwesenheit brachte der britische Delegierte die Liga dazu, die Vorschläge der Regierung Ihrer Majestät für die Einrichtung einer zahmen Zentralen Rauschgiftbehörde abzusegnen, deren Hauptaufgabe das Sammeln von Informationen war, wobei die Bedingungen absichtlich vage gehalten wurden. Was mit den "Informationen" geschehen sollte, wurde nie klargestellt. Porter kehrte als erschütterter und viel weiserer Mann in die USA zurück.

Ein weiterer Aktivposten des britischen Geheimdienstes war der sagenhaft reiche William Bingham, in dessen Familie einer der Barings eingeheiratet hatte. In Papieren und Dokumenten, die ich gesehen habe, steht, dass die Gebrüder Baring die Quäker von Philadelphia leiteten und die Hälfte des Grundbesitzes dieser Stadt besaßen, was alles durch das Vermögen ermöglicht wurde, das die Gebrüder Baring im chinesischen Opiumhandel angehäuft hatten. Ein weiterer Nutznießer der Großzügigkeit des *Komitees der 300* war Stephen Girard, dessen Nachkommen die Girard Bank and Trust erbten.

Die Namen der Familien, deren Geschichte mit der von Boston verwoben ist und die uns Normalbürgern niemals die Zeit stehlen würden, waren in die Arme des *Komitees der 300* und seines äußerst lukrativen BEIC-China-Opiumhandels verstrickt. Viele der berühmten Familien standen in Verbindung mit der berüchtigten Hongkong and Shanghai Bank, die noch immer die Clearingstelle für Milliarden von Dollar ist, die aus dem Opiumhandel in China fließen.

Berühmte Namen wie Forbes, Perkins und Hathaway tauchen in den Aufzeichnungen der British East India Company auf. Diese echten amerikanischen "Blaublüter" gründeten die Firma Russell and Company, deren Hauptgeschäft der Opiumhandel war, die aber auch andere Schifffahrtsunternehmen von China bis Südamerika und allen dazwischen liegenden Punkten betrieb. Als Belohnung für ihre Dienste für die britische Krone und die BEIC gewährte ihnen *das Komitee der*

300 im Jahr 1833 ein Monopol für den Sklavenhandel.

Boston verdankt seine berühmte Vergangenheit dem Baumwoll-Opium-Sklavenhandel, der ihm vom *Komitee der 300* gewährt wurde, und in den Aufzeichnungen, die ich in London einsehen durfte, heißt es, dass die Bostoner Kaufmannsfamilien die wichtigsten Unterstützer der britischen Krone in den Vereinigten Staaten waren. John Murray Forbes wird in den Aufzeichnungen des India House und in den Bankunterlagen in Hongkong als Majordomo der "Boston Blue Bloods" erwähnt.

Forbes Sohn war der erste Amerikaner, dem *das Komitee der 300* erlaubte, im Vorstand der - auch heute noch - renommiertesten Drogenbank der Welt, der Hongkong and Shanghai Bank, zu sitzen. Als ich in den frühen 1960er Jahren als "Historiker mit Interesse an der Britischen Ostindien-Kompanie" in Hongkong war, zeigte man mir einige alte Unterlagen, darunter auch frühere Vorstandsmitglieder dieser berüchtigten Drogenbank, und natürlich war auch Forbes' Name darunter.

Die Familie Perkins, die so berühmt ist, dass ihr Name noch immer ehrfürchtig geflüstert wird, war tief in den ruchlosen und schmutzigen Opiumhandel in China verstrickt. Tatsächlich war Perkins der Ältere einer der ersten Amerikaner, die in *den Ausschuss der 300* gewählt wurden. Sein Sohn, Thomas Nelson, war Morgans Mann in Boston und als solcher auch ein Agent des britischen Geheimdienstes. Seine unappetitliche - ich würde sagen widerwärtige - Vergangenheit stand nicht in Frage, als er die Harvard University reichlich stiftete. Schließlich sind Kanton und Tientsin weit von Boston entfernt, und wen hätte das schon interessiert?

Was den Perkinses sehr half, war, dass Morgan ein einflussreiches Mitglied *des Komitees der 300* war, was es Thomas N. Perkins ermöglichte, seine Karriere im chinesischen Opiumhandel rasch voranzutreiben. Alle Morgans und Perkinses waren Freimaurer, ein weiteres Band, das sie verband, denn nur Freimaurer von höchstem Rang hatten eine Chance, vom *Komitee der 300* ausgewählt zu werden. Sir Robert Hart, der fast drei Jahrzehnte lang Chef des kaiserlich-chinesischen Zolldienstes und die Nummer eins der britischen Krone im Opiumhandel in China war, wurde später in den Vorstand der Fernostabteilung der Morgan Guarantee Bank berufen.

Durch den Zugang zu den historischen Aufzeichnungen in London und Hongkong konnte ich feststellen, dass Sir Robert eine enge Beziehung zu den Operationen von Morgan in den Vereinigten Staaten entwickelte. Es ist erwähnenswert, dass Morgans Interessen im Opium-/Heroinhandel ungebrochen fortbestehen; so sitzt David Newbigging im Beirat von Morgans Hongkong-Geschäft, das in Zusammenarbeit mit Jardine Matheson betrieben wird.

Denjenigen, die Hongkong kennen, wird der Name Newbigging als der mächtigste Name in Hongkong ein Begriff sein. Newbigging ist nicht nur Mitglied von Morgans Elitebank, sondern auch Berater der chinesischen Regierung. Opium für Raketentechnologie, Opium für Gold, Opium für High-Tech-Computer - für Newbigging ist das alles dasselbe. Die Art und Weise, wie diese Banken, Finanzhäuser, Handelsunternehmen und die Familien, die sie leiten, miteinander verflochten sind, würde Sherlock Holmes verblüffen, doch irgendwie müssen sie enträtselt und verfolgt werden, wenn wir ihre Verbindungen zum Drogenhandel und ihre Mitgliedschaft im *Ausschuss der 300* verstehen wollen.

Der zweigleisige Einzug des Alkohols und der Drogen in die Vereinigten Staaten erfolgte im selben Stall mit denselben Vollblütern. Zunächst musste die Prohibition in den Vereinigten Staaten eingeführt werden. Dies geschah durch die Erben der Britischen Ostindien-Kompanie, die auf der Grundlage der Erfahrungen, die sie durch die gut dokumentierten Aufzeichnungen der China Inland Mission im India House gesammelt hatten, die Women's Christian Temperance Union (WCTU) gründeten, die sich angeblich gegen den Alkoholkonsum in Amerika richtete.

Wir sagen, dass sich die Geschichte wiederholt, und in gewisser Weise stimmt das auch, nur dass sie sich in einer immer höheren Spirale wiederholt. Heute stellen wir fest, dass einige der größten Unternehmen, die angeblich die Erde "verschmutzen", die größten Geldgeber für die Umweltbewegung sind. Die "großen Namen" senden ihre Botschaft aus. Prinz Philip ist einer ihrer Helden, doch sein Sohn Prinz Charles besitzt eine Million Hektar Waldland in Wales, auf dem regelmäßig Holz geerntet wird, und außerdem ist Prinz Charles einer der größten Besitzer von Slums in London, in denen die Umweltverschmutzung gedeiht.

Diejenigen, die gegen die "Übel des Alkohols" wetterten, wurden von den Astors, den Rockefellers, den Spelmans, den Vanderbilts und den Warburgs finanziert, die ein persönliches Interesse am Alkoholhandel hatten. Auf Anweisung der Krone kam Lord Beaverbrook aus England, um diesen wohlhabenden amerikanischen Familien mitzuteilen, dass sie in die WCTU investieren sollten. (Es war derselbe Lord Beaverbrook, der 1940 nach Washington kam und Roosevelt befahl, in den Krieg gegen Großbritannien einzugreifen).

Roosevelt kam dem nach und stationierte eine Flottille der US-Marine in Grönland, die in den 9 Monaten vor Pearl Harbour deutsche U-Boote jagte und angriff.

Wie sein Nachfolger George Bush hielt Roosevelt den Kongress für ein verflixtes Ärgernis, und so handelte er wie ein König - ein Gefühl, das er stark empfand, da er mit dem britischen Königshaus verwandt ist - und holte nie die Erlaubnis des Kongresses für seine illegalen Maßnahmen ein. Dies ist es, was die Briten am liebsten als ihre "besondere Beziehung zu Amerika" bezeichnen.

Der Drogenhandel steht im Zusammenhang mit der Ermordung von Präsident John F. Kennedy, die den nationalen Charakter befleckt hat und dies auch weiterhin tun wird, bis die Täter gefunden und vor Gericht gestellt werden. Es gibt Beweise dafür, dass die Mafia über die CIA daran beteiligt war, was daran erinnert, dass alles mit dem alten Meyer-Lansky-Netzwerk begann, aus dem die Terrororganisation Irgun hervorging, und Lansky erwies sich als eines der besten Vehikel für die Verbreitung des kulturellen Krieges gegen den Westen.

Unter dem Deckmantel der Mary Carter Paint Company - einem gemeinsamen Unternehmen von Lansky und dem britischen MI6 - war Lansky über seriösere Fronten mit den britischen Machthabern verbunden, um Glücksspiel und Drogenhandel nach Paradise Island auf den Bahamas zu bringen. Lord Sassoon wurde später ermordet, weil er Geld abschöpfte und drohte, die Sache zu verraten, falls er bestraft würde. Ray Wolfe war vorzeigbarer und vertrat die Bronfmans aus Kanada. Die Bronfmans waren zwar nicht in Churchills gewaltiges Nova-Scotia-Projekt eingeweiht, waren und sind aber dennoch ein wichtiger Aktivposten des britischen Königshauses im Geschäft mit der Drogenbekämpfung.

Sam Rothberg, ein enger Mitarbeiter von Meyer Lansky, arbeitete auch mit Tibor Rosenbaum und Pinchas Sapir zusammen, allesamt Hauptakteure im Drogenring von Lansky. Rosenbaum betrieb von der Schweiz aus über eine von ihm zu diesem Zweck gegründete Bank, die Banque du Credit International, eine Drogengeldwäscherei. Die Bank weitete ihre Aktivitäten rasch aus und wurde zur wichtigsten Bank, die Lansky und seine Verbündeten zum Waschen von Geld aus Prostitution, Drogen und anderen Mafiageschäften nutzten.

Es ist erwähnenswert, dass die Bank von Tibor Rosenbaum von dem zwielichtigen Chef des britischen Geheimdienstes, Sir William Stephenson, benutzt wurde, dessen rechte Hand, Major John Mortimer

Bloomfield, ein kanadischer Staatsbürger, während des Zweiten Weltkriegs die Abteilung 5 des FBI leitete. Stephenson war ein frühes Mitglied des *Ausschusses der 300* des 20. Jahrhunderts, obwohl Bloomfield es nie so weit gebracht hat. Wie ich in meiner Reihe von Monographien über das Kennedy-Attentat enthüllt habe, war es Stephenson, der die Operation leitete, die von Bloomfield als praktisches Projekt durchgeführt wurde. Die Vorbereitung des Kennedy-Attentats erfolgte über eine andere Drogenfront, die Permanent Industrial Expositions (PERMINDEX), die 1957 gegründet wurde und ihren Sitz im World Trade Mart-Gebäude in der Innenstadt von New Orleans hatte.

Bloomfield war zufällig der Anwalt der Familie Bronfman. Der World Trade Mart wurde von Colonel Clay Shaw und dem Leiter der FBI-Abteilung 5 in New Orleans, Guy Bannister, geschaffen. Shaw und Bannister waren enge Mitarbeiter von Lee Harvey Oswald, der beschuldigt wurde, Kennedy erschossen zu haben, und der von dem CIA-Auftragsagenten Jack Ruby ermordet wurde, bevor er beweisen konnte, dass er nicht der Attentäter war, der Präsident Kennedy erschoss. Trotz der Warren-Kommission und zahlreicher offizieller Berichte konnte NIEMALS nachgewiesen werden, dass Oswald das Mannlicher-Gewehr besaß, das angeblich die Mordwaffe war (das war es nicht), oder dass er es jemals abgefeuert hatte. Die Verbindung zwischen dem Drogenhandel, Shaw, Bannister und Bloomfield wurde bereits mehrfach nachgewiesen und muss hier nicht behandelt werden. In der unmittelbaren Nachkriegszeit war eine der gängigsten Methoden, mit denen Resorts International und andere mit dem Drogenhandel verbundene Unternehmen Geld reinigten, der Kurierdienst zu einer Geldwäschebank. Das hat sich nun geändert. Nur die "kleinen Fische" verwenden noch diese riskante Methode. Die "großen Fische" leiten ihr Geld über das CHIPS-System, ein Akronym für Clearing House International Payments System, das von einem Burroughs-Computersystem betrieben wird, das im New Yorker Clearing-House zentriert ist. Zwölf der größten Banken nutzen dieses System. Eine von ihnen ist die Hong Kong and Shanghai Bank. Eine andere ist die Credite Suisse, der ach so respektable Ausbund an Tugendhaftigkeit im Bankwesen - bis der Deckel gelüftet wird. In Kombination mit dem SWIFT-System mit Sitz in Virginia wird schmutziges Drogengeld unsichtbar. Nur mutwillige Unachtsamkeit führt dazu, dass das FBI hin und wieder Glück hat, wenn es nicht wegsehen soll.

Nur die einfachen Drogenhändler werden mit Drogengeld in den Händen erwischt. Die Elite, Drexel Burnham, Credite Suisse, Hongkong und Shanghai Bank, entgeht der Entdeckung. Aber auch dies ändert sich mit dem Zusammenbruch der *Bank of Credit and Commerce International (BCCI)*, der wahrscheinlich eine Menge über den Drogenhandel ans Licht bringen wird, wenn jemals eine richtige Untersuchung durchgeführt wird.

Eines der größten Unternehmen im Portfolio von *The Committee of 300* ist American Express (AMEX). Deren Präsidenten nehmen regelmäßig Positionen im *Ausschuss der 300* ein. Ich interessierte mich erstmals für AMEX, als ich eine Untersuchung vor Ort durchführte, die mich zur Handelsentwicklungsbank in Genf führte. Das brachte mir später eine Menge Ärger ein. Ich entdeckte, dass die Trade Development Bank, die damals von Edmund Safra, dem Schlüsselfiguren des Goldhandels für Opium, geleitet wurde, über die Trade Development Bank tonnenweise Gold auf den Markt von Hongkong lieferte.

Bevor ich in die Schweiz reiste, begab ich mich nach Pretoria, Südafrika, wo ich mit Dr. Chris Stals sprach, dem damaligen stellvertretenden Gouverneur der südafrikanischen Zentralbank, die alle Massengeschäfte mit in Südafrika produziertem Gold kontrolliert. Nach mehreren Gesprächen, die sich über einen Zeitraum von einer Woche erstreckten, wurde mir mitgeteilt, dass die Bank mir die zehn Tonnen Gold, die ich im Namen von Kunden, die ich vertreten sollte, kaufen durfte, nicht liefern konnte. Meine Freunde, die an den richtigen Stellen saßen, wussten, wie sie die Unterlagen vorlegen konnten, die ohne Zweifel genehmigt wurden.

Die Reserve Bank verwies mich an ein Schweizer Unternehmen, dessen Namen ich nicht nennen kann, weil er sonst auffliegen würde. Man gab mir auch die Adresse der Trade Development Bank in Genf. Der Zweck meiner Übung bestand darin, die Mechanismen des Goldverkehrs und -handels herauszufinden und zweitens gefälschte Dokumente zu testen, die von ehemaligen Geheimdienstfreunden von mir, die auf diese Art von Dingen spezialisiert sind, für mich vorbereitet worden waren. Erinnern Sie sich an "M" aus der "James Bond"-Serie? Ich kann Ihnen versichern, dass "M" tatsächlich existiert, nur seine korrekten Initialen sind "C". Die Dokumente, die ich hatte, bestanden aus "Kaufaufträgen" von liechtensteinischen Firmen, mit den entsprechenden Belegen.

Als ich mich der Trade Development Bank näherte, wurde ich zunächst freundlich begrüßt, aber im Laufe der Gespräche wurde ich immer misstrauischer, bis ich das Gefühl hatte, dass es für mich nicht mehr sicher war, die Bank zu besuchen, und ich Genf verließ, ohne es jemandem in der Bank zu sagen. Später wurde die Bank an American Express verkauft. American Express wurde kurzzeitig vom ehemaligen Generalstaatsanwalt Edwin Meese untersucht, woraufhin er schnell seines Amtes enthoben und als "korrupt" bezeichnet wurde. Was ich herausfand, war, dass American Express ein Kanal für die Wäsche von Drogengeldern war und immer noch ist, und bis heute konnte mir niemand erklären, warum ein privates Unternehmen das Recht hat, Dollars zu drucken - sind American Express-Reisechecks nicht auch Dollars? Ich habe daraufhin die Drogenverbindungen zwischen Safra und AMEX aufgedeckt, was, wie Sie sich vorstellen können, viele Leute verärgert hat.

Das Mitglied des *Komitees der 300*, Japhet, kontrolliert die Kartause Japhet, die wiederum Jardine Matheson kontrolliert, das eine direkte Verbindung zum Opiumhandel in Hongkong hat. Die Japhets sind Berichten zufolge englische Quäker. Die Familie Matheson, die auch dem *Komitee der 300* angehört, war zumindest bis 1943 die Hauptperson im chinesischen Opiumhandel. Die Mathesons stehen seit dem frühen 19. Jahrhundert auf der Ehrenliste der Königin von England.

Die obersten Kontrolleure des Drogenhandels im *Komitee der 300* haben kein Gewissen wegen der Millionen von Leben, die sie jedes Jahr ruinieren. Sie sind Gnostiker, Katharer, Mitglieder des Dionysos- oder Osiris-Kultes oder Schlimmeres. Für sie sind "normale" Menschen da, um für ihre Zwecke benutzt zu werden. Ihre Hohepriester, Bulwer-Lytton und Aldous Huxley, predigten das Evangelium der Drogen als nützliche Substanz.

Um Huxley zu zitieren:

"Und für den privaten Alltagsgebrauch gab es schon immer chemische Rauschmittel. Alle pflanzlichen Beruhigungs- und Narkosemittel, alle Euphorika, die auf Bäumen wachsen, die Halluzinogene, die in Beeren reifen, haben die Menschen seit jeher verwendet. Zu diesen bewusstseinsverändernden Substanzen hat die moderne Wissenschaft ihren Anteil an synthetischen Substanzen hinzugefügt. Für den uneingeschränkten Gebrauch hat der Westen nur Alkohol und Tabak zugelassen. Alle anderen chemischen Doors in the Wall sind als DOPE gekennzeichnet."

Für die Oligarchen und Plutokraten des *Komitees der 300* haben Drogen einen doppelten Zweck: erstens, kolossale Geldsummen einzubringen, und zweitens, einen großen Teil der Bevölkerung in *hirnlose Drogenzombies* zu verwandeln, *die leichter zu kontrollieren sind* als Menschen, die keine Drogen brauchen, da die Bestrafung für Rebellion die Zurückhaltung von Heroin, Kokain, Marihuana usw. bedeutet. Dazu ist es notwendig, die Drogen zu legalisieren, damit ein

MONOPOLIENSYSTEM eingeführt werden kann, sobald die schweren wirtschaftlichen Bedingungen, deren Vorläufer die Depression von 1991 ist, dazu führen, dass sich der Drogenkonsum ausbreitet, da Hunderttausende von dauerhaft arbeitslosen Arbeitnehmern sich den Drogen zuwenden, um Trost zu finden.

In einem der streng geheimen Papiere des Royal Institute of International Affairs wird das Szenario (zum Teil) wie folgt beschrieben: "...nachdem das Christentum versagt hat und die Arbeitslosigkeit allgegenwärtig ist, werden sich diejenigen, die seit fünf Jahren oder länger ohne Arbeit sind, von der Kirche abwenden und Trost in Drogen suchen. Das ist der Zeitpunkt, an dem die vollständige Kontrolle über den Drogenhandel abgeschlossen sein muss, damit die Regierungen aller Länder, die unserer Gerichtsbarkeit unterstehen, eine MONOPOLIE haben, die wir durch die Versorgung mit *Drogen* kontrollieren *werden.*

Es gibt zahlreiche Beweise dafür, dass die CIA und der britische Geheimdienst, insbesondere der MI6, bereits seit mindestens einem Jahrzehnt auf dieses Ziel hinarbeiten.

Das Royal Institute of International Affairs nutzte das Lebenswerk von Aldous Huxley und Bulwer-Lytton als Blaupause, um einen Zustand herbeizuführen, in dem die Menschheit in der Eine-Welt-Regierung-Neue-Welt-Ordnung des sich schnell nähernden Neuen Dunklen Zeitalters keinen eigenen Willen mehr hat. Sehen wir uns noch einmal an, was der Hohepriester Aldous Huxley dazu zu sagen hatte:

"In vielen Gesellschaften und auf vielen Ebenen der Zivilisation wurde versucht, den Drogenrausch mit dem Gottesrausch zu verbinden. Im alten Griechenland zum Beispiel hatte der Ethylalkohol seinen Platz in den etablierten Religionen. Dionysos, Bacchus, wie er oft genannt wurde, war eine wahre Gottheit. Ein vollständiges Verbot chemischer Veränderungen kann zwar verordnet, aber nicht durchgesetzt werden."

(DIE SPRACHE DER DROGENLOBBY AUF DEM CAPITOL HILL).

"Betrachten wir nun eine andere Art von Droge - noch unentdeckt, aber wahrscheinlich kurz vor der Entdeckung - eine Droge, die Menschen in Situationen glücklich macht, in denen sie sich normalerweise unglücklich fühlen würden. (Gibt es jemanden, der unglücklicher ist als ein Mensch, der Arbeit sucht und keine findet?) Eine solche Droge wäre ein Segen, aber ein Segen, der mit großen sozialen und politischen Gefahren verbunden ist. Indem er eine harmlose chemische Euphorie frei verfügbar macht, könnte ein Diktator eine ganze Bevölkerung mit einem Zustand versöhnen, mit dem sich ein Mensch, der sich selbst achtet, nicht versöhnen sollte."

Ein wahres dialektisches Meisterwerk. Was Huxley befürwortete und was die offizielle Politik des *Komitees der 300* und seines Stellvertreters, der RIIA, ist, kann ganz einfach als Massen-Gedankenkontrolle bezeichnet werden. Wie ich schon oft gesagt habe, sind alle Kriege Kriege um die Seelen der Menschheit. Bis jetzt ist uns noch nicht klar geworden, dass der Drogenhandel ein irregulärer Krieg niedriger Intensität gegen die gesamte menschliche Rasse der freien Menschen ist. Die irreguläre Kriegsführung ist die schrecklichste Form der Kriegsführung, die zwar einen Anfang hat, aber kein Ende.

Einige werden die Verwicklung der britischen Königsfamilien in den Drogenhandel anzweifeln. Dies in der Presse zu sehen, erscheint oberflächlich betrachtet absurd, und es wird in diesen Tagen immer häufiger gedruckt, um es genau als solches erscheinen zu lassen: absurd. Die älteste Maxime im Geheimdienstgeschäft lautet: "Wenn du etwas verstecken willst, dann tu es dort, wo es jeder sehen kann." F. S. Turners Buch "BRITISH OPIUM-POLICY", das 1876 veröffentlicht wurde, zeigt, wie die britische Monarchie und die ihr nahestehenden Familienangehörigen tief in den Opiumhandel verstrickt waren. Turner war der Sekretär der Anglo-Oriental Society of the Suppression of the Opium Trade. Er lehnte es ab, vom Sprecher der Krone, Sir R. Temple, zum Schweigen gebracht zu werden. Turner erklärte, dass sich die Regierung und damit die Krone aus dem Opiummonopol zurückziehen müsse, "und wenn sie überhaupt Einkünfte nimmt, dann nur solche, die aus einer ehrlichen Besteuerung stammen, die eine restriktive Wirkung haben soll".

Turner wurde von einem Sprecher der Monarchie, Lord Lawrence, geantwortet, der sich gegen den Verlust des Monopols der BEIC aussprach. "Es wäre wünschenswert, das Monopol abzuschaffen, aber ich selbst bin nicht geneigt, eine Veränderung herbeizuführen. Wenn es sich um einen moderaten Verlust handelt, den wir uns leisten können, würde ich nicht zögern, ihn auf mich zu nehmen." (Entnommen aus den Calcutta Papers 1870.)

Im Jahr 1874 wurde der Krieg gegen die britische Monarchie und die Aristokratie wegen ihrer tiefen Verstrickung in den Opiumhandel in China immer hitziger. Die Gesellschaft zur Unterdrückung des Opiumhandels griff die damalige Aristokratie heftig an und führte ihre Angriffe in einer furchtlosen Art und Weise durch, die wir uns zum Vorbild nehmen sollten. Die Gesellschaft erklärte, dass der Vertrag von Tientsin, der China zwang, die Einfuhr enormer Mengen Opium zu akzeptieren, ein abscheuliches Verbrechen gegen das chinesische Volk darstellte.

Es entstand ein mächtiger Kämpfer, Joseph Grundy Alexander, ein Anwalt von Beruf, der 1866 einen heftigen Angriff auf die Opiumpolitik der britischen Krone in China führte, in dem er die Verwicklung der königlichen Familie und der Aristokratie offen erwähnte. Zum ersten Mal brachte Alexander Indien, "das Juwel in der Krone", ins Spiel. Er wies der Monarchie, der so genannten Aristokratie und ihren Dienern in der britischen Regierung die Schuld zu, wo sie hingehörte.

Unter der Leitung von Alexander setzte sich die Gesellschaft für die vollständige Vernichtung des Schlafmohnanbaus in Bengalen, Indien, ein. Alexander erwies sich als ein kühner Gegner. Unter seiner Führung geriet die Drogenaristokratie ins Wanken, und angesichts seiner offenen Anprangerung der königlichen Familie und ihrer Gefolgsleute begannen mehrere Abgeordnete des Parlaments, sich auf seine Seite zu stellen: Konservative, Unionisten, Labour. Alexander machte deutlich, dass der Drogenhandel keine parteipolitische Angelegenheit sei, sondern dass alle Parteien gemeinsam dazu beitragen müssten, die Bedrohung auszumerzen.

Lord Kimberly, der Sprecher der königlichen Familie und der etablierten Oligarchen, drohte damit, dass jeder Versuch, sich in das einzumischen, was er "den Handel der Nation" nannte, auf ernsthaften Widerstand des Kabinetts stoßen würde. Alexander und seine Gesellschaft ließen sich von den zahllosen Drohungen nicht beirren, und schließlich stimmte das Parlament der Einsetzung einer königlichen Kommission zur Untersuchung des Opiumhandels zu, deren Vorsitzender Lord Kimberly, der Minister für Indien, war. Eine ungeeignetere Person für die Leitung der Kommission hätte nicht gefunden werden können. Es war vergleichbar mit der Ernennung von Dulles zum Vorsitzenden der Warren-Kommission. In seiner ersten Erklärung machte Lord Kimberly deutlich, dass er lieber von seinem erhabenen Amt zurücktreten würde, als einer Resolution zuzustimmen, die den Verzicht auf die indischen Opiumeinnahmen vorsieht. Es ist erwähnenswert, dass "indische Opiumeinnahmen" Geld bedeuteten, das von der Nation geteilt wurde. Wie die Vorstellung, dass die Bevölkerung Südafrikas an den enormen Gewinnen aus dem Verkauf von Gold und Diamanten beteiligt ist, war dies nicht der Fall. Die indischen Opiumeinnahmen flossen direkt in die königlichen Kassen und in die Taschen des Adels, der Oligarchen und der Plutokraten und machten sie zu Milliardären.

Rowntrees Buch "THE IMPERIAL DRUG-TRADE" (Der kaiserliche Drogenhandel) enthält einen faszinierenden Bericht darüber, wie Premierminister Gladstone und seine Mitplutokraten gelogen, betrogen, verdreht und gewendet haben, um zu verhindern, dass die erstaunliche Wahrheit über die Verwicklung der britischen Monarchie in den Opiumhandel ans Licht kommt. Rowntrees Buch ist eine Fundgrube für Informationen über die tiefe Verstrickung des britischen Königshauses und der Lords und Ladies von England und das riesige Vermögen, das sie aus dem Elend der chinesischen Opiumsüchtigen anhäuften.

Lord Kimberly, der Sekretär der Untersuchungskommission, war selbst tief in den Opiumhandel verstrickt und tat alles in seiner Macht Stehende, um das Verfahren für alle, die nach der Wahrheit suchten, zu sperren. Schließlich sah sich die Königliche Kommission unter dem Druck der Öffentlichkeit gezwungen, die Tür zu dieser Untersuchung einen Spalt breit zu öffnen, so dass deutlich wurde, dass die höchsten Stellen im Lande den Opiumhandel betrieben und große Vorteile daraus zogen. Doch die Tür wurde schnell wieder zugeschlagen, und die Königliche Kommission berief keine Sachverständigen ein und tagte danach nur für einen absurd kurzen Zeitraum. Die Kommission war nichts weiter als eine Farce und eine Vertuschung, wie wir es im Amerika des 20. Jahrhunderts gewohnt sind.

Die östlichen liberalen Establishment-Familien der Vereinigten Staaten waren ebenso tief in den Opiumhandel mit China verwickelt wie die Briten, und sie sind es immer noch. Ein Beispiel aus der jüngeren Geschichte ist der Sturz des Schahs von Iran durch James Earl Carter. Warum wurde der Schah abgesetzt und dann von der US-Regierung ermordet? mit einem Wort: wegen DROGEN. Der Schah hatte den immens lukrativen Opiumhandel, der von den Briten aus dem Iran betrieben wurde, unterdrückt und ihm praktisch ein Ende gesetzt. Zu der Zeit, als der Schah die Macht im Iran übernahm, gab es bereits eine Million Opium- und Heroinsüchtige.

Das wollten die Briten nicht dulden und schickten die Vereinigten Staaten, um im Rahmen der "besonderen Beziehungen" zwischen den beiden Ländern die Drecksarbeit für sie zu erledigen. Als Khomeini die US-Botschaft in Teheran übernahm, wurden die Waffenverkäufe der Vereinigten Staaten, die mit dem Schah begonnen hatten, nicht eingestellt. Warum nicht? Hätten die Vereinigten Staaten dies getan, so hätte Khomeini das britische Monopol für den Opiumhandel in seinem Land aufgehoben. Ein Beweis dafür ist, dass die liberale Haltung Khomeinis gegenüber Opium nach 1984 die Zahl der Süchtigen auf 2

Millionen ansteigen ließ, wie aus Statistiken der Vereinten Nationen und der Weltgesundheitsorganisation hervorgeht.

Sowohl Präsident Carter als auch sein Nachfolger Ronald Reagan lieferten bereitwillig und in voller Kenntnis der Sachlage weiterhin Waffen an den Iran, selbst als amerikanische Geiseln in Gefangenschaft saßen. Im Jahr 1980 schrieb ich eine Monographie mit dem Titel "What Really Happened in Iran", in der ich die Fakten darlegte. Der Waffenhandel mit dem Iran wurde bei einem Treffen zwischen Cyrus Vance, einem *Diener* des *Komitees der 300,* und Dr. Haschemi besiegelt, was dazu führte, dass die US-Luftwaffe sofort eine Luftbrücke mit Waffen in den Iran einrichtete, die sogar auf dem Höhepunkt der Geiselkrise fortgesetzt wurde - die Waffen stammten aus Beständen der US-Armee in Deutschland, und einige wurden sogar direkt aus den Vereinigten Staaten mit Tankstopps auf den Azoren eingeflogen.

Mit dem Aufkommen von Khomeini, der im Iran durch *das Komitee der 300 an* die Macht gebracht wurde, stieg die Opiumproduktion sprunghaft an. Bis 1984 überstieg die iranische Opiumproduktion 650 Tonnen Opium pro Jahr. Carter und Reagan sorgten dafür, dass es keine weiteren Eingriffe in den Opiumhandel gab, und sie führten das Mandat aus, das ihnen von den oligarchischen Familien in Großbritannien in diesem Zusammenhang erteilt worden war. Der Iran rivalisiert derzeit mit dem Goldenen Dreieck, was die Menge des produzierten Opiums angeht.

Der Schah war nicht das einzige Opfer des *Komitees der 300.* William Buckley, der Leiter der CIA-Station in Beirut, begann trotz seiner mangelnden Erfahrung in Bezug auf die Hintermänner des Opiumhandels, Nachforschungen im Iran und im Libanon anzustellen und verbrachte sogar einige Zeit in Pakistan. Von Islamabad aus schickte Buckley der CIA in Langley vernichtende Berichte über den aufkeimenden Opiumhandel im Goldenen Halbmond und in Pakistan. Auf die US-Botschaft in Islamabad wurde ein Brandanschlag verübt, aber Buckley entkam dem Mob und kehrte nach Washington zurück, weil seine Tarnung durch unbekannte Kräfte aufgeflogen war.

Dann geschah etwas sehr Merkwürdiges. Entgegen allen von der CIA festgelegten Verfahren, wenn die Tarnung eines Agenten aufgeflogen war, wurde Buckley nach Beirut zurückgeschickt. Buckley wurde von der CIA faktisch zum Tode verurteilt, um ihn zum Schweigen zu bringen, und dieses Mal wurde das Urteil vollstreckt. William Buckley wurde von Agenten des *Komitees der 300* gekidnappt. Er wurde von General Mohammed el Khouili vom syrischen Geheimdienst brutal verhört, um ihn zu zwingen, die Namen aller Außendienstmitarbeiter der DEA in diesen Ländern preiszugeben, und wurde dann brutal ermordet. Seine Bemühungen, den riesigen Opiumhandel aufzudecken, der von Pakistan, dem Libanon und dem Iran ausging, kosteten Buckley das Leben.

Wenn die verbliebenen freien Menschen auf dieser Welt glauben, dass sie im Alleingang oder in kleinen Gruppen den Drogenhandel zerschlagen können, dann irren sie sich gewaltig. Sie können zwar hier und da die Tentakel des Opium- und Kokainhandels abschneiden, aber niemals den Kopf. Die gekrönten Kobras Europas und ihre ostliberale Establishment-Familie werden das nicht dulden. Der Krieg gegen die Drogen, den die Bush-Administration angeblich bekämpft, der aber keiner ist, ist für die totale Legalisierung ALLER Arten und Klassen von Drogen. Diese Drogen sind nicht nur ein sozialer Irrweg, sondern ein groß angelegter Versuch, die Kontrolle über den Verstand der Menschen auf diesem Planeten zu erlangen, oder wie die Autoren der "Aquarian Conspiracy" es ausdrücken, "radikale Veränderungen in den Vereinigten Staaten herbeizuführen". DIES IST DIE HAUPTAUFGABE *DES KOMITEES DER 300,* DER ULTIMATIVEN GEHEIMGESELLSCHAFT.

Am Opium-Heroin-Kokain-Handel hat sich nichts geändert. Er wird immer noch von denselben Familien der "Oberschicht" in Großbritannien und den Vereinigten Staaten betrieben. Es ist immer noch ein fabelhaft profitabler Handel, bei dem die scheinbar großen Verluste durch Beschlagnahmungen durch die Behörden in den getäfelten Sitzungssälen in New York, Hongkong und London bei Portwein und Zigarren als "reine Geschäftskosten, alter Junge" abgetan werden.

Der britische Kolonialkapitalismus war schon immer die Hauptstütze des oligarchischen Feudalsystems der Privilegien in England und ist es bis zum heutigen Tag. Als das arme, ungebildete Hirtenvolk in Südafrika, das als Buren bekannt wurde, 1899 in die blutigen Hände der britischen Aristokratie fiel, ahnten sie nicht, dass der empörend grausame Krieg, der von Königin Victoria so unerbittlich geführt wurde, durch die unglaublichen Geldmengen finanziert wurde, die aus dem "schnellen Reichtum" des Opiumhandels der BEIC in China in die Taschen der Plutokraten flossen.

Das 300-köpfige *Komitee,* bestehend aus Cecil John Rhodes, Barney Barnato und Alfred Beit, hat den Krieg angezettelt und eingefädelt. Rhodes war der Hauptvertreter der Rothschilds, deren Banken mit dem Geld aus dem Opiumhandel überschwemmt waren. Diese Räuber,

Diebe und Lügner - Rhodes, Barnato, Oppenheimer, Joel und Beit - enteigneten die südafrikanischen Buren ihres Geburtsrechts, des Goldes und der Diamanten, die unter ihrem Boden lagen. Die südafrikanischen Buren erhielten nichts von den BILLIONEN ÜBER BILLIONEN von Dollar aus dem Verkauf IHRES Goldes und IHRER Diamanten.

Das Komitee der 300 übernahm schnell die volle Kontrolle über diese riesigen Schätze, die es bis heute durch eines seiner Mitglieder, Sir Harry Oppenheimer, beibehält. Der durchschnittliche Südafrikaner erhält 100 Dollar pro Jahr und Kopf aus der Gold- und Diamantenindustrie. Die MILLIARDEN, die jährlich abfließen, gehen an die Bankiers *des Komitees der 300*. Es ist eine der übelsten und abscheulichsten Geschichten von Gier, Diebstahl und Mord an einer Nation, die je in die Geschichte eingegangen sind.

Wie konnte es der britischen Krone gelingen, diesen verblüffenden Betrug von gigantischem Ausmaß zu bewerkstelligen? Um eine solche Herkulesaufgabe zu bewältigen, bedarf es einer geschickten Organisation mit engagierten Agenten vor Ort, die die täglichen Anweisungen der Verschwörerhierarchie ausführen. Der erste Schritt war eine Propagandakampagne in der Presse, in der die Buren als unzivilisierte, nur wenig menschliche Barbaren dargestellt wurden, die den britischen Bürgern das Wahlrecht in der Burenrepublik verweigerten. Dann wurden Forderungen an Paul Kruger, den Führer der Transvaal-Republik, gestellt, die natürlich nicht erfüllt werden konnten. Daraufhin wurde eine Reihe von Zwischenfällen inszeniert, um die Buren zu Vergeltungsmaßnahmen zu provozieren, aber auch das funktionierte nicht. Dann kam es zum berüchtigten Jameson Raid, bei dem ein gewisser Jameson eine Gruppe von mehreren hundert bewaffneten Männern anführte, die Transvaal angriffen. Unmittelbar danach kam es zum Krieg.

Königin Victoria stellte die größte und bestausgerüstete Armee auf, die die Welt zu diesem Zeitpunkt (1898) je gesehen hatte. Victoria ging davon aus, dass der Krieg in zwei Wochen vorbei sein würde, da die Buren weder über ein stehendes Heer noch über eine ausgebildete Miliz verfügten und ihren 400 000 Soldaten aus den Reihen der britischen Unterschicht nicht gewachsen sein würden. Die Buren zählten nie mehr als 80.000 Bauern und ihre Söhne - einige waren erst vierzehn Jahre alt - Rudyard Kipling glaubte ebenfalls, dass der Krieg in weniger als einer Woche vorbei sein würde.

Stattdessen hielten die Buren, mit dem Gewehr in der einen und der Bibel in der anderen Hand, drei Jahre lang aus. "Wir gingen nach Südafrika und dachten, der Krieg wäre in einer Woche vorbei", sagte

Kipling. "Stattdessen haben uns die Buren eine Lektion ohne Ende erteilt."

Dieselbe "Lektion" könnte dem *Komitee der 300* heute erteilt werden, wenn wir nur 10.000 Führungspersönlichkeiten auftreiben könnten, gute Männer und wahre Menschen, die diese Nation im Kampf gegen das gigantische Monster anführen, das alles zu verschlingen droht, wofür unsere Verfassung steht.

Nach dem Ende des Krieges im Jahr 1902 musste die britische Krone ihren Zugriff auf den unvorstellbaren Reichtum an Gold und Diamanten festigen, der unter der kargen Steppe der Burenrepubliken Transvaal und Oranje-Freistaat lag. Dies geschah durch die Tafelrunde der Legende von König Artus und seinen Rittern. Die Tafelrunde ist eine reine Geheimdienstoperation des britischen MI6, die *vom Komitee der 300* gegründet wurde und zusammen mit dem Rhodes-Stipendienprogramm ein Dolch im Herzen Amerikas ist.

Der Runde Tisch wurde in Südafrika von Cecil Rhodes gegründet und von der englischen Familie Rothschild finanziert. Sein Zweck war es, der britischen Krone loyale Wirtschaftsführer auszubilden, die die riesigen Gold- und Diamantenschätze für die britische Krone sichern sollten. Den Südafrikanern wurde ihr Geburtsrecht in einem Staatsstreich gestohlen, der so massiv und allumfassend war, dass es offensichtlich war, dass nur ein zentrales, einheitliches Kommando ihn hätte durchführen können. Dieses einheitliche Kommando war das *"Komitee der 300"*.

Dass dies gelungen ist, ist unbestritten. In den frühen 1930er Jahren hatte die britische Krone die größten Gold- und Diamantenvorkommen der Welt im Würgegriff. JETZT hatte *das Komitee der 300* sowohl den riesigen Reichtum aus dem Drogenhandel als auch den ebenso riesigen Reichtum aus dem Mineralien- und Metallreichtum Südafrikas zu seiner Verfügung. Die finanzielle Kontrolle über die Welt war vollständig.

Der Runde Tisch spielte bei dem Staatsstreich eine Schlüsselrolle. Das ausdrückliche Ziel des Runden Tisches war es, nachdem er Südafrika geschluckt hatte, die Vorteile des Amerikanischen Unabhängigkeitskrieges für die Vereinigten Staaten zunichte zu machen und die Vereinigten Staaten wieder unter britische Kontrolle zu bringen. Für ein solches Unternehmen war Organisationstalent unerlässlich, und dieses wurde von Lord Alfred Milner, einem Protegé der Londoner Rothschild-Familie, bereitgestellt. Die Mitglieder des Runden Tisches wurden nach den Prinzipien des Schottischen Ritus der

Freimaurer ausgewählt und durchliefen eine intensive Ausbildung an den Universitäten von Cambridge und Oxford unter den wachsamen Augen von John Ruskin, einem bekennenden "Kommunisten der alten Schule", und T. H. Green, einem Mitarbeiter des MI6.

Es war Green, der Sohn eines christlich-evangelikalen Geistlichen, der Rhodes, Milner, John Wheeler Bennet, A. D. Lindsay, George Bernard Shaw und Hjalmar Schacht, Hitlers Finanzminister, hervorgebracht hat. Ich halte hier inne, um die Leser daran zu erinnern, dass der Runde Tisch nur EIN SEKTOR dieses riesigen und allumfassenden *Komitees der 300* ist. Doch der Runde Tisch selbst besteht aus einem Labyrinth von Unternehmen, Institutionen, Banken und Bildungseinrichtungen, für dessen Durchforstung qualifizierte Versicherungsmakler ein Jahr benötigen würden.

Die Round Tablers schwärmten in der ganzen Welt aus, um die Kontrolle über die Steuer- und Währungspolitik und die politische Führung in allen Ländern zu übernehmen, in denen sie tätig waren. In Südafrika wurde General Smuts, der im Burenkrieg gegen die Briten gekämpft hatte, "umgedreht" und wurde ein führender britischer Geheimdienst-, Militär- und Politikagent, der sich für die Sache der britischen Krone einsetzte. In den Vereinigten Staaten fiel in späteren Jahren die Aufgabe, die Vereinigten Staaten von innen aufzubohren, William Yandell Elliot zu, dem Mann, der Henry Kissinger hervorbrachte und der für seinen kometenhaften Aufstieg als Chefberater des *Komitees der 300* verantwortlich war.

William Yandell Elliot war "ein Amerikaner in Oxford" (Präsident William Jefferson Clinton war ebenfalls "ein Amerikaner in Oxford"), der dem *Ausschuss der 300* bereits gute Dienste geleistet hatte, was eine Voraussetzung für ein höheres Amt im Dienste des Ausschusses ist.

Nach seinem Abschluss an der Vanderbilt University im Jahr 1917 wurde Elliot von dem Rothschild-Warburg-Bankennetzwerk angeworben. Er arbeitete bei der Federal Reserve Bank in San Francisco und stieg bis zum Direktor auf. Von dort aus fungierte er als Warburg-Rothschild-Nachrichtenoffizier und berichtete über die wichtigen Gebiete der Vereinigten Staaten, die er beaufsichtigte. Elliots "Freimaurer"-Talentsucher empfahlen ihn für ein Rhodes-Stipendium, und 1923 besuchte er das Balliol College der Universität Oxford, dessen "träumende Türme" ein Netz von Intrigen und zukünftigen Verrätern des Westens verbargen.

Das Balliol College war und ist immer noch das Rekrutierungszentrum der Tafelrunde. Nach einer gründlichen Gehirnwäsche durch den

Vertreter des Tavistock Institute of Human Relations, A.D. Lindsay, der die Nachfolge von T. H. Green, dem Master of Balliol, angetreten hatte, wurde Elliot in den Runden Tisch aufgenommen und zum Royal Institute of International Affairs geschickt, um dort seine Aufgabe zu erfüllen, nämlich in die Vereinigten Staaten zurückzukehren und dort eine führende Rolle in der akademischen Gemeinschaft zu übernehmen.

Die Philosophie des Runden Tisches bestand darin, Round Tabler in Positionen zu bringen, in denen sie sozialpolitische Maßnahmen formulieren und über soziale Institutionen umsetzen konnten, wodurch das, was Ruskin "die Massen" nannte, manipuliert werden konnte. Die Mitglieder infiltrierten die höchsten Ebenen des Bankwesens, nachdem sie einen Kurs am Tavistock-Institut absolviert hatten. Der Kurs wurde von Lord Leconsfield, einem Vertrauten des britischen Königshauses, konzipiert und später von Robert Brand geleitet, der später Lazard Freres leitete. Das Royal Institute of International Affairs war und ist nach wie vor mit der britischen Monarchie verflochten. Einige der Ableger des Runden Tisches sind die Bilderberger, die von Duncan Sandys, einem prominenten Politiker und Schwiegersohn des verstorbenen Winston Churchill, gegründet und geleitet werden, die Ditchley Foundation, ein geheimer Bankerclub, den ich 1983 in meinem Werk "International Banker's Conspiracy" aufdeckte: The Ditchley Foundation" aufgedeckt habe, die Trilaterale Kommission, den Atlantic Council of the United States und das Aspen Institute for Humanistic Studies, dessen gut versteckter, hinter den Kulissen agierender Gründer Lord Bullock von der RIIA war, für die Robert Anderson tätig war.

Die Art und Weise, wie Henry Kissinger, der wichtigste Aktivposten der RIIA in den Vereinigten Staaten, an die Macht kam, ist eine Geschichte über den Triumph der Institution der britischen Monarchie über die Republik der Vereinigten Staaten von Amerika. Es ist eine Geschichte des Grauens, die zu lang ist, um sie hier wiederzugeben. Dennoch wäre es nachlässig von mir, wenn ich nicht ein paar der Höhepunkte von Kissingers Aufstieg zu Ruhm, Reichtum und Macht erwähnen würde.

Nach einem Einsatz in der US-Armee, bei dem er zunächst General Fritz Kraemer durch das kriegszerstörte Deutschland fuhr, wurde Kissinger dank der Familie Oppenheimer für eine weitere Ausbildung in Wilton Park ausgewählt. Zu dieser Zeit hatte er den Rang eines Gefreiten erster Klasse. 1952 wurde Kissinger an das Tavistock-Institut geschickt, wo R. V. Dicks ihn an die Hand nahm und von Grund auf veränderte. Von da an gab es für Kissinger kein Halten mehr. Später wurde er als Mitarbeiter von George Franklin und Hamilton Fish vom New Yorker Büro des Council on Foreign Relations eingezogen.

Es wird vermutet, dass die offizielle Nuklearpolitik der Vereinigten Staaten Kissinger während seines Aufenthalts in Tavistock vermittelt wurde und durch seine Teilnahme an dem Seminar "Nuclear Weapons and Foreign Policy" (Atomwaffen und Außenpolitik), einem Seminar des Runden Tisches, das die als "flexible response" bekannte Doktrin hervorbrachte, eine totale Irrationalität, die unter dem Akronym MAD bekannt wurde, weiter geprägt wurde. Dank William Yandell Elliot und unter der Anleitung von John Wheeler Bennett, dem obersten Geheimdienstdirektor des Runden Tisches und Leiter der MI6-Feldoperationen in den Vereinigten Staaten, wurde Kissinger zu Elliots "Lieblingssohn", wie er in seinem Buch "The Pragmatic Revolt in Politics" erklärte. Kissinger wurde in den Runden Tisch kooptiert, um die monetaristische Politik voranzutreiben, die er an den Harvard International Seminars studiert hatte.

Kissinger saugte Elliots Lehren eifrig auf und war nicht mehr als der Mann zu erkennen, den General Kraemer einmal als "mein kleiner Judenfahrer" bezeichnete. Kissinger wurde vom Geist des "Master of Balliol" geprägt und zu einem glühenden Jünger der dekadenten britischen Aristokratie. Kissinger machte sich die Philosophien von Toynbee zu eigen, dem Chef des Geheimdienstes MI6 am Royal Institute of International Affairs, und nutzte dessen Papiere, um seine Bachelor-"Dissertation" zu schreiben. Mitte der 1960er Jahre hatte Kissinger seinen Wert für den Runden Tisch und das RIIA und damit für die britische Monarchie unter Beweis gestellt. Zur Belohnung und als Test für das Gelernte wurde Kissinger die Leitung einer kleinen Gruppe, bestehend aus James Schlessinger, Alexander Haig und Daniel Ellsberg, übertragen, mit der der Runde Tisch eine Reihe von Experimenten durchführte. Mit dieser Gruppe arbeitete auch der Cheftheoretiker des Institute of Policy Studies, Noam Chomsky, zusammen. Haig arbeitete, wie Kissinger, für General Kraemer, wenn auch nicht als Fahrer, und der General fand für seinen Schützling eine Reihe verschiedener Stellen im Verteidigungsministerium. Nachdem Kissinger zum Nationalen Sicherheitsberater ernannt worden war, verschaffte Kraemer Haig den Job als dessen Stellvertreter. Ellsberg, Haig und Kissinger setzten dann den Watergate-Plan der RIIA in Gang, um Präsident Nixon wegen Missachtung direkter Anweisungen zu stürzen.

Haig spielte die Hauptrolle bei der Gehirnwäsche und Verwirrung von Präsident Nixon, und im Grunde war es Kissinger, der das Weiße Haus während dieser Aufweichung des Präsidenten leitete. Wie ich bereits 1984 erwähnte, war Haig der als "Deep Throat" bekannte Verbindungsmann des Weißen Hauses, der Informationen an das Team der Washington Post von Woodward und Bernstein weitergab.

Das Watergating von Nixon war der größte Coup, den der Runde Tisch als Agentur und Arm der RIIA bisher durchgeführt hat. Alle verworrenen Fäden führten zurück zum Runden Tisch, von dort zur RIIA und direkt zurück zur Königin von England. Die Demütigung Nixons war eine Lektion und eine Warnung an künftige Präsidenten der Vereinigten Staaten, sich nicht einzubilden, sie könnten gegen *das Komitee der 300* antreten und gewinnen. Kennedy wurde vor den Augen des amerikanischen Volkes aus demselben Grund brutal ermordet; Nixon wurde nicht für würdig genug gehalten, das gleiche Schicksal wie John F. Kennedy zu erleiden.

Unabhängig von der Methode sorgte *das Komitee der 300* dafür, dass alle potenziellen Anwärter auf das Weiße Haus die Botschaft erhielten: "*Niemand* ist unerreichbar für uns." Dass diese Botschaft nach wie vor so eindringlich ist wie damals, als Kennedy ermordet und Nixon aus dem Amt gejagt wurde, zeigt der Charakter von Präsident George Bush, dessen Eifer, es seinen Herren recht zu machen, all jenen Anlass zu großer Sorge geben sollte, die sich um die Zukunft der Vereinigten Staaten sorgen.

Der Zweck der Übung wurde durch die Pentagon Papers und die Einberufung von Schlessinger in die Nixon-Administration deutlich, um als Spielverderber im Verteidigungsbereich und als Gegenkraft zur Entwicklung der Atomenergie zu fungieren, eine Rolle, die Schlessinger aus dem Schutz seiner Position in der Atomenergiekommission heraus ausübte, einem der Schlüsselfaktoren bei der Deindustrialisierung der Vereinigten Staaten im Rahmen der geplanten Post-Industrial-Zero-Growth-Strategien des Club of Rome. Von diesem Anfang an können wir die Wurzeln der Rezession/Depression von 1991 zurückverfolgen, die bis heute 30 Millionen Amerikaner ihren Arbeitsplatz gekostet hat.

Es ist praktisch unmöglich, *das Komitee der 300* und die oligarchischen Familien, aus denen es sich zusammensetzt, zu durchdringen. Die Tarnung, die sie als Schutzhülle über sich ziehen, ist nur sehr schwer zu durchbrechen. Diese Tatsache sollte jeder freiheitsliebende Amerikaner zur Kenntnis nehmen: *Das Komitee der 300* diktiert, was als Außen- und Innenpolitik der Vereinigten Staaten gilt, und das schon seit über 200 Jahren. Nirgendwo wurde dies deutlicher als in dem Moment, als Churchill dem übermütigen Präsidenten Truman den

Wind aus den Segeln nahm, indem er dem kleinen Mann aus Independence, Missouri, die so genannte "Truman-Doktrin" in den Rachen rammte.

Zu den ehemaligen Mitgliedern, deren Nachkommen die durch den Tod frei gewordenen Sitze besetzten, und den heutigen Mitgliedern gehören Sir Mark Turner, Gerald Villiers, Samuel Montague, die Inchcapes, Keswicks, Peases, Schroeders, Airlies, Churchills, Frasers, Lazars und Jardine Mathesons. Die vollständige Liste der Mitglieder finden Sie an anderer Stelle in diesem Buch; diese Personen im Ausschuss befahlen Präsident Wilson, im Ersten Weltkrieg gegen Deutschland in den Krieg zu ziehen; dieser Ausschuss befahl Roosevelt, den japanischen Angriff auf Pearl Harbour zu planen, um die Vereinigten Staaten in den Zweiten Weltkrieg zu führen.

Diese Leute, dieses Komitee, haben diese Nation in den Krieg nach Korea, Vietnam und in den Persischen Golf geschickt. Die schlichte Wahrheit ist, dass die Vereinigten Staaten in diesem Jahrhundert in 5 Kriegen für und im Namen des berüchtigten *Komitees der 300* gekämpft haben.

Es scheint, dass bis auf wenige Ausnahmen niemand aufhört zu fragen: "WARUM FÜHREN WIR DIESE KRIEGE?" Die große Trommel des "Patriotismus", die martialische Musik und das Schwenken von Fahnen und gelben Bändern haben offenbar dazu geführt, dass eine große Nation ihrer Sinne beraubt wurde.

Jahrestag von Pearl Harbour wird eine neue "Hass-Kampagne gegen Japan" geführt, und zwar nicht vom Institut für Pazifische Beziehungen (IPR), sondern auf die direkteste und dreisteste Weise von der Bush-Regierung und dem Kongress. Das Ziel ist dasselbe wie damals, als Roosevelt den Angriff auf Pearl Harbour anregte: die Japaner als Aggressoren darzustellen und einen Wirtschaftskrieg zu führen, um dann unsere Streitkräfte für die nächste Phase vorzubereiten - eine bewaffnete Aggression gegen Japan.

Dies ist bereits im Gange; es ist nur eine Frage der Zeit, bis noch mehr unserer Söhne und Töchter in den Dienst der Feudalherren des *Komitees der 300* geschlachtet werden. Wir sollten von den Dächern schreien: "Nicht für die Freiheit oder die Liebe zum Land werden wir sterben, sondern für ein System der Tyrannei, das in Kürze die ganze Welt erfassen wird."

Diese Organisation hat Großbritannien so fest im Griff, dass 95 % der britischen Bürger seit den 1700er Jahren gezwungen sind, weniger als 20 % des nationalen Reichtums des Landes als ihren Anteil zu akzeptieren. Das ist es, was die oligarchischen Feudalherren Englands gerne als "Demokratie" bezeichnen. Diese netten, korrekten englischen Gentlemen sind in Wirklichkeit völlig rücksichtslos - was sie in Indien, Sudan, Ägypten, Irak, Iran und der Türkei getan haben, wird sich in jedem Land unter der Neuen Weltordnung-Eine-Welt-Regierung wiederholen. Sie werden jede Nation und ihren Reichtum nutzen, um ihre privilegierte Lebensweise zu schützen. Es ist diese Klasse der britischen Aristokratie, deren Vermögen untrennbar mit dem Drogenhandel, dem Gold-, Diamanten- und Waffenhandel, dem Bankwesen, dem Handel und der Industrie, dem Öl, den Nachrichtenmedien und der Unterhaltungsindustrie verwoben ist.

Abgesehen von der Basis der Labour-Partei (aber nicht von ihren Führern) sind die meisten führenden Politiker Englands Nachkommen von Adelsfamilien, wobei die Titel erblich sind und vom Vater an den ältesten Sohn weitergegeben werden. Dieses System stellt sicher, dass keine "Außenseiter" die politische Macht in England anstreben. Dennoch ist es einigen Ausländern gelungen, sich hineinzuzwängen.

Nehmen wir den Fall von Lord Halifax, dem ehemaligen britischen Botschafter in Washington und dem Mann, der unserer Regierung während des Zweiten Weltkriegs die Anweisungen *des Komitees der 300* überbrachte. Der Sohn von Halifax, Charles Wood, heiratete eine Miss Primrose, eine Blutsverwandte von Lord Rothschild. Hinter Namen wie Lord Swaythling verbirgt sich der Name Montague, Direktor der Bank of England und Berater und Vertrauter des Mehrheitsaktionärs der Shell Oil Company, Königin Elizabeth II. Alle sind Mitglieder *des Ausschusses der 300*. Einige der alten Barrieren wurden abgebaut. Der Titel ist heute nicht mehr das einzige Kriterium für die Aufnahme in den Club of Rome.

Es ist angebracht, einen Überblick darüber zu geben, was *das Komitee der 300* zu erreichen hofft, welche Ziele es verfolgt, bevor wir zu seinen weit verzweigten Verflechtungen mit Banken, Versicherungsgesellschaften, Konzernen usw. kommen. Die folgenden Informationen wurden in jahrelanger investigativer Recherche aus Hunderten von Dokumenten und Quellen von mir zusammengestellt, die mir Zugang zu einigen der Papiere gewährten, in denen die Details versteckt sind.

Das Komitee der 300 besteht aus bestimmten Personen, die Spezialisten auf ihrem Gebiet sind, darunter Cultus Diabolicus, bewusstseinsverändernde Drogen, Spezialisten für Giftmord, Nachrichtendienste, Bankwesen und alle Facetten der kommerziellen Tätigkeit. Es wird notwendig sein, ehemalige Mitglieder zu erwähnen, die inzwischen verstorben sind, weil sie eine frühere Rolle gespielt haben und weil ihre Plätze an Familienmitglieder neuer Mitglieder vergeben wurden, die dieser Ehre würdig sind.

Zu den Mitgliedern gehören die alten Familien des europäischen schwarzen Adels, das amerikanische östliche liberale Establishment (in der Freimaurerhierarchie und dem Orden von Skull and Bone), die Illuminaten oder, wie es der Ausschuss "MORIAH CONQUERING WIND" nennt, die Mumma-Gruppe, der Nationale und der Ökumenische Rat der Kirchen, der Kreis der Eingeweihten, die Neun Unbekannten, Lucis Trust, die jesuitischen Befreiungstheologen, der Orden der Weisen von Zion, die Nasi-Fürsten, der Internationale Währungsfonds (IWF), die Bank für Internationalen Zahlungsausgleich (BIZ), die Vereinten Nationen (U.N.), die Central, die britischen Quator Coronati, die italienische P2-Freimaurerei - insbesondere diejenigen in der vatikanischen Hierarchie -, die Central Intelligence Agency, ausgewählte Mitarbeiter des Tavistock-Instituts, verschiedene Mitglieder führender Stiftungen und Versicherungsgesellschaften, die in den folgenden Listen genannt werden, die Hongkong and Shanghai Bank, die Milner Group-Round Table, die Cini Foundation, der German Marshall Fund, die Ditchley Foundation, die NATO, der Club of Rome, die Umweltschützer, der Order of St. Johannes von Jerusalem, One World Government Church, Socialist International, Black Order, Thule Society, Anenherbe-Rosenkreuzer, The Great Superior Ones und buchstäblich HUNDERTE anderer Organisationen.

Was haben wir dann vor uns? Ein loser Zusammenschluss von Leuten mit seltsamen Ideen? Sicherlich nicht. Im *Komitee der 300*, das auf eine 150-jährige Geschichte zurückblicken kann, haben sich einige der brillantesten Intellektuellen zusammengefunden, um eine vollständig totalitäre, absolut kontrollierte "neue" Gesellschaft zu gründen, die allerdings nicht neu ist, da sie die meisten ihrer Ideen von den Clubs des Cultus Diabolicus übernommen hat. Sie strebt eine Eine-Welt-Regierung an, die von einem ihrer verstorbenen Mitglieder, H. G. Wells, in seinem vom Komitee in Auftrag gegebenen Werk, das Wells kühn als: "DIE OFFENE VERSCHWÖRUNG - PLÄNE FÜR EINE WELTREVOLUTION". Es war eine kühne Absichtserklärung, aber nicht wirklich so kühn, denn niemand glaubte Wells, außer den Großen Oberen, den Anenherbes und denen, die wir heute als "Insider" bezeichnen würden.

Hier ist ein Auszug aus Wells' Vorschlag:

"Die Offene Verschwörung wird zunächst, so glaube ich, als eine bewusste Organisation intelligenter und in einigen Fällen wohlhabender Männer erscheinen, als eine Bewegung mit klaren sozialen und politischen Zielen, die zugegebenermaßen den größten Teil des existierenden politischen Kontrollapparates ignoriert oder ihn nur als beiläufiges Werkzeug in den Stadien benutzt, eine bloße Bewegung einer Anzahl von Menschen in eine bestimmte Richtung, die bald mit einer Art Überraschung das gemeinsame Ziel entdecken werden, auf das sie sich alle zubewegen. Auf alle möglichen Arten werden sie die vorgebliche Regierung beeinflussen und kontrollieren."

Wie George Orwells 1984 ist Wells' Bericht ein Massenaufruf für eine Eine-Welt-Regierung. Zusammenfassend lässt sich sagen, dass die Absicht und der Zweck *des Komitees der 300* darin besteht, die folgenden Bedingungen zu verwirklichen:

Eine Eine-Welt-Regierung und ein Eine-Welt-Geldsystem unter ständigen, nicht gewählten, erblichen Oligarchen, die sich selbst aus ihrer Mitte auswählen, in Form eines Feudalsystems wie im Mittelalter. In diesem Eine-Welt-Gebilde wird die Bevölkerung durch Beschränkungen der Kinderzahl pro Familie, Krankheiten, Kriege und Hungersnöte begrenzt, bis eine Milliarde (1.000.000.000) Menschen, die für die herrschende Klasse nützlich sind, in streng und klar definierten Gebieten als Gesamtbevölkerung der Welt übrig bleiben.

Es wird keine Mittelklasse geben, nur Herrscher und Diener. Alle Gesetze werden einheitlich sein unter einem Rechtssystem von Weltgerichten, die dasselbe einheitliche Gesetzbuch anwenden, unterstützt von einer Polizei der Eine-Welt-Regierung und einem einheitlichen Eine-Welt-Militär, um die Gesetze in allen ehemaligen Ländern durchzusetzen, in denen es keine nationalen Grenzen geben wird. Das System wird auf einem Wohlfahrtsstaat basieren; diejenigen, die der Eine-Welt-Regierung gehorsam und unterwürfig sind, werden mit den Mitteln zum Leben belohnt; diejenigen, die rebellisch sind, werden einfach verhungern oder zu Geächteten erklärt und damit zur Zielscheibe für jeden, der sie töten will. Der private Besitz von Feuerwaffen oder Waffen jeglicher Art wird verboten sein.

Es wird nur eine Religion erlaubt sein, und zwar in Form einer Eine-Welt-Regierungskirche, die es, wie wir sehen werden, bereits seit 1920 gibt. Satanismus, Luziferianismus und Hexerei werden als legitime Lehrpläne der Eine-Welt-Regierung anerkannt, ohne private oder kirchliche Schulen. *Alle* christlichen Kirchen sind *bereits* unterwandert worden, und das Christentum wird in der Eine-Welt-Regierung der Vergangenheit angehören.

Um einen Staat herbeizuführen, in dem es keine individuelle Freiheit und kein Konzept der Freiheit mehr gibt, soll es so etwas wie Republikanismus, Souveränität oder Rechte, die beim Volk liegen, nicht geben. Nationalstolz und Rassenidentität sollen ausgerottet werden, und in der Übergangsphase soll es unter schwersten Strafen stehen, seine rassische Herkunft auch nur zu erwähnen.

Jeder Mensch soll vollständig indoktriniert werden, dass er oder sie ein Geschöpf der Einen-Welt-Regierung ist, mit einer Identifikationsnummer, die deutlich auf seiner Person markiert ist, so dass sie leicht zugänglich ist, wobei diese Identifikationsnummer in der Hauptdatei des NATO-Computers in Brüssel, Belgien, gespeichert wird, die von jeder Behörde der Einen-Welt-Regierung jederzeit sofort abgerufen werden kann. Die Stammdateien der CIA, des FBI, der bundesstaatlichen und lokalen Polizeibehörden, des IRS, der FEMA und der Sozialversicherung werden enorm erweitert und bilden die Grundlage für die persönlichen Aufzeichnungen aller Personen in den Vereinigten Staaten.

Die Ehe wird verboten, und es wird kein Familienleben, wie wir es kennen, mehr geben. Die Kinder werden ihren Eltern in jungen Jahren weggenommen und von Mündeln als Staatseigentum erzogen. Ein solches Experiment wurde in Ostdeutschland unter Erich Honnecker durchgeführt, als man den Eltern, die der Staat als illoyale Bürger ansah, die Kinder wegnahm. Frauen werden durch den fortgesetzten Prozess der "Frauenbefreiungs"-Bewegungen degradiert. Freier Sex soll obligatorisch sein.

Die Nichteinhaltung mindestens einmal bis zum Alter von 20 Jahren wird mit schweren Repressalien gegen ihre Person geahndet. Selbstabtreibung wird gelehrt und praktiziert, nachdem eine Frau zwei Kinder geboren hat; solche Aufzeichnungen werden in der Personalakte jeder Frau in den Regionalcomputern der Eine-Welt-Regierung gespeichert. Wird eine Frau schwanger, nachdem sie bereits zwei Kinder zur Welt gebracht hat, wird sie zwangsweise in eine Abtreibungsklinik gebracht, wo eine solche Abtreibung und Sterilisation durchgeführt wird.

Pornografie soll gefördert werden und in jedem Kino gezeigt werden müssen, einschließlich homosexueller und lesbischer Pornografie. Der Konsum von "Freizeit"-Drogen soll obligatorisch werden, wobei jeder Person Drogenkontingente zugeteilt werden, die in den Geschäften der Eine-Welt-Regierung in der ganzen Welt gekauft werden können. Der Gebrauch von Bewusstseinskontrolldrogen wird ausgeweitet und zur Pflicht gemacht. Diese Bewusstseinskontrolldrogen werden ohne das Wissen und/oder die Zustimmung der Menschen in die Lebensmittel-

und/oder Wasserversorgung gegeben. Es werden Drogenbars eingerichtet, die von Angestellten der Eine-Welt-Regierung betrieben werden und in denen die Sklavenklasse ihre Freizeit verbringen kann. Auf diese Weise werden die nicht-elitären Massen auf das Niveau und das Verhalten von kontrollierten Tieren reduziert, die keinen eigenen Willen haben und leicht zu reglementieren und zu kontrollieren sind.

Das Wirtschaftssystem soll darauf beruhen, dass die herrschende oligarchische Klasse gerade so viele Lebensmittel und Dienstleistungen produziert, dass die Massenlager der Sklavenarbeiter am Leben erhalten werden können. Der gesamte Reichtum wird in den Händen der Elitemitglieder *des Komitees der 300* gebündelt. Jedem Einzelnen soll indoktriniert werden, dass er oder sie zum Überleben völlig vom Staat abhängig ist. Die Welt soll durch Dekrete des Komitees der 300 regiert werden, die sofortiges Recht werden. Boris Jelzin benutzt die Dekrete *des Komitees der 300,* um Russland den Willen des Komitees probeweise aufzuerlegen. Es soll Strafgerichte und keine Gerichtshöfe geben. Die Industrie soll vollständig zerstört werden, ebenso wie die nuklearen Energiesysteme. Nur *das* 300-köpfige *Komitee* und seine Eliten sollen das Recht auf alle Ressourcen der Erde haben. Die Landwirtschaft soll ausschließlich in den Händen *des Komitees der 300* liegen und die Nahrungsmittelproduktion soll streng kontrolliert werden. Sobald diese Maßnahmen in Kraft treten, werden große Teile der Stadtbevölkerung in abgelegene Gebiete zwangsumgesiedelt, und diejenigen, die sich weigern, werden nach dem Vorbild des von Pol Pot in Kambodscha durchgeführten Experiments der Eine-Welt-Regierung ausgerottet.

Die Euthanasie für unheilbar Kranke und alte Menschen ist obligatorisch. Keine Stadt darf größer sein als eine vorher festgelegte Zahl, wie sie in der Arbeit von Kalergi beschrieben ist. Unentbehrliche Arbeitskräfte werden in andere Städte verlegt, wenn die Stadt, in der sie sich befinden, überbevölkert wird. Andere nicht lebensnotwendige Arbeitskräfte werden nach dem Zufallsprinzip ausgewählt und in unterbevölkerte Städte geschickt, um "Quoten" zu füllen.

Mindestens 4 Milliarden "unnütze Esser" sollen bis zum Jahr 2050 durch begrenzte Kriege, organisierte Epidemien tödlicher, schnell wirkender Krankheiten und Hungersnöte eliminiert werden. Energie, Nahrung und Wasser sollen für die Nicht-Elite auf dem Existenzminimum gehalten werden, beginnend mit der weißen Bevölkerung Westeuropas und Nordamerikas und dann auf andere Ethnien übergreifend. Die Bevölkerung Kanadas, Westeuropas und der Vereinigten Staaten wird schneller dezimiert als auf anderen

Kontinenten, bis die Weltbevölkerung eine überschaubare Zahl von 1 Milliarde erreicht hat, von denen 500 Millionen aus chinesischen und japanischen Ethnien bestehen werden, die ausgewählt wurden, weil es sich um Menschen handelt, die seit Jahrhunderten reglementiert wurden und daran gewöhnt sind, Autoritäten ohne Fragen zu gehorchen.

Von Zeit zu Zeit wird es künstlich herbeigeführte Lebensmittel- und Wasserknappheit und medizinische Versorgung geben, um die Massen daran zu erinnern, dass ihre Existenz vom guten Willen des *Ausschusses der 300* abhängt.

Nach der Zerstörung des Wohnungsbaus, der Auto-, Stahl- und Schwerindustrie soll es nur noch begrenzten Wohnungsbau geben, und die verbleibenden Industriezweige sollen unter der Leitung des NATO-Clubs von Rom stehen, ebenso wie die gesamte wissenschaftliche Entwicklung und die Weltraumforschung, die auf die Elite unter der Kontrolle *des Komitees der 300* beschränkt sein soll. Die Weltraumwaffen aller früheren Nationen werden zusammen mit den Atomwaffen vernichtet.

Alle lebenswichtigen und nicht lebenswichtigen pharmazeutischen Produkte, Ärzte, Zahnärzte und Mitarbeiter des Gesundheitswesens werden in der zentralen Computerdatenbank registriert, und kein Medikament und keine medizinische Versorgung wird ohne ausdrückliche Genehmigung der für jede Stadt und jedes Dorf zuständigen regionalen Kontrolleure verschrieben.

Die Vereinigten Staaten werden von Völkern fremder Kulturen überschwemmt werden, die das weiße Amerika schließlich überwältigen werden; Menschen, die keine Vorstellung davon haben, wofür die Verfassung der Vereinigten Staaten steht, und die folglich nichts tun werden, um sie zu verteidigen, und in deren Köpfen das Konzept von Freiheit und Gerechtigkeit so schwach ist, dass es kaum eine Rolle spielt. Nahrung und Unterkunft sollen die Hauptsorge sein. Keine Zentralbank außer der Bank für Internationalen Zahlungsausgleich und der Weltbank darf tätig werden. Private Banken werden verboten. Die Entlohnung für geleistete Arbeit soll in der gesamten Eine-Welt-Regierung nach einem einheitlichen, vorher festgelegten Tarif erfolgen. Es werden weder Lohnstreitigkeiten noch Abweichungen von den von der Eine-Welt-Regierung festgelegten einheitlichen Lohnskalen zugelassen. Diejenigen, die gegen das Gesetz verstoßen, werden sofort hingerichtet.

Die Nicht-Elite darf weder Bargeld noch Münzen in den Händen halten.

Alle Transaktionen werden mit einer Debitkarte getätigt, die mit der Identifikationsnummer des Inhabers versehen ist. Jeder Person, die in irgendeiner Weise gegen die Regeln und Vorschriften des *Ausschusses der 300* verstößt, wird die Verwendung ihrer Karte je nach Art und Schwere des Verstoßes für unterschiedliche Zeiträume entzogen.

Diese Personen werden, wenn sie Einkäufe tätigen wollen, feststellen, dass ihre Karte auf der schwarzen Liste steht und sie keinerlei Dienstleistungen in Anspruch nehmen können. Der Versuch, mit "alten" Münzen zu handeln, d.h. mit Silbermünzen früherer und jetzt untergegangener Nationen, wird als Kapitalverbrechen behandelt, auf das die Todesstrafe steht. Alle derartigen Münzen müssen innerhalb eines bestimmten Zeitraums zusammen mit Pistolen, Gewehren, Sprengstoff und Kraftfahrzeugen abgegeben werden. Nur die Elite und hochrangige Funktionäre der Eine-Welt-Regierung dürfen private Verkehrsmittel, Waffen, Münzen und Kraftfahrzeuge besitzen.

Handelt es sich um einen schweren Verstoß, wird die Karte an dem Kontrollpunkt, an dem sie vorgelegt wird, beschlagnahmt. Danach kann die betreffende Person keine Nahrung, kein Wasser, keine Unterkunft und keine medizinische Versorgung mehr in Anspruch nehmen und wird offiziell als Geächteter geführt. Auf diese Weise entstehen große Banden von Gesetzlosen, die in Regionen leben, in denen sie sich am besten ernähren können, und die gejagt und bei Sichtkontakt erschossen werden. Personen, die Geächtete in irgendeiner Weise unterstützen, werden ebenfalls erschossen. Gesetzlose, die sich nach einer bestimmten Zeit nicht der Polizei oder dem Militär stellen, werden durch ein zufällig ausgewähltes ehemaliges Familienmitglied ersetzt, das eine Gefängnisstrafe absitzt.

Rivalisierende Fraktionen und Gruppen wie Araber und Juden und afrikanische Stämme werden ihre Differenzen verschärfen und unter den Augen von Beobachtern der NATO und der Vereinten Nationen Vernichtungskriege gegeneinander führen dürfen. Die gleiche Taktik wird in Mittel- und Südamerika angewandt werden. Diese Zermürbungskriege finden VOR der Übernahme der Eine-Welt-Regierung statt und werden auf jedem Kontinent inszeniert, auf dem große Gruppen von Menschen mit ethnischen und religiösen Unterschieden leben, wie z.B. die Sikhs, die muslimischen Pakistanis und die Hindu-Inder. Ethnische und religiöse Unterschiede werden vergrößert und verschärft, und gewaltsame Konflikte als Mittel zur "Beilegung" ihrer Differenzen werden gefördert und begünstigt.

Alle Informationsdienste und Printmedien sollen unter der Kontrolle der Eine-Welt-Regierung stehen. Regelmäßige Gehirnwäsche-

Kontrollmaßnahmen sollen als "Unterhaltung" ausgegeben werden, so wie es in den Vereinigten Staaten praktiziert wurde und zu einer hohen Kunst geworden ist. Jugendliche, die "illoyalen Eltern" weggenommen werden, erhalten eine Sondererziehung, um sie zu verrohen. Jugendliche beiderlei Geschlechts sollen zu Gefängniswärtern für das Arbeitslagersystem der Einen Welt ausgebildet werden. Es ist offensichtlich, dass noch viel Arbeit zu tun ist, bevor die Neue Weltordnung anbrechen kann. *Das Komitee der 300* hat seit langem Pläne zur Destabilisierung der Zivilisation, wie wir sie kennen, ausgearbeitet. Einige dieser Pläne wurden von Zbigniew Brzezinski in seinem klassischen Werk "THE TECHNOTRONIC ERA" und den Werken von Aurellio Peccei, dem Gründer des Club of Rome, bekannt gemacht, insbesondere in seinem Buch "THE CHASM AHEAD".

In "THE CHASM AHEAD" legte Peccei die Pläne des Komitees der 300 zur Zähmung des Menschen dar, den er "THE ENEMY" nannte. Peccei zitierte, was Felix Dzerzinski auf dem Höhepunkt des Roten Terrors, als Millionen von Russen ermordet wurden, einmal zu Sydney Reilly sagte: "Warum sollte ich mich darum kümmern, wie viele sterben? Selbst die christliche Bibel sagt, was ist der Mensch, dass Gott sich seiner annimmt? Für mich ist der Mensch nichts anderes als ein Gehirn an einem Ende und eine Scheißfabrik am anderen Ende."

Aus dieser brutalen Sicht des Menschen kam Emmanuel der Christus, um die Welt zu retten. Sydney Reilly war der MI6-Agent, der Dzerzinskis Aktivitäten überwachen sollte. Reilly wurde angeblich von seinem Freund Felix erschossen, als er versuchte, aus Russland zu fliehen. Das ausgeklügelte Komplott wurde ausgeheckt, als einige Mitglieder des britischen Parlaments einen Aufschrei machten und lautstark eine Rechenschaftslegung über Reillys Aktivitäten in Russland verlangten; dadurch drohte die Rolle *des Komitees der 300* bei der Erlangung der Kontrolle über die Ölfelder von Baku und seine wichtige Rolle bei der Unterstützung Lenins und Trotzkis während der bolschewistischen Revolution aufzufliegen. Anstatt die Wahrheit aus Reilly herauszuholen, hielt es der MI6 für zweckmäßig, seinen Tod zu inszenieren. Reilly verbrachte seinen Lebensabend in völligem Luxus in einer russischen Villa, die normalerweise der bolschewistischen Elite vorbehalten war.

Peccei vertrat die Ansicht, dass das Chaos eintreten würde, wenn die "Atlantische Allianz", ein Euphemismus für das *Komitee der 300*, das postindustrielle Amerika nicht beherrschen würde, und schlug eine malthusianische Triagierung im globalen Maßstab vor. Er stellte sich eine Kollision zwischen dem wissenschaftlich-technisch-militärischen

Apparat der Sowjetunion und der westlichen Welt vor. So sollte den Ländern des Warschauer Paktes eine Konvergenz mit dem Westen in einer Eine-Welt-Regierung angeboten werden, die die globalen Angelegenheiten auf der Grundlage von Krisenmanagement und globaler Planung regeln sollte.

Die Ereignisse, die sich in der ehemaligen UdSSR abspielen, und die Entstehung mehrerer unabhängiger Staaten in einer losen Föderation in Russland sind genau das, was von Peccei und dem Club of Rome vorgesehen war, und dies wird in den beiden von mir erwähnten Büchern klar dargelegt. Eine auf diese Weise geteilte UdSSR wird leichter zu bewältigen sein als eine starke, geeinte Sowjetnation. Die Pläne des *Komitees der 300* für eine Eine-Welt-Regierung, die auch die Aussicht auf ein geteiltes Rußland beinhalteten, nähern sich nun einem Punkt, an dem es schnell eskaliert. Die Ereignisse in Rußland Ende 1991 sind um so dramatischer, wenn man sie mit den langfristigen Plänen des *Komitees der 300* von 1960 vergleicht.

In Westeuropa arbeiten die Menschen auf eine Föderation von Staaten im Rahmen einer Einheitsregierung mit einer einheitlichen Währung hin. Von dort aus wird das EWG-System nach und nach auf die Vereinigten Staaten und Kanada übertragen werden. Die Vereinten Nationen werden langsam, aber sicher in einen Stempel der Eine-Welt-Regierung umgewandelt, mit einer Politik, die ihr von den Vereinigten Staaten diktiert wird, wie wir im Fall des Golfkriegs gesehen haben. Genau das Gleiche geschieht mit dem britischen Parlament. Die Diskussion über die Beteiligung Großbritanniens am Golfkrieg wurde auf ein lächerlich geringes Maß beschränkt und fand erst während eines Antrags auf Vertagung des Hauses zu einem späteren Zeitpunkt statt. Das hat es in der alten Geschichte des Parlaments noch nie gegeben, dass eine so wichtige Entscheidung getroffen werden musste und so wenig Zeit für die Diskussion blieb. Eines der bemerkenswertesten Ereignisse in der Geschichte des Parlaments ist praktisch unbemerkt geblieben.

Und das Wort des "ICH BIN" kam zu mir und sprach: Menschensohn, prophezeie gegen die Propheten Israels, die prophezeien, und sage denen, die aus ihrem eigenen Herzen heraus prophezeien: Hört das Wort des "ICH BIN": So spricht der Herr "ICH BIN": Wehe den törichten Propheten (Politikern), die ihrem eigenen Geist folgen und nichts gesehen haben! O Israel (Großbritannien und USA - die Zwei Zeugen und verwandte Nationen), deine Propheten (Politiker) sind wie die "Füchse in der Wüste" (Operation "Wüstenfuchs"[?]). Ihr seid nicht in die Lücken hinaufgestiegen und habt auch keine Hecke für das "Haus

Israel" (die zehn "verlorenen" Stämme Israels, zu denen auch Amerika und Großbritannien gehören und die von ihnen angeführt werden) errichtet, damit sie in der Schlacht am Tag des "ICH BIN" (Harmagedon) bestehen können. Sie haben Eitelkeit und lügnerische Weissagung gesehen, indem sie sagten: Der "ICH BIN" spricht; und der "ICH BIN" hat sie nicht gesandt; und sie haben [andere] hoffen lassen, dass ihre Worte bestätigt würden. Habt ihr nicht ein eitles Gesicht gesehen, und habt ihr nicht eine lügnerische Weissagung geredet, indem ihr sagt: Der "ICH BIN" sagt es, obwohl ich es nicht gesagt habe? Darum, so spricht der Herr "ICH BIN": Weil ihr Eitelkeit geredet und Lügen gesehen habt, darum siehe, ich bin gegen euch, spricht der Herr "ICH BIN". Und meine Hand wird über den Propheten (Politikern) sein, die Eitelkeit sehen und Lügen erdichten; sie sollen nicht in der Versammlung meines Volkes sein, noch sollen sie in der Schrift des "Hauses Israel" geschrieben sein, noch sollen sie in das Land Israel kommen; und ihr sollt erfahren, dass ich der Herr "ICH BIN" bin. Denn sie haben Mein Volk verführt, indem sie sagten: "Frieden", und es gab KEINEN Frieden, und die einen bauten eine Mauer auf (UNO und NATO), und siehe, die anderen beschmierten sie mit unverdorbenem [Mörtel]: Sprich zu denen, die sie mit ungehärtetem [Mörtel] beschmieren, dass sie fallen wird: Es wird ein überfließender Schauer sein, und ihr, oh große Hagelkörner, werdet fallen, und ein stürmischer Wind (Operation "Wüstensturm"[?]) wird sie zerreißen. Und wenn die Mauer gefallen ist, wird man dann nicht zu euch sagen: "Wo ist die Schmiere, mit der ihr sie geschmiert habt? Darum, so spricht der Herr "ICH BIN": Ich will sie zerreißen mit stürmischem Wind in meinem Zorn, und es soll ein überfließender Schauer sein in meinem Zorn, und große Hagelkörner in meinem Zorn, um sie zu verzehren. So werde ich die Mauer (U.N.), die ihr mit ungehärtetem [Mörtel] bestrichen habt, niederreißen und sie zu Boden stürzen, so dass ihr Fundament (Illuminati - Olymp) entdeckt wird, und sie wird fallen, und ihr werdet in ihrer Mitte verzehrt werden; und ihr werdet erkennen, dass ich der "ICH BIN" bin. So will ich Meinen Zorn an der Mauer (UNO und NATO) und an denen, die sie mit ungehärtetem [Mörtel] beschmiert haben, vollenden und zu euch sagen: Die Mauer ist nicht mehr, und die sie beschmiert haben, sind nicht mehr..." - Gott, Hesekiel 13:1-15.

Wir stehen kurz vor dem Punkt, an dem die Vereinigten Staaten ihre Streitkräfte zur Beilegung aller Streitigkeiten, die vor die Vereinten Nationen gebracht werden, entsenden werden. Der scheidende Generalsekretär Perez de Cuellar, schwer beladen mit Bestechungsgeldern, war der willfährigste UNO-Führer in der

Geschichte, der den Forderungen der Vereinigten Staaten ohne Diskussion nachgab. Sein Nachfolger wird noch mehr geneigt sein, alles mitzumachen, was die US-Regierung ihm vorlegt. Dies ist ein wichtiger Schritt auf dem Weg zu einer Eine-Welt-Regierung.

Der Internationale Gerichtshof in Den Haag wird in den nächsten zwei Jahren in zunehmendem Maße zur Beilegung von Rechtsstreitigkeiten aller Art herangezogen werden. Er ist natürlich der Prototyp für ein Rechtssystem der Einen Weltregierung, das alle anderen verdrängen wird. Was die Zentralbanken betrifft, die bei der Planung der neuen Weltordnung eine wesentliche Rolle spielen, so ist dies mit der Bank für Internationalen Zahlungsausgleich, die Ende 1991 die Szene beherrscht, bereits eine Tatsache. Die Privatbanken verschwinden rasch und bereiten sich auf die großen zehn Banken vor, die das Bankwesen in der ganzen Welt unter der Leitung der BIZ und des IWF kontrollieren werden.

Wohlfahrtsstaaten gibt es in Europa zuhauf, und die Vereinigten Staaten sind dabei, sich zum größten Wohlfahrtsstaat der Welt zu entwickeln. Wenn die Menschen erst einmal von der Regierung abhängig sind, wird es sehr schwer sein, sie wieder davon loszukommen, wie die Ergebnisse der letzten Zwischenwahlen in den Vereinigten Staaten gezeigt haben, bei denen 98 % der Amtsinhaber nach Washington zurückkehrten, um dort ein gutes Leben zu führen, trotz ihrer äußerst bedauernswerten Bilanz.

Die Abschaffung von Schusswaffen in Privatbesitz ist bereits in drei Vierteln der Welt in Kraft. Nur in den Vereinigten Staaten darf die Bevölkerung noch Waffen aller Art besitzen, aber dieses Recht wird in alarmierendem Tempo durch lokale und bundesstaatliche Gesetze ausgehöhlt, die das verfassungsmäßige Recht aller Bürger auf das Tragen von Waffen verletzen. Der private Waffenbesitz wird in den Vereinigten Staaten bis zum Jahr 2010 der Vergangenheit angehören.

IN ÄHNLICHER WEISE WIRD DAS BILDUNGSWESEN IN ALARMIERENDEM TEMPO AUSGEHÖHLT. PRIVATSCHULEN WERDEN DURCH EINE VIELZAHL VON GESETZLICHEN REGELUNGEN UND MANGELNDE FINANZIERUNG ZUR SCHLIESSUNG GEZWUNGEN. Das Bildungsniveau in den Vereinigten Staaten ist bereits auf ein so beklagenswertes Niveau gesunken, dass es heute kaum noch als Bildung bezeichnet werden kann. Das ist planmäßig; wie ich bereits beschrieben habe, will die Eine-Welt-Regierung nicht, dass unsere Jugend eine gute Ausbildung erhält.

Die Zerstörung der nationalen Identität schreitet unaufhaltsam voran. Es ist nicht mehr gut, patriotisch zu sein, es sei denn, es dient einem Projekt der Eine-Welt-Regierung, wie dem Völkermordkrieg, der gegen die irakische Nation geführt wird, oder der bevorstehenden Zerstörung Libyens. Rassenstolz ist heute in vielen Teilen der Welt verpönt und wird als illegale Handlung betrachtet, so auch in den Vereinigten Staaten, Großbritannien, Westeuropa und Kanada, alles Länder mit dem größten Anteil an weißer Ethnie.

Angeführt von den Geheimgesellschaften in Amerika ist die Zerstörung republikanischer Regierungsformen seit dem Ende des Zweiten Weltkriegs in vollem Gange. Die Liste der von den USA zerstörten Regierungen ist lang, und es ist für den Nichtinformierten schwer zu akzeptieren, dass die Regierung eines Landes, das angeblich unter einer einzigartigen Verfassung dem Republikanismus verpflichtet ist, ein solches Verhalten an den Tag legen würde, aber die Fakten sprechen für sich.

Dieses Ziel wurde vor über einem Jahrhundert vom Ausschuss der 300 festgelegt. Die Vereinigten Staaten haben die Angriffe auf solche Regierungen angeführt und tun dies auch weiterhin, selbst wenn die republikanische Basis der Vereinigten Staaten immer weiter untergraben wird. Angefangen mit dem Rechtsberater von James Earl Carter, Lloyd Cutler, hat ein Komitee von Verfassungsrechtlern daran gearbeitet, den US-Kongress in ein nicht-repräsentatives parlamentarisches System umzuwandeln. Seit 1979 wird an dem Entwurf für eine solche Änderung gearbeitet, und wegen seines Engagements für diese Sache wurde Cutler zum Mitglied *des Ausschusses der 300* ernannt. Der endgültige Entwurf für eine parlamentarische Regierungsform soll dem *Komitee der 300* Ende 1993 vorgelegt werden.

Im neuen parlamentarischen System sind die Abgeordneten nicht mehr ihren Wählern, sondern den Fraktionsvorsitzenden verantwortlich und werden so abstimmen, wie es ihnen aufgetragen wird. So wird die Verfassung durch juristische und bürokratische Unterwanderung verschwinden, ebenso wie die individuelle Freiheit. Die geplante Entwürdigung des Menschen durch zügellose Sexualpraktiken wird verstärkt werden. Neue sexuell entartete Sekten werden bereits jetzt von der britischen Krone über die Dienste SIS und MI6 aufgebaut. Wie wir bereits wissen, sind alle Sekten, die heute in der Welt operieren, das Produkt des britischen Geheimdienstes, der im Auftrag der oligarchischen Herrscher handelt.

Man könnte meinen, daß diese Phase der Schaffung einer ganz neuen

Sekte, die sich auf sexuell-entartete Verhaltensweisen spezialisiert hat, noch in weiter Ferne liegt, aber nach meinen Informationen soll sie 1992 intensiviert werden. Bis 1994 werden "Live-Shows" in den renommiertesten Clubs und Vergnügungsstätten ganz alltäglich sein. Diese Art von "Unterhaltung" ist bereits dabei, ihr Image aufzupolieren und zu verbessern.

Bald werden die großen Namen in Hollywood und der Unterhaltungswelt diesen oder jenen Club als "Muss" für Live-Sex-Shows empfehlen. Lesbianismus und Homosexualität werden nicht auf dem Programm stehen. Diese neue, gesellschaftlich akzeptierte "Unterhaltung" wird aus heterosexuellen Darbietungen bestehen und in Rezensionen beschrieben werden, wie man sie heute in den Zeitungen über Shows am Broadway oder den neuesten Kinohit findet.

Ein noch nie dagewesener Angriff auf die moralischen Werte wird 1992 auf Hochtouren laufen. Pornographie wird nicht mehr als "Pornographie" bezeichnet, sondern als sexuelle Unterhaltung für Erwachsene. Der Slogan wird lauten: "Warum es verstecken, wenn es jeder tut. Lasst uns mit dem Image aufräumen, dass die öffentliche Zurschaustellung von Sex hässlich und schmutzig ist". Diejenigen, die diese Art von ungezügelter sexueller Begierde ausleben wollen, müssen nicht mehr in schäbige Porno-Lokale gehen. Stattdessen werden die Supper-Clubs der Oberschicht und die von den Reichen und Berühmten bevorzugten Lokale öffentliche sexuelle Darbietungen zu einer höchst "künstlerischen" Form der Unterhaltung machen. Schlimmer noch, einige kirchliche "Führer" werden dies sogar empfehlen.

Der umfangreiche, alles durchdringende und enorme sozialpsychiatrische Apparat, der vom Tavistock-Institut und seinem riesigen Netz verwandter Fähigkeiten eingerichtet wurde, stand unter der Kontrolle einer einzigen Instanz, und diese Instanz hat immer noch die Kontrolle, während wir in das Jahr 1992 eintreten. Diese einzige Instanz, die Hierarchie der Verschwörer, wird "*Das Komitee der 300*" genannt. Es ist eine Machtstruktur und ein Machtzentrum, das weit jenseits der Reichweite eines einzelnen Weltführers oder einer Regierung operiert, einschließlich der Regierung der Vereinigten Staaten und ihrer Präsidenten - wie der verstorbene John F. Kennedy herausfand. Der Mord an Kennedy war eine Operation *des Komitees der 300,* und wir werden darauf zurückkommen.

Das Komitee der 300 ist die ultimative Geheimgesellschaft, die sich aus einer unantastbaren herrschenden Klasse zusammensetzt, zu der die Königin von England, die Königin der Niederlande, die Königin von Dänemark und die königlichen Familien Europas gehören. Diese

Aristokraten beschlossen nach dem Tod von Königin Victoria, der Matriarchin der venezianischen Schwarzen Welfen, dass es für ihre aristokratischen Mitglieder notwendig sei, mit den nicht-aristokratischen, aber extrem mächtigen Führern der globalen Geschäftswelt "ins Geschäft zu kommen", um die weltweite Kontrolle zu erlangen, und so wurden die Türen zur ultimativen Macht für das geöffnet, was die Königin von England gerne als "die Bürgerlichen" bezeichnet.

Aus meiner Zeit bei den Geheimdiensten weiß ich, dass die Chefs ausländischer Regierungen dieses allmächtige Gremium als "Die Magier" bezeichnen. Stalin prägte seinen eigenen Ausdruck, um sie zu beschreiben: "Die dunklen Mächte", und Präsident Eisenhower, der nie über den Rang eines "Hofjuden" hinauskam, bezeichnete sie in einer kolossalen Untertreibung als "den militärisch-industriellen Komplex". Stalin hielt die UdSSR mit konventionellen und nuklearen Streitkräften schwer bewaffnet, weil er dem, was er "die Familie" nannte, nicht traute. Sein tief verwurzeltes Misstrauen und seine Angst vor dem *"Komitee der 300"* erwiesen sich als begründet.

Die populäre Unterhaltung, insbesondere das Medium Film, wurde benutzt, um diejenigen in Misskredit zu bringen, die vor dieser höchst gefährlichen Bedrohung der individuellen Freiheit und der Freiheit der Menschheit zu warnen versuchten. Die Freiheit ist ein gottgegebenes Gesetz, das der Mensch immer wieder zu untergraben und auszuhöhlen versucht hat; doch die Sehnsucht jedes Einzelnen nach Freiheit ist so groß, dass es bisher keinem System gelungen ist, dieses Gefühl aus dem Herzen des Menschen zu reißen. Die Versuche, die in der UdSSR, in Großbritannien und in den USA unternommen wurden, um die Sehnsucht des Menschen nach Freiheit abzustumpfen und zu dämpfen, haben sich bisher als erfolglos erwiesen.

Aber mit dem Kommen der Neuen Weltordnung - einer Weltregierung - werden weitreichende Experimente verstärkt werden, um die gottgegebene Sehnsucht des Menschen nach Freiheit aus seinem Geist, seinem Körper und seiner Seele zu vertreiben. Was wir jetzt schon erleben, ist nichts, eine Bagatelle im Vergleich zu dem, was kommen wird. Der Angriff auf die Seele ist die Stoßrichtung einer Vielzahl von Experimenten, die vorbereitet werden, und ich bedauere sagen zu müssen, dass Institutionen in den Vereinigten Staaten eine führende Rolle bei den schrecklichen Experimenten spielen werden, die bereits auf lokaler, kleiner Ebene an Orten wie dem Bethesda Naval Hospital und dem Vacaville Gefängnis in Kalifornien durchgeführt wurden.

Zu den Filmen, die wir bisher gesehen haben, gehören die James-Bond-

Serie, das "Assassination Bureau", der "Matarese Circle" und so weiter. Diese Filme sollen die Wahrheit verschleiern, dass solche Organisationen tatsächlich existieren, und zwar in einem weitaus größeren Ausmaß, als es selbst Hollywoods fruchtbare Ideengeber sich ausdenken konnten.

Doch das Assassination Bureau ist absolut real. Es existiert in Europa und den Vereinigten Staaten einzig und allein, um *im* Auftrag des *Komitees der 300* hochrangige Attentate auszuführen, wenn alle anderen Mittel versagt haben. Es war PERMINDEX, das das Kennedy-Attentat unter der Leitung von Sir William Stephenson durchführte, jahrelang die Nummer eins der Königin von England bei der "Schädlingsbekämpfung".

Clay Shaw, ein Vertragsagent der CIA, leitete PERMINDEX vom Trade Mart Centre in New Orleans aus. Der frühere Bezirksstaatsanwalt von New Orleans, Jim Garrison, stand kurz davor, das Kennedy-Attentat bis hin zu Clay Shaw aufzudecken, bis Garrison "erledigt" wurde und Shaw für nicht schuldig befunden wurde, an dem Kennedy-Attentat beteiligt gewesen zu sein. Die Tatsache, dass Shaw auf die gleiche Weise eliminiert wurde wie Jack Ruby, ein weiterer CIA-Vertragsagent - beide starben an einer schnell wirkenden Krebserkrankung - spricht Bände, dass Garrison auf der richtigen Spur war. (Jack Ruby starb im Januar 1967 im Gefängnis an Krebs.)

Ein zweites Attentatsbüro befindet sich in der Schweiz und wurde bis vor kurzem von einer schattenhaften Figur geleitet, von der nach 1941 keine Fotos mehr existieren. Die Operationen wurden und werden wahrscheinlich immer noch von der Familie Oltramaire finanziert - Schweizer Schwarzer Adel, Eigentümer der Lombard Odier Bank in Genf, eine Operation *des Komitees der 300.* Der Hauptkontaktmann war Jacques Soustelle - dies geht aus den Geheimdienstakten der US-Army-G2 hervor.

Diese Gruppe war auch eng mit Allen Dulles und Jean de Menil, einem wichtigen Mitglied *des Komitees der 300* und einem sehr prominenten Namen in der Ölindustrie in Texas, verbunden. Aus den Unterlagen der Army-G2 geht hervor, dass die Gruppe stark in den Waffenhandel im Nahen Osten involviert war, aber darüber hinaus hat das Attentatsbüro nicht weniger als 30 Attentatsversuche auf General de Gaulle unternommen, an denen Jacques Soustelle direkt beteiligt war. Derselbe Soustelle war der Kontaktmann für die Guerillagruppe Sendero Luminosa - Leuchtender Pfad, die die peruanischen Kokainproduzenten des Komitees schützt.

Als alle Bemühungen des Attentatsbüros gescheitert waren, wurde der Auftrag dank der ausgezeichneten Arbeit der DGSE (französischer Geheimdienst - früher SDECE) dem MI6 - Military Intelligence Department Six, auch bekannt als Secret Intelligence Service (SIS), unter dem Codenamen "Jackal" übertragen. Das SDECE beschäftigte clevere junge Absolventen und war weder vom MI6 noch vom KGB in nennenswertem Umfang infiltriert. Die Gruppe verfolgte den "Schakal" bis zu seinem endgültigen Ziel und tötete ihn, bevor er auf die Wagenkolonne von General de Gaulle schießen konnte.

Es war die SDECE, die einen sowjetischen Maulwurf im Kabinett von De Gaulle aufdeckte, der zufällig auch ein Verbindungsmann zur CIA in Langley war. Um die SDECE zu diskreditieren, ließ Allen Dulles, der De Gaulle hasste (das beruhte auf Gegenseitigkeit), einen ihrer Agenten, Roger De Louette, mit Heroin im Wert von 12 Millionen Dollar erwischen. Nach einem ausführlichen "Verhör" durch Experten "gestand" De Louette, konnte aber nicht sagen, warum er Drogen in die Vereinigten Staaten schmuggelte. Die ganze Sache stank zum Himmel nach einem abgekarteten Spiel.

Ausgehend von einer Untersuchung der SDECE-Methoden zum Schutz von de Gaulle, insbesondere bei Autokolonnen, wussten das FBI, der Secret Service und die CIA genau, wie sie Präsident Kennedy seiner Sicherheit berauben und es den drei PERMINDEX-Schützen leicht machen konnten, ihn im November 1963 am Dealey Plaza zu ermorden.

Ein weiteres Beispiel für einen als Fiktion getarnten FAKT ist der Roman "TOPAZ" von Leon Uris. In "TOPAZ" finden wir einen Tatsachenbericht über die Aktivitäten von Thyraud de Vosjoli, eben jenem KGB-Agenten, der vom SDECE enttarnt und als Verbindungsmann des KGB zur CIA denunziert wurde. Es gibt viele fiktionalisierte Berichte über die Aktivitäten des MOSSAD, die fast alle auf Tatsachen beruhen.

Das MOSSAD ist auch als "Das Institut" bekannt. Viele Möchtegern-Autoren machen unsinnige Aussagen darüber, insbesondere ein Autor, der der christlichen Rechten sehr zugetan ist, was als Wahrheit akzeptiert wird. Man kann dem Übeltäter verzeihen, dass er keine nachrichtendienstliche Ausbildung hat, aber das hält ihn nicht davon ab, überall "Mossad-Namen" fallen zu lassen.

Derartige Desinformationsübungen werden routinemäßig gegen rechtsgerichtete patriotische Gruppen in den USA durchgeführt. Ursprünglich bestand der MOSSAD aus drei Gruppen, dem Büro des militärischen Nachrichtendienstes, der politischen Abteilung des

Außenministeriums und der Abteilung für Sicherheit (Sherut Habitachon). David Ben Gurion, ein Mitglied *des Komitees der 300,* erhielt bei der Zusammenstellung des MOSSAD erhebliche Hilfe vom MI6.

Sie war jedoch kein Erfolg und wurde 1951 von Sir William Stephenson vom MI6 zu einer einzigen Einheit umstrukturiert, die der politischen Abteilung des israelischen Außenministeriums unterstellt war und über eine Sondereinsatzgruppe für Spionage und "Schwarzarbeit" verfügte. Der britische Geheimdienst leistete weitere Unterstützung bei der Ausbildung und Ausrüstung der Sarayet Maktal, auch bekannt als Generalstabs-Aufklärungseinheit, nach dem Vorbild des britischen Special Air Service (SAS). Diese Service-Einheit des MOSSAD wird nie namentlich erwähnt und ist einfach als "The Guys" bekannt.

"The Guys" sind lediglich ein verlängerter Arm der SAS-Einheit des britischen Geheimdienstes, der sie ständig ausbildet und in neuen Methoden schult. Es waren "The Guys", die die Führer der P.L.0. töteten und Adolph Eichmann entführten. "The Guys" und in der Tat ALLE MOSSAD-Agenten operieren auf der Grundlage von Kriegsbedingungen. Der MOSSAD hat einen enormen Vorteil gegenüber anderen Geheimdiensten, da es in jedem Land der Welt eine große jüdische Gemeinde gibt.

Durch das Studium von Sozial- und Strafregisterauszügen ist der MOSSAD in der Lage, Agenten unter den örtlichen Juden auszuwählen, auf die er Einfluss nehmen kann, und sie unentgeltlich für sich arbeiten zu lassen. Der MOSSAD hat auch den Vorteil, dass er Zugang zu den Unterlagen aller US-Strafverfolgungsbehörden und US-Geheimdienste hat. Das Office of Naval Intelligence (OM) bietet dem Mossad ELINT-Dienste ohne Kosten für Israel an. Die Bürger der Vereinigten Staaten wären schockiert, verärgert und bestürzt, wenn jemals entdeckt würde, wie viel der MOSSAD über das Leben von Millionen von Amerikanern in allen Lebensbereichen weiß, auch über solche, die in keiner Weise politisch sind.

Der erste Leiter des MOSSAD, Reuben Shiloach, wurde zum Mitglied *des Ausschusses der 300* gemacht, aber es ist nicht bekannt, ob sein Nachfolger das gleiche Privileg genoss. Wahrscheinlich ist das der Fall. Der MOSSAD verfügt über einen geschickten Desinformationsdienst. Die Menge an Desinformation, mit der er den amerikanischen "Markt" füttert, ist peinlich, aber noch peinlicher ist, wie sie mit Haut und Haaren geschluckt wird.

Was wir im Mikrokosmos des MOSSAD tatsächlich erleben, ist das Ausmaß der Kontrolle, die die "Olympier" über die Geheimdienste, die Unterhaltung, das Verlagswesen, die Meinungsbildung (Umfragen) und die Fernseh-"Nachrichten"-Medien im globalen Maßstab ausüben. Ted Turner erhielt vor kurzem einen Sitz im *Komitee der 300* als Anerkennung für seine "Nachrichten"-Sendungen (die CNN macht). Das Komitee hat die Macht und die Mittel, den Menschen dieser Welt ALLES zu sagen, und die große Mehrheit wird glauben, dass jedes Mal, wenn ein Forscher auf diese erstaunliche zentrale Kontrollgruppe stößt, er entweder erfolgreich gekauft wird oder eine "Spezialausbildung" am Tavistock-Institut durchläuft, nach der er zu einem Mitwirkenden an weiterer Fiktion vom Typ James Bond wird, d.h. er wird entgleist und gut belohnt. Wenn eine Person wie John F. Kennedy über die Wahrheit darüber stolpert, wer das Weltgeschehen lenkt, und nicht gekauft werden kann, wird er ermordet.

Im Fall von John F. Kennedy wurde das Attentat mit großer Öffentlichkeitswirkung und mit äußerster Brutalität durchgeführt, um den führenden Politikern der Welt als Warnung zu dienen, nicht aus der Reihe zu tanzen. Papst Johannes Paul I. wurde in aller Stille ermordet, weil er dem *Komitee der 300* durch Freimaurer in der Vatikan-Hierarchie nahe stand. Sein Nachfolger, Papst Johannes Paul II., wurde öffentlich gedemütigt, um ihn zur Unterlassung zu ermahnen - was er auch getan hat. Wie wir sehen werden, sitzen heute einige führende Persönlichkeiten des Vatikans im *"Komitee der 300"*.

Es ist leicht, ernsthafte Forscher *vom Komitee der 300* abzulenken, denn der britische MI6 (SIS) fördert eine Vielzahl von Spinnereien wie New Age, Yoga, Zen-Buddhismus, Hexerei, die Delphische Priesterschaft des Apollo (Aristoteles war Mitglied) und Hunderte von kleinen "Kulten" aller Art. Eine Gruppe "pensionierter" britischer Geheimdienstagenten, die auf der Spur geblieben sind, bezeichnete die Hierarchie der Verschwörer als "Force X" und erklärte, sie verfüge über einen Supergeheimdienst, der den KGB, den vatikanischen Geheimdienst, die CIA, das ONI, die DGSE, den militärischen Geheimdienst der USA, den Geheimdienst des Außenministeriums und sogar den geheimsten aller US-Geheimdienste, das Office of National Reconnaissance, korrumpiert habe.

Die Existenz des Nationalen Aufklärungsbüros (NRO) war nur einer Handvoll Menschen außerhalb des *Komitees der 300* bekannt, bis Truman ganz zufällig darauf stieß. Churchill war an der Gründung des NRO beteiligt und soll wütend gewesen sein, als Truman von dessen Existenz erfuhr. Mehr als jeder andere Diener *des Komitees der 300* betrachtete Churchill Truman als seinen kleinen Mann der Unabhängigkeit "ohne jegliche Unabhängigkeit". Dies bezog sich darauf, dass jeder Schritt Trumans von der Freimaurerei kontrolliert wurde. Auch heute noch ist der Jahreshaushalt der NRO dem Kongress der Vereinigten Staaten nicht bekannt, und sie ist nur einigen wenigen Auserwählten im Kongress gegenüber verantwortlich. Aber es ist ein Geschöpf *des Komitees der 300*, an das seine Berichte routinemäßig alle paar Stunden geschickt werden.

Die fiktionalisierten Spoofs, die man über die verschiedenen Zweige und Kontrollorgane des Komitees sieht, sollen den Verdacht von der realen Sache ablenken, aber wir sollten nie daran zweifeln, dass die reale Sache tatsächlich existiert. Nehmen Sie ein anderes Beispiel für das, was ich meine: das Buch "DER TAG DES JACKALS", aus dem ein sehr erfolgreicher Film gemacht wurde. Die in dem Buch geschilderten Ereignisse entsprechen den Tatsachen. Zwar wurden aus offensichtlichen Gründen die Namen einiger Akteure und die Schauplätze geändert, aber der Kern der Geschichte, dass ein einzelner MI6-Agent beauftragt wurde, General Charles De Gaulle zu beseitigen, ist absolut korrekt. General De Gaulle war unkontrollierbar geworden und weigerte sich, mit dem Komitee zusammenzuarbeiten - von dessen Existenz er sehr wohl wusste, da er eingeladen worden war, ihm beizutreten -, was seinen Höhepunkt erreichte, als De Gaulle Frankreich aus der NATO zurückzog und sofort mit dem Aufbau seiner eigenen Atomstreitkräfte - der so genannten "force de frappe" - begann.

Dies brachte das Komitee derart in Bedrängnis, dass die Ermordung von De Gaulle angeordnet wurde. Dem französischen Geheimdienst gelang es jedoch, die Pläne des "Schakals" zu durchkreuzen und De Gaulle in Sicherheit zu bringen. In Anbetracht der Bilanz des MI6, der übrigens die Hauptquelle des *Komitees der 300* ist, wenn es um Geheimdienstarbeit geht, grenzt die Arbeit des französischen Geheimdienstes an ein Wunder.

Die Abteilung Sechs des Militärischen Nachrichtendienstes geht zurück auf Sir Francis Walsingham, den Zahlmeister von Königin Elisabeth I. für schmutzige Tricks. Im Laufe von Hunderten von Jahren hat der MI6 einen Rekord aufgestellt, der von keinem anderen Nachrichtendienst auch nur annähernd erreicht werden kann. MI6-Agenten haben Informationen aus allen Teilen der Welt gesammelt und geheime Operationen durchgeführt, die selbst die besten Kenner der Materie in Erstaunen versetzen würden, wenn sie jemals öffentlich gemacht würden. Deshalb gilt der MI6 als der Meisterdienst des *Ausschusses der 300*.

Offiziell gibt es den MI6 nicht, sein Budget stammt aus der Staatskasse der Königin und aus "privaten Mitteln" und soll sich zwischen 350 und 500 Millionen Dollar pro Jahr bewegen, aber niemand kennt den genauen Betrag. In seiner heutigen Form geht der MI6 auf das Jahr 1911 zurück, als er unter der Leitung von Sir Mansfield Cumming stand, einem Kapitän der Königlichen Marine, der immer mit dem Buchstaben "C" gekennzeichnet war, von dem der Name "M" aus James Bond abgeleitet ist.

Es gibt keine offiziellen Aufzeichnungen über die Misserfolge und Erfolge des MI6 - *so* geheim ist er, obwohl die Burgess-Maclean-Blake-Blunt-Katastrophen der Moral der MI6-Offiziere großen Schaden zugefügt haben. Im Gegensatz zu anderen Diensten werden künftige Mitglieder von Universitäten und anderen Bildungseinrichtungen durch hochqualifizierte "Talentsucher" rekrutiert, wie wir im Fall der in die Tafelrunde aufgenommenen Rhodes-Stipendiaten gesehen haben. Eine der Voraussetzungen ist die Fähigkeit, Fremdsprachen zu sprechen. Die Kandidaten durchlaufen ein strenges "blooding".

Mit der Unterstützung einer so gewaltigen Macht hatte *das Komitee der 300* wenig zu befürchten, jemals enttarnt zu werden, und das wird noch Jahrzehnte so weitergehen. Was das Komitee so unglaublich macht, ist die unglaubliche Geheimhaltung, die es ausübt. Keines der Nachrichtenmedien hat jemals etwas über diese konspirative Hierarchie berichtet; daher zweifeln die Menschen, wie zu erwarten, an ihrer Existenz.

Die Struktur des Ausschusses.

Das Komitee der 300 steht größtenteils unter der Kontrolle der britischen Monarchin, in diesem Fall Elisabeth II. Es wird angenommen, dass Königin Victoria ziemlich paranoid war, um es geheim zu halten, und dass sie große Anstrengungen unternahm, um masonische Schriften zu vertuschen, die am Tatort der "Jack the Ripper"-Morde hinterlassen wurden und die auf die Verbindungen des *Komitees der 300* mit "Experimenten" anspielten, die von einem Familienmitglied durchgeführt wurden, das auch ein hochrangiges Mitglied des Schottischen Ritus der Freimaurerei war. *Das Komitee der 300* besteht aus Mitgliedern der britischen Aristokratie, die in allen Ländern der Welt, auch in der UdSSR, Unternehmensinteressen und Partner hat.

Der Ausschuss ist wie folgt strukturiert:

Das Tavistock-Institut an der Universität Sussex und den Londoner Standorten gehört dem Royal Institute for International Affairs, dessen "Hofjuden" in Amerika Henry Kissinger ist, und wird von diesem kontrolliert. Die EAGLE STAR GROUP, die nach Ende des Zweiten Weltkriegs in STAR GROUP umbenannt wurde, besteht aus einer Gruppe großer internationaler Unternehmen, die in sich überschneidenden und miteinander verknüpften Bereichen tätig sind: (1) Versicherungen, (2) Banken, (3) Immobilien, (4) Unterhaltung, (5) Hochtechnologie, einschließlich Kybernetik, elektronische Kommunikation usw.

Das Bankwesen ist zwar nicht die Hauptstütze, aber dennoch von entscheidender Bedeutung, vor allem in den Bereichen, in denen die Banken als Verrechnungsstellen und Geldwäscher für Drogengelder fungieren. Die wichtigsten "Großbanken" sind die Bank of England, die Federal Reserve Banks, die Bank für Internationalen Zahlungsausgleich, die Weltbank und die Hong Kong and Shanghai Bank. Die American Express Bank ist ein Mittel zum Recycling von Drogengeldern. Jede dieser Banken ist mit Hunderttausenden von großen und kleinen Banken in der ganzen Welt verbunden und/oder kontrolliert diese.

Tausende von großen und kleinen Banken gehören zum Netz *des Ausschusses der 300*, darunter die Banca Commerciale d'Italia, die Banca Privata, die Banco Ambrosiano (Roberto Calvi - lesen Sie "In Gottes Namen" von David Yallop), die Niederländische Bank, die Barclays Bank, die Banco del Colombia, die Banco de Ibero-America. Von besonderem Interesse ist die Banca del la Svizzeria Italiana (BSI) - denn sie wickelt Fluchtkapital-Investitionen in die und aus den Vereinigten Staaten ab - hauptsächlich in Dollar und US-Anleihen - und befindet sich isoliert im "neutralen" Lugano, dem Fluchtkapital-Zentrum des venezianischen Schwarzen Adels. Lugano liegt weder in Italien noch in der Schweiz und ist eine Art Zwielichtzone für zwielichtige Fluchtkapitaloperationen. George Ball, der ein grosses Aktienpaket der BSI besitzt, ist ein prominenter "Insider" und der Vertreter der Bank in den USA.

BCCI, BNL, Banco Mercantil de Mexico, Banco Nacional de Panama, Bangkok Metropolitan Bank, Bank Leumi, Bank Hapoalim, Standard Bank, Bank of Geneva, Bank of Ireland, Bank of Scotland, Bank of Montreal, Bank of Nova Scotia, Banque de Paris et Pays Bas, British Bank of the Middle-East und die Royal Bank of Canada, um nur eine kleine Auswahl aus einer riesigen Liste von "Spezialbanken" zu nennen.

Die Oppenheimers aus Südafrika sind viel größere "Schwergewichte" als die Rockefellers. So erklärte Harry Oppenheimer, Vorsitzender der riesigen Anglo American Corporation, die den Gold- und Diamantenabbau, den Verkauf und den Vertrieb in der Welt kontrolliert, 1981, dass er im Begriff sei, in den nordamerikanischen Bankenmarkt einzusteigen. Oppenheimer investierte prompt 10 Milliarden Dollar in ein eigens zu diesem Zweck geschaffenes Vehikel, um sich in große Banken in den USA einzukaufen, darunter auch die Citicorp. Oppenheimers Investitionsvehikel hieß Minorco und hatte seinen Sitz auf den Bermudas, die der britischen Königsfamilie gehören. Im Vorstand von Minorco saßen Walter Wriston von Citicorp und Robert Clare, der Chefsyndikus des Unternehmens.

Das einzige andere Unternehmen, das mit Oppenheimer auf dem Gebiet der Edelmetalle und Mineralien konkurrierte, war Consolidated Gold Fields in Südafrika, aber Oppenheimer übernahm mit einem Anteil von 28 % die Kontrolle über dieses Unternehmen und war damit der größte Einzelaktionär. So gelangten Gold, Diamanten, Platin, Titan, Tantalit, Kupfer, Eisenerz, Uran und 52 andere Metalle und Mineralien, viele davon von absolutem strategischen Wert für die Vereinigten Staaten, in die Hände *des Komitees der 300*.

So wurde die Vision eines der früheren südafrikanischen Mitglieder des *Komitees der 300*, Cecil John Rhodes, in vollem Umfang verwirklicht; eine Vision, die mit dem Vergießen des Blutes von Tausenden und Abertausenden weißer Farmer und ihrer Familien in Südafrika begann, die als "Buren" in die Geschichte eingingen. Während die Vereinigten Staaten wie der Rest der Welt mit gefalteten Händen danebenstanden, wurde diese kleine Nation dem brutalsten Völkermordkrieg der Geschichte ausgesetzt. Die Vereinigten Staaten werden die gleiche Behandlung durch *das Komitee der 300* erleiden, wenn wir an der Reihe sind, und das wird nicht lange auf sich warten lassen.

Die Versicherungsgesellschaften spielen eine Schlüsselrolle in den Geschäften *des Ausschusses der 300*. Darunter befinden sich so bedeutende Versicherungsgesellschaften wie die Assicurazioni Generali aus Venedig und die Riunione Adriatica di Sicurta, die größten und zweitgrößten Versicherungsgesellschaften der Welt, die ihre Konten bei der Bank für Internationalen Zahlungsausgleich in Schweizer Goldfranken führen. Beide kontrollieren eine Vielzahl von Investmentbanken, deren Aktienumsätze an der Wall Street doppelt so hoch sind wie die der amerikanischen Investoren.

In den Aufsichtsräten dieser beiden Versicherungsgiganten sind *300* Mitglieder vertreten: die Familie Giustiniani, schwarzer Adel aus Rom und Venedig, die ihre Abstammung auf Kaiser Justianian zurückführt; Sir Jocelyn Hambro von der Hambros (Merchant) Bank; Pierpaolo Luzzatti Fequiz, dessen Abstammung sechs Jahrhunderte zurückreicht bis zu den ältesten Luzzatos, dem schwarzen Adel Venedigs, und Umberto Ortolani von der alten Familie des schwarzen Adels gleichen Namens.

Andere alte venezianische schwarze Adelige *Das Komitee der 300* Mitglieder und Vorstandsmitglieder von ASG und RAS sind die Familie Doria, die Finanziers der spanischen Habsburger, Elie de Rothschild von der französischen Rothschild-Familie, Baron August von Finck (Finck, der zweitreichste Mann in Deutschland ist jetzt verstorben), Franco Orsini Bonacassi aus dem alten schwarzen Adelsgeschlecht der Orsini, das auf einen römischen Senator gleichen Namens zurückgeht, die Familie Alba, deren Abstammung auf den großen Herzog von Alba zurückgeht, und Baron Pierre Lambert, ein Cousin der belgischen Familie Rothschild.

Die englischen Unternehmen, die vom britischen Königshaus kontrolliert werden, sind Eagle Star, Prudential Assurance Company, die Prudential Insurance Company, die die meisten amerikanischen Versicherer, einschließlich Allstate Insurance, besitzen und kontrollieren. An der Spitze der Liste steht Eagle Star, die wahrscheinlich mächtigste "Fassade" für den militärischen Nachrichtendienst MI6 (Military Intelligence Department Six). Eagle Star ist zwar bei weitem nicht so groß wie Assicurazioni Generale, aber vielleicht genauso wichtig, weil es sich im Besitz von Mitgliedern der Familie der englischen Königin befindet, und als nomineller Leiter des *Komitees der 300* hat Eagle Star einen enormen Einfluss. Eagle Star ist nicht nur eine wichtige "Fassade" für den MI6, sondern auch für große britische Banken, darunter Hill-Samuels, N. M. Rothschild und Söhne (einer der Goldpreis-"Fixer", die sich täglich in London treffen) und die Barclays Bank (einer der Geldgeber des African National Congress-ANC). Man kann mit ziemlicher Sicherheit sagen, dass die mächtigsten britischen Oligarchenfamilien Eagle Star als Vehikel für "schwarze Operationen" gegen diejenigen gegründet haben, die sich der Politik *des Komitees der 300* widersetzen.

Anders als bei der CIA ist es nach britischem Recht ein schweres Verbrechen, Namen von MI6-Beamten zu nennen, so dass die folgende Liste nur eine unvollständige Aufzählung der "hohen Tiere" des MI6 ist, die auch Mitglieder des *"Committee of 300"* sind (oder waren):

- Lord Hartley Shawcross.
- Sir Brian Edward Mountain.
- Sir Kenneth Keith.
- Sir Kenneth Strong.
- Sir William Stephenson.
- Sir William Wiseman.

Der Ausschuss besteht aus 300 Unternehmen, die mit buchstäblich Tausenden von Unternehmen in allen Wirtschaftszweigen zusammenarbeiten, wie wir noch sehen werden.

Zu diesen Unternehmen gehören Rank Organisation, Xerox Corporation, ITT, IBM, RCA, CBS, NBC, BBC und CBC im Bereich Kommunikation, Raytheon, Textron, Bendix, Atlantic Richfield, British Petroleum, Royal Dutch Shell, Marine Midland Bank, Lehman Brothers, Kuhn Loeb, General Electric, Westinghouse Corporation, United Fruit Company und viele mehr.

Der MI6 kontrollierte eine große Anzahl dieser Unternehmen über den britischen Geheimdienst, der im RCA-Gebäude in New York, dem Hauptsitz seines Chefs, Sir William Stephenson, stationiert war. Die Radio Corporation of America (RCA) wurde 1919 von G.E.,

Westinghouse, Morgan Guarantee and Trust (im Auftrag der britischen Krone) und United Fruit als britische Geheimdienstzentrale gegründet. Der erste Präsident von RCA war Owen Young von J.P. Morgan, nach dem der Young-Plan benannt wurde. Im Jahr 1929 wurde David Sarnoff mit der Leitung von RCA betraut. Sarnoff hatte als Assistent von Young an der Pariser Friedenskonferenz von 1919 teilgenommen, bei der das gestürzte Deutschland von den siegreichen "Alliierten" in den Rücken gestoßen wurde.

Ein Netz von Wall-Street-Banken und -Brokerhäusern kümmert sich im Auftrag des Ausschusses um den Aktienmarkt, und zu den wichtigsten gehören Blyth, Eastman Dillon, die Morgan-Gruppen, Lazard Freres und Kuhn Loeb Rhodes. Nichts geschieht an der Wall Street, was nicht von der Bank of England kontrolliert wird, deren Anweisungen über die Morgan-Gruppen weitergeleitet und dann von den wichtigsten Brokerhäusern umgesetzt werden, deren Führungskräfte letztlich für die Ausführung der Weisungen des Ausschusses verantwortlich sind.

Bevor das Unternehmen die von Morgan Guarantee gesetzten Grenzen überschritt, war Drexel Burnham Lambert ein Favorit *des Ausschusses der 300*. Im Jahr 1981 hatten sich fast alle großen Brokerhäuser der Wall Street an den Ausschuss verkauft, wobei Phibro mit Salomon Brothers fusionierte. Phibro ist der Geschäftszweig der Oppenheimers von Anglo American Corporation. Durch diesen Kontrollmechanismus stellt *das Komitee der 300* sicher, dass seine Mitglieder und ihre weitverzweigten Unternehmen ihre Investitionen an der Wall Street doppelt so schnell umschlagen wie die "Nicht-Insider" unter den ausländischen Investoren.

Denken Sie daran, dass einige der reichsten Familien der Welt in Europa leben, so dass es nur natürlich ist, dass sie ein Übergewicht an Mitgliedern im Ausschuss haben. Die Familie von Thurn und Taxis, die einst die deutsche Post besaß, lässt David Rockefeller wie einen sehr armen Verwandten aussehen. Die Dynastie von Thurn und Taxis besteht seit 300 Jahren, und Generationen von Familienmitgliedern haben Sitze im Ausschuss inne, die sie bis heute innehaben. Wir haben bereits viele der wohlhabendsten Mitglieder des venezianischen Schwarzen Adels *im Komitee der 300* namentlich erwähnt, und wir werden weitere Namen hinzufügen, sobald wir auf sie in ihren verschiedenen Tätigkeitsbereichen stoßen. Nun werden wir einige amerikanische Mitglieder *des* Komitees *der 300* einbeziehen und versuchen, ihre Zugehörigkeit und Verbindungen zur britischen Krone nachzuvollziehen.

Wie können diese Fakten überprüft werden? Tatsächlich können einige von ihnen nicht überprüft werden, weil die Informationen direkt aus Geheimdienstakten stammen, aber mit einer Menge Laufarbeit gibt es viele Quellen, die zumindest einen Teil der Fakten überprüfen können. Dazu müsste man das Dun and Bradstreet Reference Book of Corporations, Standard and Poors, das britische und amerikanische "Who's Who" gründlich durchsuchen und in stundenlanger harter Arbeit die Namen mit ihren Unternehmenszugehörigkeiten abgleichen.

Das Komitee aus 300 Konzernen, Banken und Versicherungsgesellschaften operiert unter einem einheitlichen Kommando, das alle denkbaren Fragen der Strategie und des Zusammenwirkens abdeckt. Das Komitee ist die EINZIGE organisierte Machthierarchie der Welt, die über alle Regierungen und Einzelpersonen hinausgeht, wie mächtig und sicher sie sich auch fühlen mögen. Dies gilt für Finanzen, Verteidigungsfragen und politische Parteien jeder Couleur und Art.

Es gibt keine Einheit, die das Komitee nicht erreichen und kontrollieren kann, und das schließt die organisierten Religionen der Welt ein. Dies ist also die allmächtige OLYMPISCHE GRUPPE, deren Machtbasis in London und den Finanzzentren der City of London liegt, mit ihrem Griff auf Mineralien, Metalle und Edelsteine, Kokain, Opium und pharmazeutische Drogen, Rentier-Finanziers, Bankiers, Sektenförderer und Gründer der Rockmusik. Die britische Krone ist der Kontrollpunkt, von dem alle Dinge ausgehen. Wie das Sprichwort sagt: "Sie haben überall ihre Finger im Spiel".

Es ist offensichtlich, dass der Kommunikationsbereich streng kontrolliert wird. Zurück zur RCA, stellen wir fest, dass ihr Direktorium aus britisch-amerikanischen Establishment-Figuren besteht, die auch in anderen Organisationen wie dem CFR, der NATO, dem Club of Rome, der Trilateralen Kommission, der Freimaurerei, Skull and Bones, den Bilderbergern, dem Runden Tisch, der Milner-Gesellschaft und der Jesuiten-Aristoteles-Gesellschaft eine wichtige Rolle spielen. Zu ihnen gehörte auch David Sarnoff, der zur gleichen Zeit nach London zog, als Sir William Stephenson in das RCA-Gebäude in New York einzog.

Alle drei großen Fernsehnetzwerke entstanden als Ableger von RCA, insbesondere die National Broadcasting Company (NBC), die als erste gegründet wurde, dicht gefolgt von der American Broadcasting Company (ABC) im Jahr 1951. Das dritte große Fernsehnetz war Columbia Broadcasting System (CBS), das wie seine Schwestergesellschaften vom britischen Geheimdienst beherrscht wurde und immer noch wird. William Paley wurde am Tavistock-

Institut in Techniken der Massenhirnwäsche ausgebildet, bevor er als qualifiziert für die Leitung von CBS befunden wurde. Wenn wir, die Menschen in den Vereinigten Staaten, es nur wüssten, unterlägen alle unsere großen Fernsehnetzwerke der britischen Aufsicht, und die von ihnen gelieferten Informationen gingen zunächst zur Freigabe nach London. Interessanterweise wurde das vom Stanford Research Institute verfasste Tavistock-Papier mit dem Titel "The Aquarian Conspiracy" (Die Wassermann-Verschwörung) durch Spenden von allen drei großen Fernsehsendern finanziert.

Alle drei großen Netzwerke sind im *Ausschuss der 300* vertreten und mit dem Giganten der Massenkommunikationsbranche, der Xerox Corporation aus Rochester, New York, verbunden, deren Robert M. Beck einen Sitz im Ausschuss innehat. Beck ist auch Direktor der Prudential Life Insurance Company, einer Tochtergesellschaft der London Prudential Assurance Company Limited.

Weitere Mitglieder des Vorstands von Xerox sind Howard Clark von der American Express Company, einer der wichtigsten Kanäle für den Transport von Drogengeldern über "Reiseschecks", der ehemalige Finanzminister William Simon und Sol Linowitz, der für den Ausschuss die Panamakanal-Verträge ausgehandelt hat. Linowitz ist für den Ausschuss aufgrund seiner langjährigen Erfahrung mit der Wäsche von Drogengeldern über Marine Midland und die Hongkong and Shanghai Bank von Bedeutung.

Ein weiteres Vorstandsmitglied von Xerox ist Robert Sproull, der von besonderem Interesse ist, weil er als Präsident der Universität von Rochester dem Tavistock-Institut, das über die CIA arbeitete, erlaubte, die Einrichtungen der Universität für die 20 Jahre dauernden MK-Ultra-LSD-Experimente zu nutzen. Etwa 85 andere Universitäten in den USA ließen ebenfalls zu, dass ihre Einrichtungen auf diese Weise missbraucht wurden. So riesig Xerox auch ist, es wird von der Rank-Organisation in den Schatten gestellt, einem in London ansässigen Konglomerat, das vollständig von Mitgliedern der unmittelbaren Familie von Königin Elisabeth kontrolliert wird.

Nennenswerte Mitglieder des Vorstands von Rank Organisation, die auch Mitglieder des *Ausschusses der 300* sind, sind die folgenden:

Lord Helsby, Vorsitzender der Midland Bank, der Clearingstelle für Drogengelder. Zu Helsbys weiteren Ämtern gehören ein Direktorenposten in der riesigen Imperial Group und die Industrial and Commercial Finance Corporation.

Sir Arnold France, ein Direktor von Tube Investments, der die

Londoner U-Bahn betreibt. France ist auch Direktor der BANK OF ENGLAND, die so viel Kontrolle über die Federal Reserve Banks hat.

Sir Dennis Mountain, Vorsitzender des mächtigen Konzerns Eagle Star und Direktor der English Property Corp, einer der Rentier-Finanzgesellschaften der britischen Königsfamilie. Ein solches Mitglied ist der ehrenwerte Angus Ogilvie, "Prince of Companies", der mit Ihrer Königlichen Hoheit Prinzessin Alexandria verheiratet ist, der Schwester des Herzogs von Kent, die dem Schottischen Ritus der Freimaurerei vorsteht und den Platz der Königin einnimmt, wenn diese sich außerhalb Großbritanniens aufhält. Ogilvie ist Direktor der Bank of England und Vorsitzender des riesigen LONRHO-Konglomerats. Es war LONRHO, das die Herrschaft von Ian Smith in Rhodesien beendete, so dass er durch Robert Mugabe ersetzt werden konnte. Auf dem Spiel standen die rhodesischen Chromminen, die das hochwertigste Chromerz der Welt produzieren.

Cyril Hamilton, Vorsitzender der Standard and Chartered Bank (der ehemaligen Bank von Lord Milner und Cecil Rhodes) und Vorstandsmitglied der Bank of England. Hamilton ist außerdem Mitglied des Verwaltungsrats der Xerox Corporation, der Malta International Banking Corporation (eine Bank der Malteserritter), Direktor der Standard Bank of South Africa - der größten Bank des Landes - und Direktor der Banque Belge d'Afrique.

Lord O'Brien of Lotherby, ehemaliger Präsident der British Bankers Association, Direktor von Morgan Grenfell - einer mächtigen Bank, Direktor von Prudential Assurance, Direktor von J. P. Morgan, Direktor der Bank of England, Vorstandsmitglied der Bank für Internationalen Zahlungsausgleich, Direktor des riesigen Unilever-Konglomerats.

Sir Reay Geddes, Vorsitzender der riesigen Reifenfirmen Dunlop und Pirelli, Direktor der Midland and International Banks, Direktor der Bank of England. Man beachte, wie viele dieser mächtigen Männer Direktoren der Bank of England sind, was die Kontrolle der amerikanischen Finanzpolitik sehr einfach macht.

Viele dieser Organisationen und Institutionen, Unternehmen und Banken sind so miteinander verflochten, dass es fast unmöglich ist, sie auseinanderzuhalten. Im Vorstand von RCA sitzt Thornton Bradshaw, Präsident von Atlantic Richfield und Mitglied der NATO, des World Wildlife Fund, des Club of Rome, des Aspen Institute for Humanistic Studies und des Council on Foreign Relations. Bradshaw ist auch Vorsitzender von NBC. Die wichtigste Funktion der RCA ist nach wie vor ihr Dienst für den britischen Geheimdienst.

Es ist nicht allgemein bekannt, welche Rolle das *Komitee der 300* dabei spielte, die Ermittlungen gegen die CIA zu stoppen, die Senator McCarthy fast durchsetzen konnte. Wäre McCarthy erfolgreich gewesen, würde Präsident John F. Kennedy heute wahrscheinlich noch leben.

Als McCarthy ankündigte, dass er William Bundy vor seine Untersuchungskommission laden würde, brach in Washington und London Panik aus. Wäre Bundy als Zeuge geladen worden, hätte er höchstwahrscheinlich die "besonderen Beziehungen" zwischen den britischen Oligarchen und ihren Cousins in der US-Regierung aufgedeckt und offengelegt.

Eine solche Möglichkeit konnte nicht in Betracht gezogen werden. Das Royal Institute of International Affairs wurde eingeschaltet, um McCarthy das Handwerk zu legen. Das RIIA wählte Allen Dulles, einen Mann, der der dekadenten britischen Gesellschaft völlig zugetan war, um McCarthy frontal anzugreifen. Dulles beauftragte Patrick Lyman und Richard Helms mit der Leitung des McCarthy-Falls. Helms wurde später für seinen Einsatz gegen McCarthy mit der Ernennung zum Leiter der CIA belohnt.

General Mark Clark, ein Mitglied des CFR und in Londoner Kreisen ein beliebter Militär, wurde von General Eisenhower beauftragt, McCarthys umfassenden Angriff auf die CIA abzuwehren. McCarthy war zuvorgekommen, als Clark ankündigte, dass ein Sonderausschuss zur Überprüfung der Agentur eingesetzt werden sollte. Clark empfahl auf Anweisung des RIIA einen Überwachungsausschuss des Kongresses, der "die Arbeit der staatlichen Nachrichtendienste in regelmäßigen Abständen überprüfen" sollte. Das Ganze war eine große Tragödie für Amerika und ein Sieg für die Briten, die befürchteten, dass McCarthy zufällig über *das Komitee der 300* und dessen Kontrolle über alle Aspekte der amerikanischen Angelegenheiten stolpern würde.

Der frühere Vorsitzende von Lehman Brothers-Kuhn Loeb, Peter G. Peterson, diente unter dem ehemaligen MI6-Chef Sir William Wiseman und war somit kein Unbekannter im britischen Königshaus. Peterson steht in Verbindung mit dem Aspen Institute, einem weiteren Zweig des britischen Geheimdienstes.

John R. Petty ist Präsident und Vorsitzender der Marine Midland Bank - einer Bank, deren Verbindungen zum Drogenhandel schon lange vor der Übernahme durch die Hongkong and Shanghai Bank, der wahrscheinlich führenden Bank im Opiumhandel, die diese Position seit 1814 innehat, bekannt waren.

Aber der beste Beweis für die Existenz *des Komitees der 300* ist die Rank-Organisation, die in Verbindung mit Eagle Star DIE BRITISCHE KROWNE ist. Sie ist auch das Zentrum für schwarze Operationen des MI6 (SIS). Zusammen kontrollieren diese beiden Unternehmen *des Komitees der 300* das Dominion Ihrer Majestät von Kanada und benutzen die "Hofjuden" der Familie Bronfman, um ihre Befehle auszuführen.

Trizec Holdings, angeblich im Besitz der Familie Bronfman, ist in Wirklichkeit das Hauptvermögen der Königin von England in Kanada. Der gesamte südostasiatische Opiumhandel ist mit dem Bronfman-Imperium verflochten und ist einer der Wege, auf denen Heroin nach Amerika gebracht wird. In gewisser Weise ist Kanada wie die Schweiz: unberührte, schneebedeckte Landschaften, große Städte, ein Ort von großer Schönheit, aber darunter liegt eine tiefe Schicht von Schmutz und Dreck, die aus dem massiven Heroinhandel stammt.

Bei der Familie Bronfman handelt es sich um "Cut-Outs", die im MI6 als "Frontmänner" bezeichnet werden und von London aus von den "Deskmen" des MI6, dem Geheimdienstjargon für die Kontrolleure im Hauptquartier, gesteuert werden. Edgar Bronfman, das Familienoberhaupt, wurde bei zahlreichen Gelegenheiten in das "Moskauer Zentrum" geschickt - ein Deckname für das KGB-Hauptquartier am Dserschinski-Platz 2 in Moskau.

Auf einer niedrigen Ebene war Bronfman wahrscheinlich sehr nützlich als Kontaktmann zu Moskau. Bronfman war zu keinem Zeitpunkt Vertragsagent des MI6 und trug daher nie den Titel "Paroles", ein geheimdienstliches Schlüsselwort zur gegenseitigen Identifizierung von Agenten, was das eifrige Familienoberhaupt Bronfman sehr enttäuschte. Als man glaubte, dass einige Mitglieder der Familie sich verdächtig verhielten, wurden "Beobachter" - Geheimdienstjargon für Geheimdienstmitarbeiter, die Personen überwachen - auf die Familie Bronfman angesetzt, die jedoch nur feststellten, dass einer der Bronfmans mit einem "Cousin" (das Wort, das der MI6 für die CIA verwendet) in den Vereinigten Staaten geprahlt hatte, der nichts von der Rolle Edgar Bronfmans wusste. Dies wurde schnell korrigiert.

Zwei Direktoren von Eagle Star, die auch die beiden Top-Agenten des MI6 waren, übernahmen etwa sechs Monate nach Kriegsende die Kontrolle über die Familie Bronfman. Sir Kenneth Keith und Sir Kenneth Strong, die wir bereits kennengelernt haben, legitimierten die Familie Bronfman durch die Gründung von Trizec Holdings. Es gibt niemanden auf der Welt, der besser als der MI6 in der Lage ist, über Unternehmen "vorzutäuschen".

Doch wie in der Schweiz gibt es auch in Kanada eine schmutzige Seite, die vom *Ausschuss der 300* unter dem Deckmantel des "Official Secrets Act", einer Kopie des britischen Gesetzes aus dem Jahr 1913, gut versteckt wurde. Drogen, schmutzige Geldwäsche, Verbrechen und organisierte Kriminalität fallen alle unter dieses berüchtigte Gesetz.

Was viele nicht wissen, ist, dass bei einer Anklage nach dem Gesetz über Staatsgeheimnisse, das von den Vertretern der Krone beliebig ausgelegt werden kann, die Todesstrafe droht. Wie ich seit 1980 schon so oft gesagt habe, ist Kanada keine Nation wie Südafrika, Holland oder Belgien; es war und bleibt an den Fesseln der Königin von England gebunden. Kanada, so stellen wir fest, steht immer an erster Stelle bei der Ausführung der Wünsche von Königin Elisabeth. Kanadische Truppen haben in jedem der Kriege Ihrer Majestät gekämpft, auch im Burenkrieg (1899-1903).

Wie sein amerikanisches Pendant ist das Canadian Institute of International Affairs ein Kind des Royal Institute for International Affairs (RIIA) und betreibt kanadische Politik. Seine Mitglieder haben seit seiner Gründung im Jahr 1925 den Posten des Außenministers besetzt. Das Institut für Pazifische Beziehungen, das den Angriff auf Pearl Harbour förderte, wurde in Kanada willkommen geheißen, nachdem die verräterischen Aktivitäten von Owen Lattimore und seinen Mitstreitern 1947 aufgedeckt worden waren und sie die Vereinigten Staaten verlassen hatten, bevor sie angeklagt werden konnten.

Das kanadische Institut für internationale Angelegenheiten ist mit der Rank-Organisation durch Sir Kenneth Strong verbunden, der am Ende des Zweiten Weltkriegs stellvertretender Leiter des MI6 war. Als Mitglied des Ordens des Heiligen Johannes von Jerusalem ist Strong die Nummer zwei in Kanada für Rank und die kommerziellen Interessen der britischen Krone. Er gehört dem Vorstand einer der nach der Hongkong und Shanghai Bank produktivsten Drogenbanken der Welt an, der Bank of Nova Scotia, über die die Erlöse aus dem kanadischen Heroinhandel abgewickelt werden.

Der erste in der Reihe ist Sir Brian Edward Mountain, das ranghöchste Mitglied der Ritter des Ordens des Heiligen Johannes von Jerusalem. Es sei daran erinnert, dass die britische Krone, als sie wollte, dass die Vereinigten Staaten in den Zweiten Weltkrieg eintraten, Lord Beaverbrook und Sir Brian Mountain zu einem Treffen mit Präsident Roosevelt schickte, um die diesbezüglichen Anweisungen der Krone zu überbringen. Roosevelt kam dem nach, indem er der US-Marine befahl, von einem Stützpunkt in Grönland aus zu operieren, von dem aus neun

Monate vor Pearl Harbour Angriffe auf deutsche U-Boote durchgeführt wurden. Dies geschah ohne das Wissen und die Zustimmung des Kongresses.

Ein weiterer großer Name in der Rank-kanadischen Verflechtung war Sir Kenneth Keith, ein Direktor von Kanadas Äquivalent der Hongkong und Shanghai Bank, der Bank of Nova Scotia, die in Drogengeldwäsche trieft. Er saß auch im Vorstand der ältesten und ehrwürdigsten britischen Zeitungsinstitution, der London Times und der Sunday Times. Seit über 100 Jahren ist die "Times" das Sprachrohr der Krone in Fragen der Außenpolitik, der Finanzen und des politischen Lebens in England.

Wie so viele Mitglieder *des Ausschusses der 300* verkehrte Sir Kenneth zwischen dem MI6 und der Opiumversorgungskette in Hongkong und China, angeblich im Auftrag des Canadian Institute for International Affairs, dessen Mitglied er war. Als Direktor des Bankhauses Hill Samuel ließ sich seine Anwesenheit in China und Hongkong problemlos erklären. Einer seiner engsten Vertrauten außerhalb der MI6-Kreise war Sir Philip de Zuleta, der direkte Kontrolleur aller britischen Premierminister, sowohl der Konservativen als auch der Labour-Partei, durch *das Komitee der 300*. Sir Kenneth Strong verknüpfte alle Speichen des Drogenrads, einschließlich des Terrorismus, der Opiumproduktion, der Goldmärkte, der schmutzigen Geldwäsche und des Bankwesens, mit seinem zentralen Kern, der britischen Krone.

An der Spitze der Kontrolle der britischen Krone über Kanada stand Walter Gordon. Als ehemaliges Mitglied des Aufsichtsgremiums der Königin, das auch als Privy Council bekannt ist, förderte Gordon über das Canadian Institute of International Affairs das Institut für pazifische Beziehungen. Als ehemaliger Finanzminister war Gordon in der Lage, einen Ausschuss von 300 ausgewählten Buchhaltern und Anwälten in den drei wichtigsten gecharterten Banken einzusetzen: der Bank of Nova Scotia, der Canadian Imperial Bank und der Toronto Dominion Bank.

Über diese drei "Crown Banks" überwachte ein Netz von 300 Agenten, die Gordon unterstellt waren, die zweitgrößte schmutzige Drogen-Geldwäsche-Operation der Welt, mit direkter Verbindung nach China. Vor seinem Tod kontrollierte Gordon James Endicott, Chester Ronning und Paul Linn, die vom MI6 als Kanadas führende "China-Spezialisten" bezeichnet wurden. Alle drei Männer arbeiteten eng mit Chou-En-lai zusammen, der Gamal Abdul Nasser einmal sagte, er werde mit Großbritannien und den USA das tun, was sie mit China getan hätten, nämlich sie in Nationen von Heroinsüchtigen verwandeln. Chou-En-lai löste sein Versprechen ein und begann mit amerikanischen GIs in Vietnam. Weitere enge Mitarbeiter des kanadischen Heroin-Drogenrings waren John D. Gilmer und John Robert Nicholson, beide Mitglieder des Ordens der Ritter des Heiligen Johannes von Jerusalem. Lord Hartley Shawcross, von dem man annimmt, dass er Königin Elisabeth II. direkt unterstellt ist, gehörte dem Vorstand des Royal Institute for International Affairs an und war Kanzler der Universität Sussex, an der das berüchtigte Tavistock Institute for Human Relations angesiedelt ist, mit weitreichenden Verbindungen nach Kanada.

Als Teil von Ranks Tätigkeit in den Vereinigten Staaten war kein anderes Unternehmen für Rank erfolgreicher als die Corning-Gruppe, Eigentümer der Metropolitan Life Insurance Company und der New York Life Insurance Company. Die Mitglieder des *300-köpfigen Ausschusses*, Amory Houghton und sein Bruder James Houghton, stehen seit langem im Dienste der britischen Krone, und zwar durch die oben genannten Versicherungsgesellschaften sowie Corning Glass, Dow Corning und Corning International. Beide sitzen im Vorstand von IBM und Citicorp. James Houghton ist Direktor des Princeton Institute for Advanced Studies, Direktor der J. Pierpont Morgan Library, einer Hochburg der RIIA und des CFR, und er ist auch Direktor von CBS.

Es waren die Gebrüder Houghton, die dem Aspen Institute der britischen Krone Hunderte von Hektar Land, bekannt als Wye Plantation in Maryland, schenkten. Im Vorstand von Corning Glass sitzt auch der Bischof der Erzdiözese der anglikanischen (episkopalen) Kirche von Boston. All dies verleiht dem Konzern die viel gepriesene Seriosität, die Führungskräfte von Versicherungsunternehmen haben müssen, und wie wir sehen werden, leiten neben James Houghton auch Keith Funston und John Harper, beide im Vorstand von Corning, die Metropolitan Life Insurance Company.

Die MASSIVE Vernetzung und Verflechtung nur dieser einen Einheit des *Komitees der 300* wird uns einen guten Hinweis auf die enorme Macht geben, die der Hierarchie der Verschwörer zur Verfügung steht, vor der alle Knie gebeugt werden, einschließlich des Knies des Präsidenten der Vereinigten Staaten, wer auch immer das sein mag.

Es ist wichtig zu wissen, wie dieses amerikanische Unternehmen, eines von HUNDERTEN, mit dem britischen Geheimdienst, mit Kanada, dem Fernen Osten und Südafrika vernetzt ist, ganz zu schweigen von seinem Netz von Unternehmensbeamten und Direktoren, das in jeden Aspekt der Wirtschaft und Politik in den Vereinigten Staaten reicht.

Auch wenn die Metropolitan Life Insurance Company nicht ansatzweise mit der riesigen Assicurazioni Generale des *Komitees der 300* vergleichbar ist, so ist sie doch ein guter Indikator dafür, wie sich die Macht der Houghtons über das gesamte Geschäftsspektrum der USA und Kanadas erstreckt. Angefangen bei R. H. Macy (dessen Angestellte keine roten Nelken mehr tragen, um die Verbundenheit des Unternehmens mit dem Kommunismus zu ehren), der Royal Bank of Canada, der National and Westminster Bank, Intertel (ein bösartiger und niederträchtiger privater Geheimdienst), Canadian Pacific, The Reader's Digest, RCA, AT&T, der Harvard Business School, W. R. Grace Shipping Company, Ralston Purina Company, U.S. Steel, Irving Trust, Consolidated Edison of New York und die ABC , das Stromnetz der Houghtons reicht bis zur Hongkong und Shanghai Bank.

Ein weiteres erfolgreiches Rank-Unternehmen in den Vereinigten Staaten ist die Reliance Insurance Group. Als integraler Bestandteil der Strategic Bombing Survey schuf Reliance die anfängliche strukturelle Basis für Gehirnwäsche, Meinungsbildung, Umfragen, Erhebungen und Systemanalysen, die vom Tavistock-Institut in den Vereinigten Staaten eingesetzt wurden. Die Reliance Insurance Company mit Sitz in Philadelphia schuf die Unternehmensstruktur, die es ermöglichte, die Strategic Bombing Survey gegen die Bevölkerung der Vereinigten Staaten zu richten, die, obwohl sie sich dessen nicht bewusst ist, in den letzten 45 Jahren einer brutalen psychologischen Kriegsführung ausgesetzt war.

Eine Schlüsselfigur bei diesem Angriff auf die Vereinigten Staaten war David Bialkin von der Anwaltskanzlei Wilkie, Farr und Gallagher, *dem Ausschuss der 300*. Bialkin leitete viele Jahre lang die Anti-Defamation League (ADL). Die ADL ist eine britische Geheimdienstorganisation, die in den USA vom MI6 gegründet wurde und von Saul Steinberg und Eric Trist von Tavistock geleitet wird. Saul Steinberg ist der US-Vertreter und Geschäftspartner der Familie Jacob de Rothschild aus London.

Die Reliance Corporation ist die Heimat von Carl Lindner, der die Nachfolge von Eli Black antrat, als dieser aus einem Fenster im 44. Stock eines New Yorker Wolkenkratzers "fiel". Die Reliance Company steht in Verbindung mit der mächtigen United Fruit Company in Boston und New Orleans, die von Max Fisber geleitet wird, der vor seiner Ermordung eine bekannte Figur der Detroiter Unterwelt war. Die United Fruit Company ist seit langem ein Transportunternehmen für Heroin und Kokain in die USA, das unter der Leitung von Misbulam Riklis von der Rapid American Corporation steht, der die Transporte von Kanada in die USA organisiert. All dies geschieht unter der Ägide eines einzigen Unternehmens, das mit einer Vielzahl kleinerer Unternehmen und Operationen vernetzt ist, um dem *Komitee der 300* die volle Kontrolle über eine Vielzahl von Operationen zu geben, die alle sorgfältig in das Netz eingebunden sind.

Die Reliance Group ist eine Abspaltung der Muttergesellschaft, deren Aufgabe es ist, das amerikanische Volk durch ein Netz von Meinungsforschern und Meinungsmachern einer Gehirnwäsche zu unterziehen, und die sich auf Operations Research stützt, um direkte Verbindungen mit dem Tavistock-Institut herzustellen. Ein weiteres assoziiertes Unternehmen ist Leasco, das eng mit AT&T, Disclosure Incorporated, Western Union International, Imbucon Ltd. und Yankelovich, Skelly and White verflochten ist.

Daniel Yankelovich ist der Herrscher über die Meinungsforschungsinstitute in den Vereinigten Staaten, ein riesiger Apparat, der "öffentliche Meinungen zu sozialen, wirtschaftlichen und politischen Themen von Bedeutung" liefert, um Edward Bernays zu zitieren. Es war dieser riesige Apparat, der die Mehrheit der Amerikaner, die noch nie von Saddam Hussein gehört hatten und nur vage wussten, dass der Irak ein Land irgendwo im Nahen Osten war, in ein Volk verwandelte, das nach seinem Blut und der Auslöschung des Irak als Nation schrie.

Yankelovich nutzte alle während des Zweiten Weltkriegs erworbenen Kenntnisse in vollem Umfang. Als Kämpfer der zweiten Generation ist Yankelovich unübertroffen, weshalb die von seinem Unternehmen durchgeführten ABC-Umfragen stets an der Spitze der "öffentlichen Meinung" stehen. Die Bevölkerung der Vereinigten Staaten wurde auf die gleiche Weise wie die deutschen Arbeiterwohnungen angesprochen, indem der Realitätssinn angegriffen wurde. Diese Technik ist natürlich Standardtraining für bestimmte Geheimdienstgruppen, zu denen auch die CIA gehört.

Yankelovichs Aufgabe war es, die traditionellen amerikanischen Werte zu zerstören und sie durch die Werte des New Age/Age of Aquarius zu ersetzen. Als ranghöchster Meinungsbildner des *Komitees der 300* kann niemand bezweifeln, dass Yankelovich seine Aufgabe hervorragend erfüllt hat.

Welche Methoden angewandt werden und welche Ergebnisse zu erwarten sind, lässt sich wohl am besten anhand der Arbeit von John Naisbitt erklären, die er in seinem "Trend Report" erläutert. Naisbitt war als Berater von Lyndon Johnson, Eastman Kodak, IBM, American

Express, dem Centre for Policy Study, Chase Manhattan, General Motors, Louis Harris Polls, dem Weißen Haus, dem Institute of Life Insurance, dem Amerikanischen Roten Kreuz, Mobil Oil, B.P. und einer Vielzahl von *The Committee of 300* Unternehmen und Institutionen tätig. Seine aus den Tavistock-Verfahren des MI6 abgeleitete Methodik ist natürlich nicht einzigartig:

"Ich möchte kurz unsere Methodik skizzieren. Bei der Entwicklung von Trend Reports für unsere Kunden stützen wir uns hauptsächlich auf ein System zur Beobachtung lokaler Ereignisse und Verhaltensweisen. Wir sind sehr beeindruckt von dem Ausmaß, in dem diese Gesellschaft von unten nach oben funktioniert, also beobachten wir, was auf lokaler Ebene vor sich geht, und nicht, was in Washington oder New York passiert. Die Dinge beginnen in Los Angeles, in Tampa, in Hartford, in Wichita, Portland, San Diego und Denver. Es ist eine Gesellschaft, die sehr stark von unten nach oben geht.

"Das Tracking-Konzept, mit dem diese Trends ermittelt werden, hat seine Wurzeln im Zweiten Weltkrieg. Während des Krieges suchten Geheimdienstexperten nach einer Methode, um Informationen über feindliche Nationen zu erhalten, die normalerweise durch Meinungsumfragen gewonnen worden wären. Unter der Leitung von Paul Lazarsfeld und Harold Laswell wurde eine Methode entwickelt, um zu beobachten, was in diesen Gesellschaften vor sich ging, und zwar durch eine Inhaltsanalyse der Tagespresse.

"Obwohl diese Methode der Überwachung des öffentlichen Denkens weiterhin die Wahl der Geheimdienste ist, gibt die Nation jährlich Millionen von Dollar für die Analyse von Zeitungsinhalten in allen Teilen der Welt aus. Aus wirtschaftlichen Gründen ändert sich der Platz, der den Nachrichten in einer Zeitung gewidmet wird, im Laufe der Zeit nicht.

"Wenn also etwas Neues in dieses Nachrichtenloch eingeführt wird, muss etwas oder eine Kombination von Dingen verschwinden oder weggelassen werden. Das Prinzip, um das es hier geht, wird als eine erzwungene Wahl innerhalb eines geschlossenen Systems eingestuft. In dieser erzwungenen Situation fügt die Gesellschaft neue Beschäftigungen hinzu und vergisst alte. Wir verfolgen, was hinzukommt und was aufgegeben wird.

"Offensichtlich sind die Gesellschaften wie die Menschen. Ich weiß nicht, wie viele es sind, aber ein Mensch kann nur so viele Probleme und Sorgen gleichzeitig im Kopf behalten. Wenn neue Probleme oder Sorgen hinzukommen, müssen einige bestehende aufgegeben werden.

Wir führen Buch darüber, was die Amerikaner aufgegeben und was sie aufgenommen haben.

"Die Vereinigten Staaten wandeln sich rasch von einer industriellen Massengesellschaft zu einer Informationsgesellschaft, und die endgültigen Auswirkungen werden tiefgreifender sein als der Übergang von einer Agrar- zu einer Industriegesellschaft im 19. Seit 1979 ist der wichtigste Beruf in den USA der des Büroangestellten, der den des Arbeiters und des Landwirts ablöst. In dieser letzten Aussage steckt eine kurze Geschichte der Vereinigten Staaten."

Es ist kein Zufall, dass Naisbitt Mitglied des Club of Rome und als solches ein "Senior Staffer" *des Committee of 300* ist. Er ist auch einer der leitenden Vizepräsidenten von Yankelovich, Skelly und White. Was Naisbitt tut, ist nicht die Vorhersage von Trends, sondern deren Hervorbringung. Wir haben gesehen, wie die industrielle Basis der Vereinigten Staaten zerstört wurde, angefangen mit der Stahlindustrie. 1982 schrieb ich eine Arbeit mit dem Titel "Death of the Steel Industry", in der ich feststellte, dass die Stahlproduktion in den USA bis Mitte der 1990er Jahre so weit zurückgegangen sein wird, dass es kein Zurück mehr gibt, und dass die Auto- und Wohnungsbauindustrie den gleichen Weg gehen würde.

All dies ist eingetreten, und was wir heute (1992) erleben, ist eine wirtschaftliche Rezession, die nicht nur auf eine unsolide Wirtschaftspolitik zurückzuführen ist, sondern auch auf die vorsätzlich geplante Zerstörung unserer industriellen Basis - und damit auf die Zerstörung von Amerikas einzigartiger Mittelschicht - dem Rückgrat des Landes -, die auf eine fortschreitende industrielle Expansion für Wachstum und stabile Beschäftigung angewiesen ist.

Dies ist einer der Gründe, warum sich die Rezession, die im Januar 1991 begann, zu einer Depression entwickelt hat, aus der die Vereinigten Staaten, wie wir sie in den 60er bis 70er Jahren kannten, höchstwahrscheinlich nie wieder herauskommen werden. Die Wirtschaft wird die Depression von 1991 frühestens 1995-1996 überwinden, und zu diesem Zeitpunkt werden die Vereinigten Staaten eine völlig andere Gesellschaft sein als zu Beginn der Rezession.

Die Meinungsmacher haben in diesem Krieg gegen die Vereinigten Staaten eine nicht geringe Rolle gespielt; wir müssen untersuchen, welche Rolle der *Ausschuss der 300* bei der Herbeiführung dieser weitreichenden Veränderungen gespielt hat und wie die Sozialingenieure zentrale Systemanalysen eingesetzt haben, um zu verhindern, dass die öffentliche Meinung etwas anderes zum Ausdruck bringt als die Politik der unsichtbaren Regierung. Wie und wo hat das alles angefangen?

Aus Dokumenten über den Ersten Weltkrieg, die ich im Kriegsministerium in Whitehall, London, einsehen konnte, geht hervor, dass das Königliche Institut für Internationale Angelegenheiten vom *Ausschuss der 300* beauftragt wurde, eine Studie über die Manipulation von Kriegsinformationen durchzuführen. Mit dieser Aufgabe wurden Lord Northcliffe und Lord Rothmere sowie Arnold Toynbee betraut, der als MI6-Agent beim RIIA tätig war. Die Familie von Lord Rothmere besaß eine Zeitung, die verschiedene Positionen der Regierung unterstützte, so dass man davon ausging, dass die Zeitung die öffentliche Wahrnehmung verändern könnte, insbesondere in den Reihen der wachsenden Opposition gegen den Krieg.

Das Projekt wurde im Wellington House untergebracht, das nach dem Duke of Wellesly benannt war. Zu den amerikanischen Spezialisten, die zur Unterstützung der Lords Rothmere und Northcliffe abgestellt wurden, gehörten Edward Bernays und Walter Lippmann. Die Gruppe hielt "Brainstorming"-Sitzungen ab, um Techniken zur Mobilisierung der Massen für den Krieg auszuarbeiten, insbesondere unter der Arbeiterklasse, deren Söhne in Rekordzahlen auf die Schlachtfelder Flanderns ziehen sollten.

Mit Hilfe der Zeitung von Lord Rothmere wurden neue Manipulationstechniken ausprobiert, und nach einem Zeitraum von etwa 6 Monaten zeigte sich, dass sie erfolgreich waren. Die Forscher entdeckten, dass nur eine sehr kleine Gruppe von Menschen den Prozess des Denkens und die Fähigkeit, das Problem zu beobachten, anstatt eine Meinung darüber abzugeben, verstand. Dies, so Lord Rothmere, sei die Art und Weise, wie 87 % der britischen Öffentlichkeit an den Krieg herangegangen seien, und dasselbe Prinzip gelte nicht nur für den Krieg, sondern für jedes denkbare Problem in der Gesellschaft im Allgemeinen.

Auf diese Weise wurde die Irrationalität in das öffentliche Bewusstsein gehoben. Je komplexer die Probleme der modernen Industriegesellschaft wurden, desto leichter war es, immer mehr Ablenkungen zu schaffen, so dass die von geschickten Manipulatoren geschaffenen, absolut inkonsequenten Meinungen von Menschenmassen schließlich den Rang einer wissenschaftlichen Tatsache erhielten.

Nachdem die Manipulatoren buchstäblich über eine so tiefgreifende Schlussfolgerung gestolpert waren, stellten sie sie während des Krieges auf eine Probe nach der anderen, so dass es trotz der Tatsache, dass Hunderttausende britischer Jugendlicher auf den Schlachtfeldern Frankreichs abgeschlachtet wurden, praktisch keinen Widerstand gegen den blutigen Krieg gab. Aufzeichnungen aus jener Zeit zeigen, dass 1917, kurz vor dem Kriegseintritt der Vereinigten Staaten, 94 % der britischen Arbeiterklasse, die die Hauptlast des Krieges zu tragen hatte, nicht die leiseste Ahnung hatten, wofür sie kämpften, außer dem von den Medienmanipulatoren geschaffenen Bild, dass die Deutschen eine schreckliche Ethnie seien, die darauf aus sei, ihren Monarchen und ihr Land zu zerstören, und die vom Angesicht der Erde getilgt werden müsse.

Sicherlich hat sich nichts geändert, denn 1991 hatten wir genau die gleiche Situation, die von den Nachrichtenmedien geschaffen wurde und die es Präsident Bush erlaubte, die Verfassung in flagranter Weise zu verletzen, indem er mit der vollen Zustimmung von 87 % des amerikanischen Volkes einen Völkermordkrieg gegen den Irak führte. Woodrow Wilson ist es zu verdanken, dass er auf den Zug der Meinungsmanipulatoren aufgesprungen ist und ihn genutzt hat, um die Ziele zu fördern, die ihm sein Kontrolleur, Colonel House, ins Ohr geflüstert hatte - wenn das der richtige Ausdruck ist.

Auf Anweisung von Präsident Wilson, oder besser gesagt von Colonel House, wurde die Creel-Kommission gegründet, und soweit feststellbar, war die Creel-Kommission die erste Organisation in den Vereinigten Staaten, die die RIIA-Techniken und -Methoden für Umfragen und Massenpropaganda einsetzte. Die in Wellington House perfektionierten Experimente zur psychologischen Kriegsführung wurden im Zweiten Weltkrieg mit gleichem Erfolg eingesetzt und wurden im massiven psychologischen Krieg gegen die Vereinigten Staaten, der 1946 begann, kontinuierlich verwendet. Die Methoden haben sich nicht geändert, nur das Ziel. Jetzt war nicht mehr der deutsche Arbeiterwohnungsbau, sondern die Mittelschicht der Vereinigten Staaten das Ziel des Angriffs.

Wie so oft konnten die Verschwörer ihre Freude nicht zurückhalten. Nach dem Ersten Weltkrieg, genauer gesagt im Jahr 1922, beschrieb Lippmann die Arbeit der RIIA in einem Buch mit dem Titel "PUBLIC OPINION":

"Die öffentliche Meinung befasst sich mit indirekten, ungesehenen und rätselhaften Tatsachen, und es gibt nichts Offensichtliches an ihnen. Die Situationen, auf die sich die öffentliche Meinung bezieht, sind nur als Meinungen bekannt, Bilder in den Köpfen der Menschen, Bilder von sich selbst, von anderen, von ihren Bedürfnissen, Zielen und

Beziehungen, sind ihre öffentlichen Meinungen. Diese Bilder, die von Gruppen von Menschen oder von Einzelpersonen, die im Namen von Gruppen handeln, in die Tat umgesetzt werden, sind PUBLIC OPINION mit Großbuchstaben. Das Bild im Kopf führt die Menschen oft in die Irre, wenn sie mit der Welt außerhalb ihres Kopfes zu tun haben.

Kein Wunder, dass Lippmann dazu auserkoren wurde, die Menschen in den Vereinigten Staaten dazu zu bringen, die Beatles zu "mögen", als sie an unseren Küsten ankamen und einem ahnungslosen Land aufgedrängt wurden. In Kombination mit der Propaganda, die Tag und Nacht von Radio und Fernsehen gesendet wurde, dauerte es nur eine vergleichsweise kurze Zeit, bis die Beatles "populär" wurden. Die Technik der Radiosender, die angeblich Hunderte von Anfragen von imaginären Zuhörern nach Beatle-Musik erhielten, führte zu Charts und Einschaltquoten für die "Top Ten" und steigerte sich allmählich, bis es 1992 zu den "Top 40 der Charts" kam.

Lippmanns Landsmann Edward Bernays schrieb 1928 ein Buch mit dem Titel "CRYSTALLISING PUBLIC OPINION", und 1928 erschien ein zweites Buch von ihm mit dem einfachen Titel "PROPAGANDA". Darin beschrieb Bernays seine Erfahrungen im Wellington House. Bernays war ein enger Freund des Meistermanipulators H.G. Wells, dessen zahlreiche Quasi-Romane Bernays zur Formulierung von Techniken zur Kontrolle des Massenbewusstseins nutzte.

Wells war nicht schüchtern, was seine Rolle als Führungspersönlichkeit bei der Veränderung der Unterschicht angeht, vor allem, weil er ein enger Freund von Mitgliedern der britischen Königsfamilie war und viel Zeit mit einigen der hochrangigsten Politiker der damaligen Zeit verbrachte, Männern wie Sir Edward Grey, Lord Haldane, Robert Cecil von der jüdischen Cecil-Familie, die die britische Monarchie kontrollierte, seit ein Cecil Privatsekretär und Liebhaber von Königin Elisabeth I. wurde, Leo Amery, Halford Mackinder vom MI6 und späterer Leiter der London School of Economics, dessen Schüler Bruce Lockhart während der bolschewistischen Revolution zum MI6-Kontrolleur von Lenin und Trotzki werden sollte, und sogar der große Mann selbst, Lord Alfred Milner. Eines von Wells Lieblingslokalen war das prestigeträchtige St. Ermins Hotel, wo sich der Coefficient Club traf, ein Club, zu dem nur ausgewiesene Gentlemen zugelassen waren und der einmal im Monat stattfand. Alle oben genannten Männer waren Mitglieder und auch Mitglieder des Souls Club. Wells behauptete, dass jede Nation besiegt werden könne, nicht durch direkte

Konfrontation, sondern durch das Verstehen des menschlichen Geistes - wie er es nannte, "das mentale Hinterland, das sich hinter der Persona verbirgt."

Mit solch einem mächtigen Unterstützer fühlte sich Bernays sicher genug, um seine "PROPAGANDA" zu starten:

"Da die Zivilisation immer komplexer wird und da die Notwendigkeit einer unsichtbaren Regierung immer deutlicher wird (Hervorhebung JC), wurden technische Mittel erfunden und entwickelt, mit denen die öffentliche Meinung gesteuert werden kann (Hervorhebung JC). Mit der Druckerpresse und der Zeitung, dem Telefon, dem Telegrafen, dem Radio und den Flugzeugen können Ideen schnell und sogar augenblicklich über ganz Amerika verbreitet werden." Bernays hatte noch nicht erkannt, wie viel besser das Fernsehen, das später folgen sollte, diese Aufgabe erfüllen würde.

"Die bewusste und intelligente Manipulation der organisierten Gewohnheiten und Meinungen der Massen ist ein wichtiges Element in einer demokratischen Gesellschaft. Diejenigen, die diesen unsichtbaren Mechanismus der Gesellschaft manipulieren, bilden eine UNSICHTBARE REGIERUNG, die die wahre herrschende Macht in unserem Land ist. Um seine Position zu untermauern, zitierte Bernays einen in der New York Times veröffentlichten Artikel von H. G. Wells, in dem Wells enthusiastisch die Idee unterstützte, dass moderne Kommunikationsmittel "eine neue Welt politischer Prozesse eröffnen, die es ermöglichen, den gemeinsamen Entwurf zu dokumentieren und gegen Perversion und Verrat zu verteidigen" (der unsichtbaren Regierung).

Um mit den Enthüllungen in "PROPAGANDA" fortzufahren:

"Wir werden regiert, unser Geist wird geformt, unser Geschmack geformt, unsere Ideen vorgeschlagen, größtenteils von Männern, von denen wir noch nie gehört haben. Wie auch immer man zu diesem Zustand stehen mag, es bleibt eine Tatsache, dass wir in fast jeder Handlung unseres täglichen Lebens, sei es in der Politik oder in der Wirtschaft, in unserem sozialen Verhalten oder in unserem ethischen Denken, von einer relativ kleinen Anzahl von Personen beherrscht werden, einem winzigen Bruchteil unserer hundertzwanzig Millionen (im Jahr 1928), die die mentalen Prozesse und sozialen Muster der Massen verstehen. Sie sind es, die die Drähte ziehen, die den öffentlichen Geist kontrollieren, und die alte soziale Kräfte nutzen und neue Wege ersinnen, um die Welt zu binden und zu lenken" (Hervorhebung durch JC).

Bernays war nicht kühn genug, der Welt zu sagen, wer "DIE" sind, die "die Drähte ziehen, die den öffentlichen Geist kontrollieren...", aber in diesem Buch werden wir sein absichtliches Versäumnis wettmachen, indem wir die Existenz dieser "relativ kleinen Anzahl von Personen" offenlegen, *das Komitee der 300.* Bernays erhielt für seine Arbeit großen Beifall vom CFR, dessen Mitglieder dafür stimmten, ihm die Leitung des CBS zu übertragen. William Paley wurde sein "Schüler" und löste Bernays schließlich ab, nachdem er sich gründliche Kenntnisse der neuen Wissenschaft der öffentlichen Meinungsbildung angeeignet hatte, was CBS zum Marktführer in diesem Bereich machte, eine Rolle, die CBS Fernsehen und Radio nie aufgegeben hat.

Die politische und finanzielle Kontrolle durch die "relativ kleine Zahl", wie Bernays sie nannte, wird durch eine Reihe von Geheimgesellschaften ausgeübt, insbesondere durch den schottischen Ritus der Freimaurerei und, was vielleicht noch wichtiger ist, durch den ehrwürdigen Orden der Ritter des heiligen Johannes von Jerusalem, einen alten Orden, der aus handverlesenen Führungskräften des britischen Monarchen besteht, die aufgrund ihres Fachwissens in Bereichen ausgewählt wurden, die für die fortgesetzte Kontrolle des Ausschusses von entscheidender Bedeutung sind.

In meinem 1986 veröffentlichten Werk "Der Orden des Heiligen Johannes von Jerusalem" habe ich den Orden folgendermaßen beschrieben:

"Er ist also kein Geheimbund, es sei denn, seine Ziele sind in den inneren Räten pervertiert worden, wie beim Hosenbandorden, der eine prostituierte oligarchische Schöpfung der britischen Königsfamilie ist, die das, wofür der Souveräne Orden des Heiligen Johannes von Jerusalem steht, zum Gespött macht.

"Als Beispiel finden wir den Atheisten Lord Peter Carrington, der vorgibt, ein anglikanischer Christ zu sein, der aber Mitglied des Ordens von Osiris und anderer dämonischer Sekten, einschließlich der Freimaurerei, ist und von Ihrer Majestät, Königin Elisabeth II. von England, vom Schwarzen Adel der Welfen, die auch der anglikanischen Kirche vorsteht, die sie zutiefst verachtet, in der St. George's Chapel, Windsor Castle, zum Ritter des Hosenbandes ernannt wurde."

Carrington wurde vom *Komitee der 300* ausgewählt, um die Regierung von Rhodesien zu stürzen, die Bodenschätze Angolas und Südwestafrikas unter die Kontrolle der City of London zu bringen, Argentinien zu ruinieren und die NATO in eine linke politische Organisation zu verwandeln, die dem *Komitee der 300* verpflichtet ist.

Ein weiteres seltsames Gesicht, das wir sehen, wie es sich dem Heiligen Christlichen Orden des Heiligen Johannes von Jerusalem anschließt, und ich verwende das Wort seltsam so, wie es im hebräischen Original des Alten Testaments verwendet wird, um die Abstammung einer Person zu bezeichnen, ist das von Major Louis Mortimer Bloomfield, dem Mann, der geholfen hat, den Mord an John F. Kennedy zu planen. Wir sehen Fotos dieses "seltsamen" Mannes, der mit Stolz das Malteserkreuz trägt, dasselbe Kreuz, das auch die Ritter des Hosenbandordens am Ärmel tragen.

Wir sind so einer Gehirnwäsche unterzogen worden, dass wir glauben, das britische Königshaus sei nur eine nette, harmlose und farbenfrohe Institution, und nicht erkennen, wie korrupt und daher hochgefährlich diese Institution namens britische Monarchie ist. Die Ritter des Hosenbandordens sind der innerste Kreis der korruptesten Staatsdiener, die das Vertrauen, das ihre Nation, ihr Volk in sie gesetzt hat, aufs Gröbste verraten haben.

Die Ritter des Hosenbandordens stehen an der Spitze *des Komitees der 300,* des vertrauenswürdigsten "Geheimen Rates" von Königin Elisabeth II. Als ich vor einigen Jahren Nachforschungen über den Orden des Heiligen Johannes von Jerusalem anstellte, sprach ich in Oxford mit einem der Ordensmeister, der ein Spezialist für alte und moderne britische Traditionen ist. Er sagte mir, dass die Ritter des Hosenbandordens das innere Sanctum, die Elite der Elite des höchst ehrwürdigen Johanniterordens Ihrer Majestät sind. Johannes von Jerusalem. Ich möchte sagen, dass dies *nicht* der ursprüngliche Orden ist, der von dem wahren christlichen Krieger Peter Gerard gegründet wurde, sondern typisch für viele gute Institutionen ist, die von innen heraus übernommen und zerstört werden, während sie für Uneingeweihte als das Original *erscheinen.*

Von Oxford aus ging ich zum Victoria and Albert Museum und erhielt Zugang zu den Papieren von Lord Palmerston, einem der Begründer der Opium-Dynastie in China. Palmerston war, wie so viele seiner Art, nicht nur Freimaurer, sondern auch ein ergebener Diener des Gnostizismus.... Wie die heutige "königliche Familie" gab Palmerston vor, ein Christ zu sein, war aber in Wirklichkeit ein Diener Satans. Viele Satanisten wurden Führer der britischen Aristokratie und machten mit dem Opiumhandel in China ein Vermögen.

Aus den Unterlagen des nach Victoria benannten Museums erfuhr ich, dass sie 1885 den Namen des Ordens des Heiligen Johannes von Jerusalem änderte, um sich von der katholischen Verbindung des Ordensgründers Peter Gerard zu lösen, und ihn in "Protestant Most

Venerable Order of Jerusalem" umbenannte. Die Mitgliedschaft stand jeder oligarchischen Familie offen, die ihr Vermögen im chinesischen Opiumhandel gemacht hatte, und jede durch und durch dekadente Familie erhielt einen Platz in dem "neuen Orden".

Viele dieser ehrwürdigen Herren waren für die Überwachung der Prohibition in den Vereinigten Staaten von Kanada aus verantwortlich, wo mehrere ihrer Mitglieder den Whisky lieferten, der in die Vereinigten Staaten verschifft wurde. Zu dieser Gruppe gehörte auch das Mitglied *des Komitees der 300*, Earl Haig, der seine Whisky-Franchise dem alten Joe Kennedy überließ. Sowohl die Prohibition als auch die Brennereien, die die Nachfrage nach Alkohol befriedigten, waren eine Schöpfung der britischen Krone, die über das Komitee der 300 handelte. Es war ein Experiment, das zum Vorläufer des heutigen Drogenhandels wurde, und die Lehren, die man aus der Prohibitionszeit gezogen hat, werden nun auf den bald legalisierten Drogenhandel angewendet.

Kanada ist die meistgenutzte Route für Heroinlieferanten aus dem Fernen Osten. Die britische Monarchie sorgt dafür, dass diese Informationen niemals an die Öffentlichkeit gelangen. Unter Ausnutzung ihrer Machtbefugnisse regiert Königin Elisabeth Kanada über den Generalgouverneur (man fragt sich, wie moderne Kanadier eine solch archaische Regelung akzeptieren können?), der der PERSÖNLICHE Vertreter der Königin ist, und weiter über den Geheimen Rat (ein weiteres archaisches Überbleibsel aus der Kolonialzeit) und die Ritter des Heiligen Johannes von Jerusalem, die den kanadischen Handel in all seinen Facetten kontrollieren. Opposition gegen die britische Herrschaft wird unterdrückt. Kanada hat einige der restriktivsten Gesetze der Welt, einschließlich der so genannten "Hassverbrecher"-Gesetze, die dem Land von jüdischen Mitgliedern des Oberhauses in England auferlegt wurden. Gegenwärtig laufen in Kanada vier große Verfahren gegen Personen, die wegen "Hassverbrechen" angeklagt sind. Es handelt sich um die Fälle Finta, Keegstra, Zundel und Ross. Jeder, der es wagt, den Beweis für die jüdische Kontrolle Kanadas (die die Bronfmans ausüben) zu erbringen, wird sofort verhaftet und wegen sogenannter "Hassverbrechen" angeklagt. Dies wird uns eine Vorstellung von der Reichweite des *Komitees der 300* geben, das buchstäblich über allem in dieser Welt sitzt.

Ein Beweis für die Richtigkeit dieser Aussage ist die Tatsache, dass *der Ausschuss der 300* das Internationale Institut für Strategische Studien (IISS) unter der Schirmherrschaft des Runden Tisches gegründet hat.

Dieses Institut ist das Vehikel für die schwarze Propaganda des MI6 und des Tavistock (ein Geheimdienst-Tarnname, der eine Operation bezeichnet, bei der Blutvergießen erforderlich ist), für nukleare und terroristische Aktivitäten, die an die Weltpresse sowie an Regierungs- und Militäreinrichtungen zur Verbreitung gehen.

Zu den Mitgliedern des IISS gehören Vertreter von 87 großen Nachrichtenagenturen und Presseverbänden sowie 138 leitende Redakteure und Kolumnisten internationaler Zeitungen und Zeitschriften. Jetzt wissen Sie, woher Ihr Lieblingskolumnist alle seine Informationen und Meinungen bezieht. Erinnern Sie sich an Jack Anderson, Tom Wicker, Sam Donaldson, John Chancellor, Mary McGrory, Seymour Hersh, Flora Lewis und Anthony Lewis, und so weiter? Die vom IISS bereitgestellten Informationen, insbesondere Szenarien wie die, die vorbereitet wurden, um Präsident Hussein anzuschwärzen, den bevorstehenden Angriff auf Libyen zu rechtfertigen und die PLO zu verurteilen, sind alle speziell auf diesen Anlass zugeschnitten. Die von Seymour Hersh veröffentlichte Geschichte über das Massaker von Mai Lai stammt direkt vom IISS, nur für den Fall, dass wir fälschlicherweise annehmen, dass Männer wie Hersh ihre eigene Forschungsarbeit leisten.

Das Internationale Institut für Strategische Studien ist nichts anderes als ein Meinungsmacher der höheren Ebene im Sinne von Lippmann und Bernays. Statt Bücher zu schreiben, berichten Zeitungen über Meinungen, die von ausgewählten Kolumnisten vorgetragen werden, und das IISS wurde gegründet, um ein Koordinationszentrum zu sein, das nicht nur Meinungen erstellt, sondern diese Meinungen und Szenarien viel schneller und an ein größeres Publikum weitergibt, als dies beispielsweise durch ein Buch möglich wäre. IISS ist ein gutes Beispiel für die Vernetzung und Verknüpfung der Institutionen *des Ausschusses der 300.*

Die Idee, das IISS ins Leben zu rufen, entstand auf der Bilderberger-Konferenz 1957. Es sei daran erinnert, dass die Bilderberger-Konferenz eine Einrichtung des MI6 unter der Leitung des Royal Institute of International Affairs ist. Die Idee stammt von Alastair Buchan, dem Sohn von Lord Tweedsmuir. Buchan war damals Vorsitzender, Vorstandsmitglied des RIIA und Mitglied des Runden Tisches, der angeblich dem britischen Königshaus sehr nahe steht. Auf dieser Konferenz wurde auch der Vorsitzende der Labour Party, Dennis Healey, begrüßt. Weitere Teilnehmer waren Francois Duchene, dessen Mentor, Jean Monet Duchenes, die Trilaterale Kommission unter der Leitung von H. V. Dicks vom Columbus Centre in Tavistock leitete.

Zum Führungsgremium dieses gigantischen Propaganda-Meinungsbildungsapparats gehören unter anderem folgende Personen:

- Frank Kitson, ein ehemaliger Kontrolleur der IRA PROVISIONALS, der Mann, der den Mau-Mau-Aufstand in Kenia begann.
- Lazard Freres, vertreten durch Robert Ellsworth.
- N. M. Rothschild, vertreten durch John Loudon.
- Paul Nitze, Vertreter der Schroeder Bank. Nitze hat eine sehr prominente und wesentliche Rolle in Fragen der Rüstungskontrollvereinbarungen gespielt, die IMMER unter der Leitung des RIIA standen.
- C. L. Sulzberger von der New York Times.
- Stansfield Turner, ein ehemaliger Direktor der CIA. Peter Calvocoressi, Vertreter von Penguin Books.
- Royal Institute for International Affairs, vertreten durch Andrew Schoenberg.
- Kolumnisten und Reporter, vertreten durch Flora Lewis, Drew Middleton, Anthony Lewis, Max Frankel.
- Daniel Ellsberg. Henry Kissinger.
- Robert Bowie, ehemaliger Direktor der National Intelligence Estimates der CIA.

Im Anschluss an das Bilderberger-Treffen von 1957 wurde Kissinger angewiesen, ein Round-Table-Büro in Manhattan zu eröffnen, dessen Kern aus Haig, Ellsberg, Halperin, Schlessinger, McNamara und den McBundy-Brüdern bestand. Kissinger wurde angewiesen, alle Führungspositionen in der Nixon-Administration mit Round Tablern zu besetzen, die der RIIA und damit der Königin von England gegenüber loyal sind. Es war kein Zufall, dass Kissinger Präsident Nixons altes Stammlokal, das Hotel Pierre, als seine Operationszentrale wählte.

Die Bedeutung der Round-Table-Kissinger-Operation war folgende: Auf Anweisung des RIIA-Vorsitzenden Andrew Schoeberg wurde eine Sperre gegen alle Geheimdienste verhängt, um sie daran zu hindern, Informationen an Präsident Nixon weiterzugeben. Dies bedeutete, dass Kissinger und seine Mitarbeiter ALLE INTELLIGENZ-, AUSLÄNDISCHEN UND INLÄNDISCHEN, RECHTSVERSTÄNDIGEN INFORMATIONEN, EINSCHLIESSLICH der FBI-DIVISION 5, erhielten, bevor sie an den

Präsidenten weitergegeben wurden. Auf diese Weise wurde sichergestellt, dass alle vom MI6 kontrollierten Terroroperationen in den USA keine Chance hatten, an die Öffentlichkeit zu gelangen. Dies war Halperins Aufgabe.

Nachdem Nixon von der Kissinger-Gruppe in Ungnade gefallen und aus dem Amt gejagt worden war, verfügte Kissinger über nie dagewesene Befugnisse, wie es sie weder vor noch nach Watergate gegeben hat. Zu diesen seltenen Befugnissen gehörten unter anderem die folgenden:

Kissinger ordnete an, dass das National Security Decision Memorandum No. 1 von Halperin verfasst werden sollte, der den eigentlichen Wortlaut direkt von der RIIA über Round-Table-Kreise erhielt. Das Memorandum ernannte Kissinger zur obersten US-Behörde und zum Vorsitzenden des Verifizierungsgremiums. Alle SALT-Verhandlungen wurden von hier aus geleitet, wobei Paul Nitze, Paul Warnke und ein Nest von Verrätern innerhalb der Genfer Rüstungskontrollmission eingesetzt wurden.

Darüber hinaus wurde Kissinger in die Vietnam Special Studies Group berufen, die alle zivilen und militärischen Berichte, einschließlich der Geheimdienstberichte aus Vietnam, überwachte und auswertete. Kissinger verlangte und erhielt auch die Aufsicht über den "40er-Ausschuss", eine supergeheime Agentur, die die Aufgabe hat, zu entscheiden, wann und wo verdeckte Operationen eingeleitet werden sollen, und die dann den Fortschritt der von ihr eingeleiteten Operationen überwacht.

In der Zwischenzeit ordnete Kissinger eine Flut von Abhörmaßnahmen durch das FBI an, sogar bei seinen engsten Mitarbeitern, um den Eindruck zu erwecken, dass er über alles Bescheid wisse. Die meisten seiner Mitarbeiter wurden darüber informiert, dass sie abgehört wurden. Dies wäre beinahe nach hinten losgegangen, als ein MI6-Agent namens Henry Brandon abgehört wurde, aber von Kissinger nicht informiert wurde. Brandon gab sich als Reporter für die London Times aus, und Kissinger wäre beinahe rausgeworfen worden, weil niemand so etwas mit der London Times macht.

Die ganze Geschichte des Ellsberg-Einbruchs und des anschließenden Watergating gegen Nixon ist zu lang, um sie hier wiederzugeben. Es genügt zu sagen, dass Kissinger von dem Tag an, an dem Ellsberg während seines Studiums in Cambridge rekrutiert wurde, die Kontrolle über Ellsberg hatte. Ellsberg war immer ein Befürworter des Vietnamkriegs gewesen, wurde aber nach und nach zu einem linksradikalen Aktivisten "bekehrt". Seine "Bekehrung" war nur einen Hauch weniger wundersam als die Erfahrung des Paulus auf der Damaskusstraße.

Das gesamte Spektrum der neuen Linken in den Vereinigten Staaten war das Werk des britischen Geheimdienstes MI6, der über Round-Table-Assets und das Institute for Policy Studies (IPS) agierte. Wie in allen Ländern mit republikanischer Basis, deren Politik geändert werden musste, spielte das IPS eine führende Rolle, so wie es heute in Südafrika und Südkorea der Fall ist. Ein Großteil der Aktivitäten des IPS wird in meinem 1990 erschienenen Werk "IPS Revisited" erläutert.

Die IPS hatte vor allem eine Funktion: Zwietracht zu säen und Desinformationen zu verbreiten, die zu Chaos führen. Ein solches Programm, das sich an die amerikanische Jugend richtete, konzentrierte sich auf Drogen. Durch eine Reihe von IPS-Fronten, Aktionen wie die Steinigung von Nixons Wagenkolonne und eine große Anzahl von Bombenanschlägen wurde ein Klima der Täuschung geschaffen, das die Mehrheit der Amerikaner glauben ließ, dass die Vereinigten Staaten vom KGB, dem GRU und der kubanischen DGI bedroht würden. Es wurde bekannt, dass viele dieser imaginären Agenten über George McGovern enge Verbindungen zu den Demokraten hatten. Es handelte sich in der Tat um eine beispielhafte Desinformationskampagne, für die der MI6 zu Recht berühmt ist.

Haldeman, Ehrlichman und Nixons engste Mitarbeiter hatten keine Ahnung, was vor sich ging, und so kam es zu einer Flut von Erklärungen aus dem Weißen Haus, dass Ostdeutschland, die Sowjetunion, Nordkorea und Kuba Terroristen ausbildeten und deren Operationen in den Vereinigten Staaten finanzierten. Ich bezweifle, dass Nixon viel über IPS wusste, geschweige denn ahnte, was dies für seine Präsidentschaft bedeutete. Die gleiche Art von Desinformation erlebten wir während des Golfkriegs, als bekannt wurde, dass Terroristen aller Couleur in die Vereinigten Staaten eindringen und alles in die Luft jagen würden.

Präsident Nixon wurde buchstäblich im Dunkeln gelassen. Er wusste nicht einmal, dass David Young, ein Kissinger-Schüler, im Keller des Weißen Hauses arbeitete und die "undichten Stellen" überwachte. Young hatte in Oxford studiert und war ein langjähriger Mitarbeiter Kissingers, der über den Runden Tisch und die Anwaltskanzlei Milbank Tweed mit ihm verbunden war. Präsident Nixon war den Kräften, die unter der Leitung des MI6 im Auftrag des Royal Institute for International Affairs und damit des britischen Königshauses gegen ihn aufgefahren waren, nicht gewachsen. Das Einzige, dessen sich

Nixon im Zusammenhang mit Watergate schuldig gemacht hat, war seine Unwissenheit darüber, was um ihn herum geschah. Als James McCord vor Richter John Sirica "gestand", hätte Nixon blitzschnell erkennen müssen, dass McCord ein doppeltes Spiel spielte. Er hätte Kissinger auf der Stelle zu seinen Beziehungen zu McCord befragen müssen. Das hätte einen Strich durch die Rechnung gemacht und die gesamte MI6-Watergate-Operation zum Scheitern gebracht.

Nixon hat seine präsidialen Befugnisse nicht missbraucht. Sein Verbrechen bestand darin, die Verfassung der Vereinigten Staaten von Amerika nicht zu verteidigen und Mrs. Katherine Meyer Graham und Ben Bradley nicht wegen Verschwörung zum Aufstand anzuklagen. Der Stammbaum von Frau Katherine Meyer Graham ist von höchst zweifelhafter Natur, wie Jessica Fletcher aus "Murder She Wrote" bald herausgefunden hätte. Aber selbst wenn man das wüsste, hätten Mrs. Grahams Kontrolleure in der Tafelrunde hart dafür gekämpft, die Dinge unter dem Deckel zu halten. Die Rolle der Washington Post bestand darin, durch eine "Enthüllung" nach der anderen den Topf am Kochen zu halten und so ein Klima des öffentlichen Misstrauens gegenüber Präsident Nixon zu schaffen, auch wenn es nicht den geringsten Beweis für sein Fehlverhalten gab.

Dennoch zeigt es die ungeheure Macht der Presse, die Lippmann und Bernays ganz richtig vorausgesehen hatten, dass Frau Graham, die lange Zeit des Mordes an ihrem Ehemann Philip L. Graham verdächtigt wurde - der offiziell als "Selbstmord" eingestuft wurde -, überhaupt noch glaubwürdig war. Andere Verräter, die wegen Aufruhrs und Verrats hätten angeklagt werden müssen, waren Kissinger, Haig, Halperin, Ellsberg, Young, McCord, Joseph Califano und Chomsky von IPS sowie jene CIA-Agenten, die in McCords Haus gingen und alle seine Papiere verbrannten. Es sei noch einmal darauf hingewiesen, dass Watergate, wie viele andere Vorgänge, die wir hier aus Platzgründen nicht aufführen können, die VOLLSTÄNDIGE KONTROLLE demonstrierte, die das *Komitee der 300* über die Vereinigten Staaten ausübte.

Nixon verkehrte zwar mit Leuten wie Earl Warren und einigen Mafia-Dons, die Warrens Haus gebaut hatten, aber das bedeutet nicht, dass er wegen der Watergate-Affäre in Ungnade hätte fallen müssen. Meine Abneigung gegen Nixon rührt von seiner Bereitschaft her, 1972 den berüchtigten ABM-Vertrag zu unterzeichnen, und von seinem allzu kuscheligen Verhältnis zu Leonid Breschnew. Einer der bedauerlichsten Fehler des Minderheitenrats war sein klägliches Versäumnis, die schmutzige Rolle von INTERTEL aufzudecken, dem hässlichen privaten Geheimdienst der Corning-Gruppe, den wir bereits kennengelernt haben und der Edward Kennedy eine Menge Watergate-Material "zugespielt" hat. Private Nachrichtendienste wie INTERTEL haben in den Vereinigten Staaten kein Recht zu existieren. Sie sind eine Bedrohung für unser Recht auf Privatsphäre und eine Beleidigung für alle freien Menschen überall.

Die Schuld liegt auch bei denen, die Präsident Nixon vor dem Stahlnetz schützen sollten, das man um ihn geworfen hatte, um ihn zu isolieren. Die Geheimdienstmitarbeiter um Nixon waren ein armer Haufen, der nicht wusste, wie gründlich britische Geheimdienstoperationen sind; ja, sie hatten keine Ahnung, dass Watergate in seiner Gesamtheit eine britische Geheimdienstoperation war. Das Watergate-Komplott war ein Staatsstreich gegen die Vereinigten Staaten von Amerika, ebenso wie der Mord an John F. Kennedy. Obwohl diese Tatsache heute nicht als solche anerkannt wird, bin ich zuversichtlich, dass die Geschichte, wenn alle geheimen Papiere endlich geöffnet werden, festhalten wird, dass tatsächlich zwei Staatsstreiche, einer gegen Kennedy und einer gegen Nixon, stattgefunden haben, die in ihrem Gefolge zu den brutalsten Vergewaltigungen und Angriffen auf die Institutionen führten, auf denen die Republik der Vereinigten Staaten steht.

Die Person, die den Titel "Verräter" am meisten verdient und sich am meisten des Aufruhrs schuldig gemacht hat, ist General Alexander Haig. Dieser Büroangestellte, der in seiner Karriere keine Truppen im Kampf befehligt hat, wurde plötzlich von einer unsichtbaren Parallelregierung auf die Bühne geschoben. Präsident Nixon beschrieb ihn einmal als einen Mann, der Kissinger um Erlaubnis bitten musste, um auf die Toilette zu gehen.

Haig war ein Produkt der Tafelrunde. Er wurde von Round Tabler Joseph Califano, einem der vertrauenswürdigsten Round Tabler Ihrer Majestät in den Vereinigten Staaten, entdeckt. Joseph Califano, Rechtsberater des Demokratischen Nationalkongresses, hatte Alfred Baldwin, einen der Klempner, tatsächlich einen Monat vor dem Einbruch befragt. Califano war dumm genug, ein Memorandum über sein Gespräch mit Baldwin zu verfassen, in dem er detaillierte Informationen über McCords Hintergrund und darüber, warum McCord Baldwin als Mitglied des "Teams" ausgewählt hatte, angab.

Noch schädlicher ist, dass Califanos Memorandum alle Einzelheiten der Abschriften von abgehörten Gesprächen zwischen Nixon und dem Wiederwahlkomitee enthielt, und das alles, bevor der Einbruch stattfand. Califano hätte wegen einer Reihe von Bundesvergehen angeklagt werden müssen; stattdessen kam er mit seinen kriminellen

Aktivitäten ungeschoren davon. Der scheinheilige Sam Ervin weigerte sich, Fred Thompson, dem Minderheitenrat, zu gestatten, diese äußerst schädlichen Beweise bei den Watergate-Anhörungen vorzulegen - mit der fadenscheinigen Begründung, sie seien "zu spekulativ".

Auf Anweisung des Runden Tisches ließ Kissinger Haig vom Oberst zum Vier-Sterne-General befördern - der kometenhafteste Aufstieg, der je in die Militärgeschichte der Vereinigten Staaten eingegangen ist, und in dessen Verlauf Haig 280 hochrangige Generäle und Offiziere der US-Armee übersprang.

Während Haigs "Beförderung" und als Folge davon wurden 25 hochrangige Generäle zum Rücktritt gezwungen. Als Belohnung für seinen Verrat an Präsident Nixon und den Vereinigten Staaten wurde Haig anschließend zum kommandierenden General der Streitkräfte der Nordatlantikvertrags-Organisation (NATO) ernannt, obwohl er der am wenigsten qualifizierte Kommandeur war, der jemals diesen Posten innehatte. Auch hier wurde er über 400 hochrangige Generäle aus NATO-Ländern und den Vereinigten Staaten übergangen.

Als die Nachricht von seiner Ernennung das Oberkommando der sowjetischen Streitkräfte erreichte, rief Marschall Orgakow seine drei obersten Generäle des Warschauer Paktes aus Polen und Ostdeutschland zurück, und es wurde bis tief in die Nacht gefeiert, mit Gläsern geklirrt und Champagner getrunken. Während Haigs gesamter Amtszeit als Befehlshaber der NATO-Streitkräfte verachteten die professionellen Elitekader der sowjetischen Streitkräfte, Männer, die nie etwas anderes als Berufssoldaten waren, Haig aufs Äußerste und bezeichneten ihn offen als "Büroleiter der NATO". Sie wussten, dass Haig seine Ernennung dem RIIA verdankte und nicht dem Militär der Vereinigten Staaten.

Doch bevor ihn seine militärische Beförderung aus Washington vertrieb, sollte man wissen, dass Alexander Haig in Verbindung mit Kissinger das Amt des Präsidenten der Vereinigten Staaten und seine Regierung fast völlig zerstört hat. Das Chaos, das Kissinger und Haig im Gefolge von Watergate hinterlassen haben, ist meines Wissens nie aufgezeichnet worden. Auf Drängen der RIIA übernahm Haig nach dem Staatsstreich vom April 1973 praktisch die Leitung der Regierung der Vereinigten Staaten. Mit 100 Round-Table-Agenten, die von der Brookings Institution, dem Institute Policy Studies und dem Council on Foreign Relations ausgewählt wurden, besetzte Haig die obersten hundert Posten in Washington mit Männern, die wie er selbst einer ausländischen Macht verpflichtet waren. In dem darauf folgenden Debakel wurde die Nixon-Regierung und mit ihr die Vereinigten

Staaten in den Abgrund gerissen.

Abgesehen von den frommen Platitüden und der Verteidigung der Verfassung hat Senator Sam Ervin die Vereinigten Staaten mehr verändert als alles, was Präsident Nixon angeblich getan hat, und die Vereinigten Staaten haben sich noch immer nicht von der fast tödlichen Wunde von Watergate erholt, einer vom *Ausschuss der 300* gesponserten Operation, die vom Royal Institute for International Affairs, dem Runden Tisch und in den Vereinigten Staaten ansässigen MI6-Offizieren durchgeführt wurde.

Die Art und Weise, wie Präsident Nixon zunächst isoliert, von Verrätern umgeben und dann verwirrt wurde, folgte buchstabengetreu der Tavistock-Methode zur Erlangung der vollständigen Kontrolle über eine Person gemäß der vom Cheftheoretiker von Tavistock, Dr. Kurt Lewin, festgelegten Methodik. Ich habe Lewins Methodik bereits an anderer Stelle in diesem Buch ausführlich beschrieben, aber angesichts des lehrbuchhaften Falles von Präsident Richard M. Nixon halte ich es für sinnvoll, sie zu wiederholen:

"Eine der wichtigsten Techniken, um die Moral durch eine Strategie des Terrors zu brechen, besteht darin, die Person im Unklaren darüber zu lassen, wo sie steht und was sie zu erwarten hat. Wenn dann noch häufiges Schwanken zwischen strengen Disziplinarmaßnahmen und Versprechungen einer guten Behandlung zusammen mit der Verbreitung widersprüchlicher Nachrichten die kognitive Struktur dieser Situation völlig unklar macht, kann der Einzelne sogar aufhören zu wissen, ob ein bestimmter Plan zu seinem Ziel hin oder von ihm weg führt. Unter diesen Bedingungen sind selbst diejenigen, die ein klares Ziel haben und bereit sind, Risiken einzugehen, durch einen schweren inneren Konflikt in Bezug auf das, was zu tun ist, gelähmt."

Kissinger und Haig befolgten die Tavistock-Trainingsanweisungen buchstabengetreu. Das Ergebnis war ein verzweifelter, verwirrter, verängstigter und demoralisierter Präsident Nixon, dessen einziger Ausweg - wie ihm von Haig mitgeteilt wurde - der Rücktritt war. 1983 schrieb ich zwei Werke, "Das Tavistock-Institut: Sinister and Deadly" und "The Tavistock Institute: Britain's Control of U.S. Policy", die auf geheimen Tavistock-Handbüchern basieren, die mir in die Hände gefallen waren. Die Methoden und Handlungen des Tavistock-Instituts werden in diesen beiden Werken dargelegt.

Die Tavistock-Methoden wurden so erfolgreich angewandt, um Präsident Nixon zu stürzen, dass die Menschen dieser Nation die Verleumdung durch Lügen, Verzerrungen und inszenierte Situationen, die von den Verschwörern als Wahrheit ausgegeben wurden, voll und ganz glaubten, obwohl Watergate in Wirklichkeit eine teuflische Lüge von Anfang bis Ende war. Es ist wichtig, dies zu betonen, denn wir haben mit Sicherheit nicht das letzte Mal Watergate-ähnliche Operationen gesehen.

Welches waren die angeblichen Vergehen, die Präsident Nixon begangen haben soll, und die so genannten "smoking gun"-Beweise, die diese Anschuldigungen untermauern sollten? Erstens, der "rauchende Beweis". Dieses Stück FICTION wurde von Kissinger und Haig im Zusammenhang mit dem Tonband vom 23. Juni geschaffen, das Haig Nixon zur Herausgabe an Leon Jaworski zwang.

Haig verbrachte Stunden damit, Präsident Nixon davon zu überzeugen, dass dieses Band ihn zu Fall bringen würde, weil es "ohne jeden Zweifel" beweise, dass Nixon sich schwerer Verfehlungen schuldig gemacht habe und ein Mitverschwörer beim Watergate-Einbruch sei. Die erste Reaktion von Präsident Nixon bestand darin, Haig zu sagen: "Es ist völliger Unsinn, eine so große Sache daraus zu machen", aber Haig machte weiter, bis Nixon überzeugt war, dass er sich vor dem Senat nicht erfolgreich verteidigen konnte, und zwar nur auf der Grundlage dieses speziellen Bandes vom 23. Juni !

Wie hatte Haig seinen Auftrag erfüllt? Indem er ein Szenario nachspielte, das seine Kontrolleure am Runden Tisch für ihn vorbereitet hatten, ließ Haig eine ungekürzte Abschrift des Tonbandes mit dem "rauchenden Beweis" von seinen Mitarbeitern abtippen. In Wirklichkeit gab es auf dem Band nichts, was Präsident Nixon nicht hätte erklären können. Als Haig dies erkannte, verbreitete er seine nicht autorisierte, ungekürzte Abschrift des Bandes unter Nixons treuesten Anhängern im Repräsentantenhaus und im Senat sowie in der Führungsriege der Republikanischen Partei. Die mit "smoking gun" und "verheerend" gespickte Abschrift, die von Nixons vertrauenswürdigem Helfer stammte, wirkte wie ein Falke, der einen Taubenschwarm schlägt; Nixons Anhänger gerieten in Panik und rannten in Deckung.

Im Anschluss an seinen Aufruhr und Aufstand rief Haig den Kongressabgeordneten Charles Wiggins in sein Büro, einen überzeugten Nixon-Unterstützer, der sich bereit erklärt hatte, den Kampf im Repräsentantenhaus zu führen, um ein Amtsenthebungsverfahren abzuwenden. In einer unverhohlenen Lüge wurde Wiggins von Haig mitgeteilt: "Der Kampf ist verloren." Daraufhin verlor Wiggins jegliches Interesse daran, Nixon zu verteidigen, da er glaubte, dass Nixon selbst zugestimmt hatte, aufzugeben. Haig ging dann mit Senator Griffin, einem führenden Unterstützer des Präsidenten im Senat, auf die gleiche Weise um. ALS FOLGE VON HAIGS AUFRÜHRERISCHEN, VERRÄTERISCHEN AKTIVITÄTEN SCHRIEB SENATOR GRIFFIN SOFORT EINEN BRIEF AN PRÄSIDENT NIXON UND FORDERTE IHN ZUM RÜCKTRITT AUF.

DREI MONATE ZUVOR stellte das vom Runden Tisch kontrollierte Institute for Policy Studies, ein Kind des Gründers James Warburg und eines seiner Mitarbeiter, Marcus Raskin, genau das gleiche Ultimatum an Präsident Nixon, zurückzutreten, wobei er die Propagandazeitschrift des britischen Geheimdienstes, die New York Times vom 25. Mai , benutzte, um das Ultimatum zu stellen. Die Watergate-Tragödie war ein Schritt in dem unumkehrbaren Übergang zur Barbarei, der die Vereinigten Staaten einhüllt und der uns in die Eine-Welt-Regierung/Neue Weltordnung führt. Die Vereinigten Staaten befinden sich nun an demselben Punkt, an dem sich Italien befand, als Aldo Moro versuchte, es aus der geschaffenen Instabilität zu retten.

Welches Fehlverhalten wurde Nixon vorgeworfen? John Doar, dessen brutaler Charakter gut zu seiner Aufgabe passte, so genannte Artikel zur Anklage gegen den Präsidenten einzubringen, war der Autor und Vollstrecker einer der weitreichendsten ILLEGALEN inländischen Überwachungs- und Spionageoperationen, die jemals in den Vereinigten Staaten durchgeführt wurden.

Als Leiter der Interdepartmental Intelligence Unit (IDIU) sammelte Doar Informationen von allen erdenklichen Behörden der Bundesregierung, einschließlich des Internal Revenue Service. Das Programm war mit dem Institute for Policy Studies verbunden. Einer der Höhepunkte in John Doars Karriere war die Übermittlung von 10.000 bis 12.000 Namen von Bürgern, die er als politische Dissidenten verdächtigte, an die CIA, der es gesetzlich untersagt ist, Überwachungsmaßnahmen im Inland durchzuführen, damit diese weitere Untersuchungen durchführen konnte.

Am 18. Juli , 1974, trug dieser große Hüter des Rechts mit angemessener Pompösität die "Anklage" gegen Präsident Nixon vor, die landesweit im Fernsehen übertragen wurde. Es gab KEINEN EINZIGEN BEWEIS dafür, dass Nixon irgendetwas Verwerfliches getan hatte; in der Tat war Doars pathetische Litanei von Nixons angeblichen "Verbrechen" so trivial, dass es ein Wunder ist, dass das Verfahren über diesen Punkt hinausging. Einkommenssteuerhinterziehung, die nicht genehmigte Bombardierung Kambodschas und eine vage Anklage wegen

"Machtmissbrauchs", die vor Gericht niemals Bestand gehabt hätte, war das Beste, was Doar zustande brachte. Als Präsident Nixon am 8. August 1974 zurücktrat, waren die Vereinigten Staaten so instabil wie nie zuvor.

Nirgendwo mehr als in unserer Wirtschafts- und Steuerpolitik. 1983 trafen sich die internationalen Bankiers in Williamsburg, Virginia, um eine Strategie auszuarbeiten, die die Vereinigten Staaten auf einen totalen Zusammenbruch ihres Bankensystems vorbereiten sollte. Dieses geplante Ereignis sollte den US-Senat dazu bringen, die Kontrolle über unsere Geld- und Steuerpolitik durch den Internationalen Währungsfonds (IWF) zu akzeptieren. Dennis Weatherstone von Morgan Guarantee an der Wall Street erklärte, er sei überzeugt, dass dies der einzige Weg für die Vereinigten Staaten sei, sich zu retten.

Der Vorschlag wurde von der Ditchley-Gruppe gebilligt, die im Mai 1982 in Ditchley Park in London gegründet worden war. Am 10. Januar -11 , l983, traf sich diese fremde Gruppe in Washington D.C., um unter Verletzung des Sherman Anti-Trust Act und des Clayton Act die Souveränität der Vereinigten Staaten von Amerika in ihrer monetären und finanziellen Freiheit zu stürzen. Der Generalstaatsanwalt der Vereinigten Staaten wusste von dem Treffen und seinem Zweck. Anstatt die Mitglieder der Gruppe wegen Verschwörung zu einem Bundesverbrechen anzuklagen, schaute er einfach weg.

Nach den oben genannten Gesetzen reicht der Nachweis einer Verschwörung für eine Verurteilung wegen eines Kapitalverbrechens aus, und es gab reichlich Beweise dafür, dass tatsächlich eine Verschwörung stattgefunden hat. Da die Ditchley-Stiftung jedoch auf Ersuchen des Royal Institute for International Affairs zusammengekommen war und der Runde Tisch als Gastgeber fungierte, hatte niemand im Justizministerium den Mut, Maßnahmen zu ergreifen, wie sie von denjenigen gefordert wurden, die geschworen hatten, die Gesetze der Vereinigten Staaten zu wahren.

Der Ditchley-Plan, die Kontrolle über die Steuer- und Währungspolitik der Vereinigten Staaten an sich zu reißen, war die Idee von Sir Harold Lever, einem starken Befürworter des Zionismus, einem engen Vertrauten von Mitgliedern der britischen Königsfamilie und einem Mitglied *des* Komitees *der 300.* Sir Harold Lever war Direktor des riesigen UNILEVER-Konglomerats, eines wichtigen Unternehmens *des Komitees der 300.* Levers Plan sah vor, den Einfluss des IWF so auszuweiten, dass er Einfluss auf die Zentralbanken aller Nationen, einschließlich der USA, nehmen und sie in die Hände einer Eine-Welt-

Regierungsbank führen konnte.

Dies wurde als entscheidender Schritt auf dem Weg zu einer Situation angesehen, in der der IWF zum obersten Schiedsrichter des Weltbankwesens werden würde. Dem ultrageheimen Treffen im Januar ging ein früheres Treffen im Oktober 1982 voraus, an dem Vertreter von 36 der wichtigsten Banken der Welt im New Yorker Vista Hotel teilnahmen. Die Sicherheitsvorkehrungen für das Seminar vom 26. Oktober -27 waren so streng wie nie zuvor im Big Apple. Auch dieses frühere Treffen der Ditchley-Gruppe verstieß gegen das Recht der Vereinigten Staaten.

In seiner Ansprache sagte Sir Harold Lever, es sei wichtig, daß die nationale Souveränität als archaisches Überbleibsel noch vor dem Jahr 2000 beendet wird. "Die Vereinigten Staaten werden bald erkennen müssen, daß sie nicht besser als jedes Land der Dritten Welt sind, wenn der IWF die Kontrolle übernimmt", sagte Sir Harold. Später wurde den Delegierten berichtet, daß Pläne zur Ernennung des IWF als Kontrolleur der Finanzpolitik der Vereinigten Staaten vorbereitet werden, die bis zum Jahr 2000 dem Senat der Vereinigten Staaten vorgelegt werden sollen.

Rimmer de Vries, der für Morgan Guarantee sprach, sagte, es sei höchste Zeit, dass die Vereinigten Staaten Mitglied der Bank für Internationalen Zahlungsausgleich werden. "Die zögerliche Haltung der USA in den letzten 50 Jahren muss überdacht werden", erklärte de Vries. Einige britische und deutsche Bankiers, die mögliche Verstöße gegen amerikanisches Recht befürchten, sagten, die Ditchley-Gruppe sei nichts anderes als ein Ausschuss zur Lösung von Wechselkursproblemen. Felix Rohatyn sprach ebenfalls von der großen Notwendigkeit, die US-Bankengesetze zu ändern, damit der IWF eine größere Rolle in diesem Land spielen könne. Rohatyn leitete Lazard Freres, eine Bank des Club of Rome und Teil der Eagle Star Group, die wir bereits kennengelernt haben.

Die Round Tabler William Ogden und Werner Stang sprachen sich enthusiastisch dafür aus, die Steuerhoheit der USA an den Internationalen Währungsfonds und die Bank für Internationalen Zahlungsausgleich abzugeben. Delegierte der Alpha-Ranking-Gruppe, einer P2-Freimaurerbank, sagten, die Vereinigten Staaten müssten gezwungen werden, sich "der höheren Autorität einer Weltbank" zu unterwerfen, bevor Fortschritte auf dem Weg zur Neuen Weltordnung gemacht werden könnten.

Am 8. Januar 1983, vor dem großen Treffen am 11. Januar, wurde Hans

Vogel, ein führendes Mitglied des Club of Rome, im Weißen Haus empfangen. Präsident Ronald Reagan hatte George Schultz, Caspar Weinberger, George Kennan und Lane Kirkland eingeladen, an seinem Treffen mit Vogel teilzunehmen, der Präsident Reagan die Ziele der Ditchley-Gruppe erklärte. Von diesem Tag an vollzog Präsident Reagan eine Kehrtwende und arbeitete mit den verschiedenen Agenturen des *Komitees der 300* zusammen, um den Internationalen Währungsfonds und die Bank für Internationalen Zahlungsausgleich als Autorität für die Geldpolitik der USA im In- und Ausland zu fördern.

Die unsichtbare Regierung des *Komitees der 300* hat enormen Druck auf Amerika ausgeübt, damit es seinen Weg ändert - zum Schlechteren. Amerika ist die letzte Bastion der Freiheit, und wenn uns unsere Freiheiten nicht genommen werden, wird sich der Fortschritt in Richtung einer Eine-Welt-Regierung erheblich verlangsamen. Ein solches Unternehmen wie eine Eine-Welt-Regierung ist ein gewaltiges Unterfangen, das ein hohes Maß an Geschick, Organisationstalent und Kontrolle über Regierungen und deren Politik erfordert. Die einzige Organisation, die diese Mammutaufgabe mit Aussicht auf Erfolg hätte in Angriff nehmen können, ist *das Komitee der 300*, und wir haben gesehen, wie weit es auf dem Weg zum vollen Erfolg gekommen ist.

Der Kampf ist vor allem ein geistlicher Kampf. Leider sind die christlichen Kirchen kaum mehr als soziale Clubs, die vom unendlich bösen Ökumenischen Rat der Kirchen (ÖRK) geleitet werden, dessen Anfänge nicht in Moskau, sondern in der Londoner City liegen, wie wir aus dem Schaubild am Ende des Buches ersehen können, das die Struktur der Kirche der Einen Weltregierung zeigt. Dieses Gremium wurde in den 1920er Jahren gegründet, um als Vehikel für die Politik der Eine-Welt-Regierung zu dienen, und steht als Denkmal für die Fähigkeit des *Komitees der 300*, langfristig zu planen.

Ein weiteres korruptes Gremium, das in Struktur und Aufbau dem ÖRK ähnelt, ist die Union of Concerned Scientists, die von der Trilateralen Kommission gegründet wurde und vom Carnegie Endowment Fund, der Ford Foundation und dem Aspen Institute finanziert wird. Dies ist die Gruppe, die den Kampf geführt hat, um die Vereinigten Staaten daran zu hindern, eine wirksame Abschreckung gegen die sowjetischen Kosmosphären aufzubauen, weltraumgestützte Laserstrahlwaffen, die ausgewählte Ziele in den Vereinigten Staaten oder anderswo vom Weltraum aus zerstören können.

Das SDI-Programm der Vereinigten Staaten wurde entwickelt, um der Bedrohung durch die sowjetische Kosmospäre zu begegnen, eine

Bedrohung, die trotz der Beteuerungen, dass "der Kommunismus tot ist", immer noch besteht. Der sowjetische Sprecher Georgi Arbatov sagte auf einer Sitzung der Union of Concerned Scientists, es sei wichtig, dass sie sich dem SDI-Programm widersetze, denn wenn das SDI-Programm in Betrieb genommen werde, "wird es eine militärische Katastrophe sein". Jahr für Jahr hat die Union of Concerned Scientists jeden Haushalt abgelehnt, der Mittel für das lebenswichtige SDI-Programm enthielt, bis Ende 1991 nicht einmal mehr genug Geld vorhanden war, um die noch erforderliche Forschung zu finanzieren, geschweige denn das System in die Umlaufbahn zu bringen. Die Union of Concerned Scientists wird vom Royal Institute for International Affairs geleitet und ist stark mit britischen Geheimdienstagenten des MI6 infiltriert.

Es gibt keinen einzigen Aspekt des Lebens in Amerika, der nicht von der unsichtbaren Regierung des *Komitees der 300* überwacht, in die "richtige" Richtung gelenkt, manipuliert und kontrolliert wird. Es gibt keinen einzigen gewählten Beamten oder politischen Führer, der nicht seiner Herrschaft unterworfen ist. Bis jetzt ist noch niemand damit durchgekommen, sich unseren geheimen Machthabern zu widersetzen, die nicht zögern, an jedem ein "schreckliches Exempel" zu statuieren, auch nicht am Präsidenten der Vereinigten Staaten von Amerika.

Von 1776, als Jeremy Bentham und William Petty, der Earl of Shelburne, frisch vom Triumph der Französischen Revolution, die sie geplant und geleitet hatten, von der britischen Krone abkommandiert wurden, um ihre kombinierte Erfahrung gegen die Kolonisten einzusetzen, bis 1812, als die Briten Washington plünderten und niederbrannten und dabei geheime Dokumente zerstörten, die den gegen die jungen Vereinigten Staaten von Amerika gerichteten Verrat aufgedeckt hätten, bis zum Watergating von Präsident Nixon und der Ermordung von Präsident Kennedy - die Hand des *Komitees der 300* ist deutlich sichtbar. Dieses Buch ist ein Versuch, dem amerikanischen Volk die Augen für diese schreckliche Wahrheit zu öffnen: Wir sind *keine* unabhängige Nation und können es auch *nie* sein, solange wir von einer unsichtbaren Regierung, dem Komitee *der 300*, regiert werden.

Ehemalige und gegenwärtige Institutionen/Organisationen und solche, die direkt unter dem Einfluss *des Ausschusses der 300*.

- Akademie für zeitgenössische Probleme.
- Afrika-Fonds.
- Agentur für internationale Entwicklung.
- Albert Previn Stiftung.
- Alliance Israelite Universelle.
- American Civil Liberties Union
- Amerikanischer Rat für ethnische Beziehungen.
- Amerikanische Verteidigungsgesellschaft.
- Amerikanisches Presseinstitut.
- American Protective League.
- Anti-Defamation League.
- Arabisches Büro.
- Arabischer höherer
- Institut für Sozialforschung.
- Institut für die Zukunft.
- Institut für Weltordnung.
- Institut für Drogen, Verbrechen und Justiz.
- Inter-Alpha.
- Interamerikanisches Institut für soziale Entwicklung.
- Internationales Institut für Strategische Studien.
- Interreligiöses Friedenskolloquium.
- Irgun.
- Ritter von Malta.
- Völkerbund.
- Institut für Logistikmanagement.
- London Board of Deputies of British Jews.
- London School of

Ausschuss.

- ARCA-Stiftung.
- Armour Research Foundation.
- Rüstungskontrolle und Außenpolitik
- Fraktionssitzung.
- Arthur D. Little, Inc.
- Asiatisches Forschungsinstitut.
- Aspen-Institut.
- Vereinigung für Humanistische Psychologie.
- Forschungszentrum für Augmentation.
- Baron de Hirsh Fonds.
- Battelle Memorial Institute.
- Berger Nationale Stiftung.
- Berliner Zentrum für Zukunftsforschung.
- Bilderberger.
- Schwarzer Orden.
- Konferenz zum Boykott japanischer Waren.
- British Newfoundland Corporation.
- Britische Königliche Gesellschaft.
- Bruderschaft des Kooperativen Büros des Internationalen Commonwealth.
- Revolutionäre

Economics.

- Mary Carter Paint Company.
- Massachusetts Institute of Technology.
- Mellon-Institut. Metaphysische Gesellschaft.
- Milner-Gruppe.
- Mocatto Metals.
- Mont Pelerin Gesellschaft.
- NAACP.
- Nationale Aktionsforschung zum militärisch-industriellen Komplex.
- Nationales Zentrum für Produktivität Institut.
- Nationaler Rat der Kirchen.
- Nationales Zentrum für Meinungsforschung.
- Nationale Ausbildungslabors.
- Neue Demokratische Koalition.
- Stiftung Neue Welt.
- New Yorker Rand-Institut.
- NORML. Nordatlantikvertrags-Organisation (NATO).
- Odd Fellows. Orden des Heiligen Johannes von Jerusalem.
- Orden der Goldenen

Propaganda.

- Kanadisch-Jüdischer Kongress.
- Kathedrale von St. John the Divine, New York.
- Zentrum für fortgeschrittene Studien in den Verhaltenswissenschaften (Centre for Advanced Studies in the Behavioural Sciences).
- Zentrum für verfassungsmäßige Rechte.
- Zentrum für kubanische Studien.
- Zentrum für demokratische Institutionen.
- Zentrum für Internationale Politik.
- Zentrum für das Studium des reaktionsfähigen Rechts.
- Christlich-Soziale Liga.
- Cini-Stiftung.
- Club of Rome. Cominform.
- Ausschuss für die nächsten dreißig Jahre.
- Ausschuss der Vierzehn.
- Ausschuss für nationale Moral.
- Ausschuss zur Ausarbeitung einer

Morgenröte. OXFAM.

- Oxford Univac.
- Zentrum für Pazifikstudien.
- Palisades-Stiftung.
- Peninsula and Orient Navigation Company (P&O.).
- PERMINDEX.
- Universität Princeton.
- Rand Corporation.
- Rand School of Social Sciences.
- Research Triangle Institution.
- Ausschuss für das Rhodes-Stipendium.
- Rio Tinto Zinc Unternehmen.
- Riverside Church Abrüstungsprogramm.
- Runder Tisch.
- Königliches Institut für Internationale Angelegenheiten.
- Russell Sage Foundation.
- San Francisco Stiftung.
- Sharps Pixley Ward.
- Sozialwissenschaftlicher Forschungsrat.
- Sozialistische Internationale.
- Sozialistische Partei der Vereinigten Staaten.
- Gesellschaft zur

Weltverfassung.

- Kommunistischer Bund.
- Kongress der Industrieverbände.
- Rat für auswärtige Beziehungen.
- David Sassoon Unternehmen.
- De Beers Consolidated Mines.
- Demokratische Liga von Brüssel.
- Ostindien Der Ausschuss der 300.
- Wirtschaftliche und soziale Kontrolle (ECOSOC).
- Umweltfonds.
- Environmetrics Inc.
- Esalen-Institut.
- Fabian Society.
- Föderation der amerikanischen Zionisten.
- Gemeinschaft für eine christliche Gesellschaftsordnung.
- Gemeinschaft der Versöhnung.
- Ford-Stiftung.
- Fordham Universität Einrichtung
- Bildungsforschung.
- Stiftung für nationalen Fortschritt.
- Garland-Fonds.

Förderung des Studiums der Religionen.

- Gesellschaft des Himmels (TRIADS).
- Sowjetisches Staatskomitee für Wissenschaft und Technik.
- Stanford Research Institute.
- Internationales Friedensforschungsinstitut Stockholm.
- Sun Yat Sen Gesellschaft.
- Systems Development Corporation.
- Tavistock-Institut für menschliche Beziehungen.
- Tempo Corporation.
- Die Hohe Zwölf International.
- Die Stiftung Öffentliche Agenda.
- Das Institut für Lebensqualität.
- Theosophische Gesellschaft.
- Thule-Gesellschaft.
- Transatlantischer Rat.
- Trilaterale Kommission.
- U.S. Association of the Club of Rome.
- U.S. Institute for Peace.
- Union of Concerned Scientists.

- German Marshall Fund.
- Leitendes Organ der Israeliten
- Religiöse Gemeinschaft.
- Gulf South Research Institute.
- Haganah. Harvard University.
- Hells Fire Club.
- Horace Mann Liga.
- Hudson Guild.
- Hudson-Institut.
- Hudson Bay Company.
- Imperial College, Universität von London.
- Industrielle christliche Gemeinschaft.
- Institut für Hirnforschung.
- Institut für Pazifische Beziehungen.
- Institut für politische Studien.
- UNITAR.
- Wharton School der Universität von Pennsylvania.
- Warburg, James P. und Familie.
- Western Training Laboratories.
- Wilton Park.
- Women's Christian Temperance Union.
- Wong Hong Hon Unternehmen.
- Arbeit in Amerika Institut.
- Ökumenischer Rat der Kirchen.

Besondere Stiftungen und Interessengruppen

- Arabisches Büro.
- Aristotelische Gesellschaft.
- Asiatisches Forschungsinstitut.
- Bertrand Russell Friedensstiftung.
- British American
- Gesellschaft für bedrohte Völker.
- English Property Corporation Ltd.
- Hospice Inc.
- International Brotherhood of Teamsters.

Canadian Corporation.

- Bruderschaft der ewigen Liebe.
- Cambridge Apostel.
- Kanadische Histadrut-Kampagne.
- Canadian Pacific Ltd.
- Aktionsgruppe Karibik-Zentralamerika.
- China Everbright Holdings Ltd.
- Chinesisches Volksinstitut für Auswärtige Angelegenheiten.
- Rat von Südamerika.
- Internationales Rotes Kreuz.
- Jerusalem Foundation, Kanada.
- Kissinger Associates.
- Handelskammer von Kowloon.
- Organisation Amerikanischer Staaten.
- Ausschuss für chinesische Angelegenheiten in Übersee.
- Radio Corporation of America (RCA).
- Königliche Polizei von Hongkong. YMCA.

BANKS

- American Express.
- Banca de la Svizzera
- BCCI.[4] Canadian Imperial Bank of

[4] BCCI. Gegen diese Bank wurde in mehreren Fällen Anklage erhoben, weil sie weltweit in die Drogengeldwäsche verwickelt ist. Ihre Struktur umgibt jede Operation des *Ausschusses der 300*. Interessant ist ihre Unternehmensstruktur. Middle East Interests, 35% der Aktien im Besitz von:

- Herrscherfamilie von Bahrain.
- Herrscherfamilie von Sharjah.
- Herrscherfamilie von Dubai.
- Herrscherfamilie von Saudi-Arabien.
- Herrscherfamilie von Iran.
- Gruppe von Geschäftsleuten aus dem Nahen Osten.
- BCCI Kaimaninseln 41%.
- Bank of America 24%.

BCCI Cayman Islands und BCCI Luxembourg eröffneten Agenturen in Miami, Boca Raton, Tampa, New York, San Francisco und Los Angeles.

d'Italia.

- Banca Andioino.
- Banca d'America d'Italia.
- Banca Nazionale del Lavoro.
- Banca Privata.
- Banco Ambrosiano.
- Banco Caribe.
- Banco Commercial Mexicana.
- Banco Consolidato.
- Banco d'Espana.
- Banco de Colombia.
- Banco de Commercio.
- Banco de Iberio-America.
- Banco de la Nacion.
- Banco del Estada.
- Banco Internacional.
- Banco Latino.
- Banco Mercantile de Mexico.
- Banco Nacional de Cuba.
- Banco Nacional de Panama und kleinere panamaische Banken.
- Bangkok Commercial Italienisch.
- Bangkok Metropolitan Bank.
- Bank al Meshreq.
- Bank America.

Commerce.

- Centrust Bank.
- Chartered Bank.
- Kartause Japhet Bank.
- Chase Manhattan Bank.
- Chemische Bank.
- Citibank.
- Citizens and Southern Bank of Atlanta.
- City National Bank von Miami.
- Claridon Bank.
- Cleveland National City Bank.
- Corporate Bank and Trust Company.
- Kredit und Commerce American Holdings.
- Kredit- und Handelsbeteiligungen,
- Niederländische Antillen.
- Credit Suisse.
- Crocker National Bank. de'Neuflize, Schlumberger, Mallet Bank.
- Dresdener Bank.
- Düsseldorf Global Bank.
- Litex Bank.
- Ljubljanska Bank.
- Lloyds Bank.
- Marine Midland Bank.

- Bank für Internationalen Zahlungsausgleich.
- Bank Hapoalim.
- Bank Leu.
- Bank Leumi.
- Bank von Bangkok.
- Bank von Boston.
- Bank von Kanada.
- Bank für Kredit und Handel
- Bank von Ostasien.
- International.
- Bank von England.
- Bank von Escambia.
- Bank von Genf.
- Bank von Irland.
- Bank of London und Mexiko.
- Bank von Montreal.
- Bank of Norfolk.
- Bank of Nova Scotia.
- Bank Ohio.
- Banque Bruxelles-Lambert.
- Banque Commerciale Arabe.
- Banque du Crédit International.
- Banque de Paris et Pays-Bas.
- Banque Française et Italienne pour l'Amérique du Sud.
- Midland Bank.
- Morgan Bank.
- Morgan Et Cie.
- Morgan Grenfell Bank.
- Narodny Bank.
- National Bank of Cleveland.
- National Bank of Florida.
- National Westminster Bank.
- Orion Bank.
- Paravicini Bank Ltd.
- Republic National Bank.
- Royal Bank of Canada.
- Schroeder Bank.
- Seligman Bank.
- Shanghai Commercial Bank.
- Soong Bank.
- Standard und Chartered Bank.
- Standard Bank.
- Schweizerischer Bankverein.
- Schweizer Israel Trade Bank.
- Trade Development Bank.
- Unibank.
- Union Bank of Israel.
- Schweizerische Bankgesellschaft.

- Banque Louis Dreyfus de Paris.
- Banque Privée.
- Banques Sud Ameris.
- Barclays Bank.
- Baring Brothers Bank.
- Barnett Banks.
- Baseler Handeslbank.
- Basler Ausschuss für Bankenaufsicht.
- Vanying Bank.
- White Weld Bank.
- Weltbank.
- World Commerce Bank von Nassau.
- Welthandelsbank.
- Wozchod Handelsbank.

Anmerkung: Mit Ausnahme des Basler Ausschusses für das Bankwesen war und ist jede der oben genannten Banken möglicherweise immer noch am Drogen-, Diamanten-, Gold- und Waffenhandel beteiligt.

Juristische Vereinigungen und Anwälte

- Amerikanische Anwaltskammer.
- Clifford und Warnke.
- Gebrüder Coudert.
- Cravaith, Swain und Moore.
- Wilkie, Farr und Gallagher.

Buchhalter/Wirtschaftsprüfer

- Preis, Waterhouse.

Tavistock-Institutionen in den Vereinigten Staaten Flow-Labors

Erhält Verträge vom National Institute of Health.

- MERLE THOMAS CORPORATION

Bekommt Aufträge von der US-Marine, analysiert Daten von Satelliten.

- WALDEN-FORSCHUNG

Arbeitet auf dem Gebiet der Bekämpfung der Umweltverschmutzung.

- PLANNING RESEARCH CORPORATION, ARTHUR D. LITTLE, G.E. "TEMPO", OPERATIONS RESEARCH INC.

Sie sind Teil von etwa 350 Unternehmen, die Forschung betreiben, Erhebungen durchführen und Empfehlungen für die Regierung aussprechen. Sie sind Teil dessen, was Präsident Eisenhower als "eine mögliche Gefahr für die öffentliche Politik bezeichnete, die selbst in die Gefangenschaft einer wissenschaftlich-technischen Elite geraten könnte".

- BROOKINGS INSTITUTION

Widmet ihre Arbeit dem, was sie als "nationale Agenda" bezeichnet. Hat das Programm von Präsident Hoover, den "New Deal" von Präsident Roosevelt, das "New Frontiers"-Programm der Kennedy-Regierung (eine Abweichung davon kostete John F. Kennedy das Leben) und die "Great Society" von Präsident Johnson verfasst. Brookings hat der Regierung der Vereinigten Staaten in den letzten 70 Jahren gesagt, wie sie ihre Angelegenheiten zu regeln hat, und tut dies immer noch im Auftrag *des Ausschusses der 300*.

- HUDSON-INSTITUT

Unter der Leitung von Herman Khan hat diese Institution mehr dazu beigetragen, die Art und Weise, wie Amerikaner auf politische und soziale Ereignisse reagieren, denken, wählen und sich im Allgemeinen verhalten, zu prägen, als vielleicht irgendeine andere außer den BIG FIVE. Hudson ist auf verteidigungspolitische Forschung und die Beziehungen zur UdSSR spezialisiert. Der größte Teil seiner militärischen Arbeit ist als GEHEIM eingestuft. (Eine Idee während des Vietnamkriegs war es, einen Graben um Saigon zu bauen.) Einige der früheren Papiere trugen die Titel "Stability and Tranquillity Among Older Nations" und "Analytical Summary of U.S. National Security Policy Issues". Hudson ist stolz auf seine Vielseitigkeit; es half der NASA bei ihren Raumfahrtprogrammen und trug dazu bei, neue Jugendmoden und -ideen, Jugendrebellion und Entfremdung für *das Komitee der 300* zu fördern, das angeblich von *Coca Cola* finanziert wurde. Hudson kann mit Fug und Recht als eine der BRAINWASHING-Einrichtungen des *Komitees der 300* bezeichnet werden. Einige seiner Atomkriegsszenarien sind eine sehr interessante Lektüre, und wenn sie erhältlich sind, würde ich "Die 6 grundlegenden thermonuklearen Bedrohungen" und "Mögliche Ergebnisse eines thermonuklearen Krieges" sowie eines seiner erschreckenden Papiere mit dem Titel "Israelisch-arabischer Atomkrieg" empfehlen. Hudson berät auch Unternehmen wie *The Committee of 300* Companies, Rank, Xerox, General Electric, IBM und General Motors, um nur einige von ihnen zu nennen, aber sein wirklich großer Kunde bleibt das US-Verteidigungsministerium, das sich mit Fragen der zivilen Verteidigung, der nationalen Sicherheit, der Militärpolitik und der Rüstungskontrolle beschäftigt. Bis heute ist sie nicht in die "nasse NASA" eingestiegen, d.h. die National Oceanographic Agency.

- NATIONALE AUSBILDUNGSLABORS

Das NTL ist auch als Internationales Institut für angewandte Verhaltenswissenschaften bekannt. Bei diesem Institut handelt es sich eindeutig um ein Zentrum für Gehirnwäsche, das auf den Grundsätzen von Kurt Lewin beruht und so genannte T-Groups (Trainingsgruppen) anbietet, ein künstliches Stress-Training, bei dem sich die Teilnehmer plötzlich darin wiederfinden, sich gegen bösartige Anschuldigungen zu verteidigen. Die NTL ist Mitglied der National Education Association, der größten Lehrergruppe der Vereinigten Staaten.

Während offiziell "Rassismus" angeprangert wird, ist es interessant festzustellen, dass die NTL in Zusammenarbeit mit der NEA ein Papier vorlegte, in dem Bildungsgutscheine vorgeschlagen wurden, die die schwer zu unterrichtenden Kinder von den intelligenteren trennen würden, wobei die Mittel entsprechend der Anzahl der schwierigen Kinder, die von den normal vorankommenden Kindern getrennt würden, zugewiesen würden. Der Vorschlag wurde nicht aufgegriffen.

- UNIVERSITÄT VON PENNSYLVANIA, WHARTON SCHOOL OF FINANCE & COMMERCE

Gegründet von Eric Trist, einem der "Brain Trusts" von Tavistock, ist Wharton zu einer der wichtigsten Tavistock-Institutionen in den USA geworden, was die "Verhaltensforschung" betrifft. Wharton zieht Kunden wie das US-Arbeitsministerium an, denen es in der Wharton Econometric Forecasting Associates Incorporated beibringt, wie man "gekochte" Statistiken erstellt. Diese Methode ist sehr gefragt, da wir uns dem Ende des Jahres 1991 nähern, in dem Millionen mehr arbeitslos sind, als in den USDL-Statistiken angegeben.

Whartons ECONOMETRIC MODELLING wird von jedem größeren Unternehmen in den Vereinigten Staaten und Westeuropa sowie vom Internationalen Währungsfonds, den Vereinten Nationen und der Weltbank verwendet. Wharton hat so bemerkenswerte Persönlichkeiten wie George Schultz und Alan Greenspan hervorgebracht.

- INSTITUT FÜR SOZIALFORSCHUNG

Dies ist das Institut, das von den Tavistock-Größen Rensis Likert, Dorwin Cartwright und Ronald Lippert gegründet wurde. Zu seinen Studien gehören "The Human Meaning of Social Change", "Youth in Transition" und "How Americans View Their Mental Health". Zu den Kunden des Instituts gehören die Ford Foundation, das US-Verteidigungsministerium, der US-Postdienst und das US-Justizministerium.

- INSTITUT FÜR ZUKUNFTSFRAGEN

Es handelt sich nicht um eine typische Tavistock-Einrichtung, da sie von der Ford Foundation finanziert wird, aber ihre Methodik der langfristigen Vorhersage stammt von der Mutter aller Denkfabriken. Das Institute for the Future prognostiziert die Veränderungen, die seiner Meinung nach in einem Zeitraum von fünfzig Jahren stattfinden werden. Das Institut soll in der Lage sein, sozioökonomische Trends vorherzusagen und auf Abweichungen von dem, was es als normal festgelegt hat, aufmerksam zu machen. Das Institut für die Zukunft hält es für möglich und normal, jetzt einzugreifen und Entscheidungen für die Zukunft zu treffen. Sogenannte "Delphi-Panels" entscheiden, was normal ist und was nicht, und bereiten Positionspapiere vor, um die Regierung in die richtige Richtung zu lenken, um Gruppen wie "Menschen, die zivile Unruhen verursachen", abzuwehren. (Dies könnten patriotische Gruppen sein, die die Abschaffung der gestaffelten Steuern fordern oder verlangen, dass ihr "Recht, Waffen zu tragen" nicht verletzt wird). Das Institut empfiehlt Maßnahmen wie die Liberalisierung der Abtreibungsgesetze, die Freigabe des Drogenkonsums und die Einführung von Mautgebühren für Autos, die in ein städtisches Gebiet einfahren, die Unterrichtung über Geburtenkontrolle in öffentlichen Schulen, die Pflicht zur Registrierung von Schusswaffen, die Legalisierung des Drogenkonsums, die Legalisierung der Homosexualität, die Bezahlung von Schülern für ihre schulischen Leistungen, die staatliche Kontrolle der Flächennutzung, die Gewährung von Prämien für die Familienplanung und zu guter Letzt einen Vorschlag im Stil von Pol Pot in Kambodscha, wonach neue Gemeinden in ländlichen Gebieten gegründet werden sollen. Wie wir sehen werden, sind viele der Ziele des Zukunftsinstituts bereits mehr als erfüllt worden.

- INSTITUT FÜR POLITISCHE STUDIEN (IPS)

Als eine der "Großen Drei" hat das IPS die Außen- und Innenpolitik der Vereinigten Staaten geformt und umgestaltet, seit es von James P. Warburg und den Rothschild-Einheiten in den Vereinigten Staaten gegründet wurde, unterstützt von Bertrand Russell und den britischen

Sozialisten durch seine Netzwerke in Amerika, zu denen auch die Liga für industrielle Demokratie gehört, in der Leonard Woodcock eine führende Rolle spielte, wenn auch hinter den Kulissen. Zu den lokalen Hauptakteuren der League for Industrial Democracy gehörten die "konservative" Jeane Kirkpatrick, Irwin Suall (von der ADL), Eugene Rostow (Unterhändler für Rüstungskontrolle), Lane Kirkland (Labour-Führer) und Albert Shanker.

Nur zur Information: IPS wurde 1963 von Marcus Raskin und Richard Barnett gegründet, beides hochqualifizierte Absolventen des Tavistock-Instituts. Der größte Teil der Finanzierung kam von Rothschild-Verbündeten in Amerika wie der James Warburg Family, der Stern Family Foundation und der Samuel Rubin Foundation. Samuel Rubin war ein eingetragenes Mitglied der Kommunistischen Partei, der den Namen Fabergé stahl (Fabergé war "Juwelier des kaiserlich-russischen Hofes") und mit dem Namen Fabergé ein Vermögen machte.

Die Ziele des IPS stammten von einer Agenda, die vom britischen Round Table festgelegt wurde, die wiederum vom Tavistock-Institut kam, wobei eines der bemerkenswertesten Ziele darin bestand, die "Neue Linke" als Basisbewegung in den USA zu schaffen. Das IPS sollte Unfrieden und Unruhe stiften und Chaos wie ein unkontrollierbares Lauffeuer verbreiten, die "Ideale" des nihilistischen Linkssozialismus verbreiten, den uneingeschränkten Konsum von Drogen aller Art unterstützen und der "große Knüppel" sein, mit dem das politische Establishment der Vereinigten Staaten geschlagen werden sollte.

Barnett und Raskin kontrollierten so unterschiedliche Elemente wie die Black Panther, Daniel Ellsberg, den Mitarbeiter des Nationalen Sicherheitsrates Halperin, die Weathermen Underground, die Venceramos und den Wahlkampfstab des Kandidaten George McGovern. Kein Plan war zu groß für das IPS und seine Kontrolleure, um ihn anzunehmen und zu verwalten.

Nehmen wir den Plan zur "Entführung" Kissingers, der in den Händen von Eqbal Ahmed lag, einem britischen MI6-Geheimdienstagenten pakistanischer Herkunft, der durch "TROTS" (trotzkistische Terroristen mit Sitz in London) gewaschen wurde. Die "Verschwörung" wurde vom FBI "aufgedeckt", damit sie nicht zu weit gehen konnte. Ahmed went on to become the director of one of IPS's most influential agencies, The Transnational Institute which, chameleon-like, changed from its former name, Institute of Race Relations, when intelligence-agents of BOSS (Bureau of State

Security) in South Africa unmasked the fact that it was tied directly to Rhodes Scholarship-Harry Oppenheimer and Anglo-American-British mining-interests in South Africa. Das BOSS brachte auch die South Africa Foundation in Misskredit.

Über seine vielen mächtigen Lobbygruppen auf dem Capitol Hill setzte IPS unerbittlich seinen "großen Stock" ein, um den Kongress zu schlagen. IPS verfügt über ein Netzwerk von Lobbyisten, die angeblich alle unabhängig voneinander agieren, in Wirklichkeit aber zusammenarbeiten, so dass die Kongressabgeordneten von allen Seiten von scheinbar unterschiedlichen und vielfältigen Lobbyisten bedrängt werden. Auf diese Weise war und ist IPS in der Lage, einzelne Abgeordnete und Senatoren erfolgreich dazu zu bewegen, für "den Trend, die Art und Weise, wie die Dinge laufen" zu stimmen. Durch den Einsatz von Schlüsselpersonen auf dem Capitol Hill war IPS in der Lage, in die eigentliche Infrastruktur unseres Gesetzgebungssystems und dessen Funktionsweise einzudringen.

Um nur ein einziges konkretes Beispiel dafür zu nennen, wovon ich spreche: 1975 überredete ein IPS-Vertreter den Abgeordneten John Conyers (D-Michigan) und siebenundvierzig Mitglieder des Repräsentantenhauses, das IPS mit der Ausarbeitung einer Haushaltsstudie zu beauftragen, die sich gegen den von Präsident Gerald Ford vorbereiteten Haushalt richten würde. Obwohl der Antrag nicht angenommen wurde, wurde er 1976, 1977 und 1978 wieder aufgegriffen und fand immer mehr Unterstützer.

Im Jahr 1978 unterzeichneten sechsundfünfzig Kongressabgeordnete ihre Unterschrift, um eine IPS-Budgetstudie zu unterstützen. Diese wurde von Marcus Raskin erstellt. Raskins Budget forderte eine fünfzigprozentige Kürzung des Verteidigungsbudgets, ein sozialistisches Wohnungsbauprogramm, "das mit dem privaten Wohnungs- und Hypothekenmarkt konkurrieren und ihn nach und nach ersetzen würde", einen nationalen Gesundheitsdienst, "radikale Veränderungen im Bildungssystem, die die kapitalistische Kontrolle über die Verteilung von Wissen unterbrechen würden", und mehrere andere radikale Ideen.

Der Einfluss des IPS auf die Verhandlungen über die Rüstungskontrolle war ein wichtiger Faktor, der Nixon 1972 zur Unterzeichnung des verräterischen ABM-Vertrags veranlasste, der die Vereinigten Staaten fast zehn Jahre lang praktisch schutzlos gegen ICBM-Angriffe machte. IPS wurde und ist bis heute einer der renommiertesten "Think-Tanks", die außenpolitische Entscheidungen kontrollieren, von denen wir, das Volk, dummerweise glauben, dass sie von unseren Gesetzgebern getroffen werden.

Durch die Förderung des militanten Aktivismus im eigenen Land und mit Verbindungen zu Revolutionären im Ausland, durch die Planung von Erfolgen wie den "Pentagon Papers", die Belagerung der Unternehmensstrukturen, die Überbrückung der Glaubwürdigkeitslücke zwischen Untergrundbewegungen und akzeptablem politischem Aktivismus, das Eindringen in religiöse Organisationen und deren Nutzung, um Zwietracht in Amerika zu säen, wie z. B. radikale Rassenpolitik unter dem Deckmantel der Religion, die Nutzung der etablierten Medien zur Verbreitung der IPS-Ideen und ihre anschließende Unterstützung, hat die IPS die Rolle erfüllt, für die sie gegründet wurde.

- STANFORD FORSCHUNGSINSTITUT

Jesse Hobson, der erste Präsident des Stanford-Forschungsinstituts, machte in einer Rede 1952 deutlich, welche Richtung das Institut einschlagen sollte. Stanford kann als eines der "Juwelen" in der Krone von Tavistocks Herrschaft in den Vereinigten Staaten bezeichnet werden. Es wurde 1946, unmittelbar nach Ende des Zweiten Weltkriegs, unter dem Vorsitz von Charles A. Anderson gegründet und konzentrierte sich auf die Erforschung der Bewusstseinskontrolle und der "Zukunftswissenschaften". Zu Stanford gehörte auch die Charles F. Kettering Foundation, die die "Veränderten Menschenbilder" entwickelte, auf denen die Wassermann-Verschwörung beruht.

Einige der wichtigsten Kunden und Verträge von Stanford konzentrierten sich zunächst auf die Verteidigungsindustrie, aber mit dem Wachstum von Stanford wuchs auch die Vielfalt seiner Dienstleistungen:

- Anwendungen der Verhaltenswissenschaften auf das Forschungsmanagement
- Büro für Wissenschaft und Technologie.
- SRI Business Intelligence Programm.
- U.S. Department of Defence Directorate of Defence Research and Engineering.
- U.S. Department of Defence Office of Aerospace Research.

Zu den Unternehmen, die Stanfords Dienste in Anspruch nahmen, gehörten die Wells Fargo Bank, die Bechtel Corporation, Hewlett Packard, die Bank of America, die McDonnell-Douglas Corporation, Blyth, Eastman Dillon und die TRW Company. Eines der geheimeren

Projekte von Stanford war die umfassende Arbeit an chemischen und bakteriologischen Waffen (CAB-Waffen). Stanford Research ist mit mindestens 200 kleineren "Denkfabriken" vernetzt, die sich mit allen Aspekten des amerikanischen Lebens befassen. Dies ist als ARPA-Vernetzung bekannt und stellt die Entstehung der wahrscheinlich weitreichendsten Bemühungen dar, die Umwelt jedes Einzelnen im Land zu kontrollieren. Gegenwärtig sind die Computer in Stanford mit 2500 "Schwester"-Forschungskonsolen verbunden, zu denen die Central Intelligence Agency (CIA), die Bell Telephone Laboratories, der Geheimdienst der US-Armee, das Office of Naval Intelligence (ONI), RANI, MIT, Harvard und UCLA gehören. Stanford spielt insofern eine Schlüsselrolle, als es die "Bibliothek" ist, in der die gesamte ARPA-Dokumentation katalogisiert wird.

"Andere Behörden" - und hier kann man seiner Phantasie freien Lauf lassen - dürfen die "Bibliothek" des SRI nach Schlüsselwörtern und -sätzen durchsuchen, Quellen durchsehen und ihre eigenen Master-Files mit denen des Stanford Research Centre aktualisieren. Das Pentagon beispielsweise nutzt die "Master-Files" des SRI ausgiebig, und es besteht wenig Zweifel, dass andere US-Regierungsstellen dasselbe tun. Die "Command and Control"-Probleme des Pentagon werden von Stanford bearbeitet.

Obwohl diese angeblich nur für Waffen und Soldaten gelten, gibt es absolut keine Garantie dafür, dass dieselbe Forschung nicht auch für zivile Anwendungen genutzt werden könnte und wird. Stanford ist bekannt dafür, dass es bereit ist, alles für jeden zu tun, und ich glaube, dass die Feindseligkeit, die sich aus der Enthüllung dessen, was das SRI tatsächlich tut, ergeben würde, das SRI höchstwahrscheinlich zur Schließung zwingen würde, wenn es jemals vollständig enthüllt würde.

- MASSACHUSETTS INSTITUTE OF TECHNOLOGY, ALFRED P. SLOAN SCHOOL OF MANAGEMENT

Dieses große Institut wird im Allgemeinen nicht als Teil von Tavistock U.S.A. angesehen. Die meisten Menschen betrachten es als eine rein amerikanische Einrichtung, aber das ist bei weitem nicht der Fall. MIT-Alfred Sloan kann grob in die folgenden Gruppen unterteilt werden:

- Zeitgenössische Technologie.
- Arbeitsbeziehungen.
- Lewin-Gruppenpsychologie.
- NASA-ERC Computer Research Laboratories.

- Office of Naval Research Group, Psychologie.

Systemdynamik. Forrestor und Meadows verfassten die Nullwachstumsstudie "Die Grenzen des Wachstums" des Club of Rome.

Zu den Kunden des MIT gehören unter anderem folgende Unternehmen:

- Amerikanische Management-Vereinigung.
- Amerikanisches Rotes Kreuz.
- Ausschuss für wirtschaftliche Entwicklung.
- GTE.
- Institut für Verteidigungsanalyse
- (IDA).
- NASA.
- Nationale Akademie der Wissenschaften.
- Nationaler Rat der Kirchen.
- Sylvania.
- TRW.
- U.S. Armee.
- U.S. Außenministerium.
- U.S. Navy.
- U.S. Finanzministerium.
- Unternehmen Volkswagen.

Die Reichweite der IDA ist so groß, dass es Hunderte von Seiten dauern würde, die Aktivitäten zu beschreiben, in die sie verwickelt ist, und die IDA wird in meinem Buch über die Rolle von Institutionen und Stiftungen beim Verrat an den Vereinigten Staaten von Amerika, das Anfang 1992 erscheinen wird, ausführlich beschrieben.

- RAND FORSCHUNG UND ENTWICKLUNG CORPORATION

Zweifellos ist RAND DIE "Denkfabrik", die dem Tavistock-Institut am meisten verpflichtet ist, und mit Sicherheit das prestigeträchtigste Instrument des RIIA zur Kontrolle der Politik der Vereinigten Staaten auf allen Ebenen. Zu den spezifischen RAND-Politiken, die in die Praxis umgesetzt wurden, gehören unser ICBM-Programm, die wichtigsten Analysen für die US-Außenpolitik, die Anstiftung zu Weltraumprogrammen, die US-Nuklearpolitik, Unternehmensanalysen, Hunderte von Projekten für das Militär, die Central Intelligence Agency (CIA) in Bezug auf die Verwendung von bewusstseinsverändernden Drogen wie Peyote und LSD (die verdeckte

MK-Ultra-Operation, die 20 Jahre lang andauerte).

Zu den Kunden von RAND gehören unter anderem folgende Unternehmen:

- Amerikanische Telefon- und Telegrafengesellschaft (AT&T).
- International Business Machines (IBM).
- Chase Manhattan Bank.
- Nationale Wissenschaftsstiftung.
- Republikanische Partei.
- TRW.
- U.S. Air Force.
- U.S. Energieministerium.
- U.S. Department of Health.

Es gibt buchstäblich Tausende von hochwichtigen Unternehmen, Regierungsinstitutionen und Organisationen, die die Dienste von RAND in Anspruch nehmen, und es wäre eine unmögliche Aufgabe, sie alle aufzuzählen. Zu den "Spezialitäten" von RAND gehört eine Studiengruppe, die den Zeitpunkt und die Richtung eines thermonuklearen Krieges vorhersagt und auf der Grundlage ihrer Ergebnisse zahlreiche Szenarien ausarbeitet. RAND wurde einmal beschuldigt, von der UdSSR beauftragt worden zu sein, die Kapitulationsbedingungen der US-Regierung auszuarbeiten, eine Anschuldigung, die bis in den US-Senat gelangte, wo sie von Senator Symington aufgegriffen wurde und in der Folge von der etablierten Presse mit Hohnartikeln überschüttet wurde. BRAIN WASHING bleibt die Hauptaufgabe von RAND.

Zusammenfassend lässt sich sagen, dass die wichtigsten Tavistock-Institutionen in den Vereinigten Staaten auf allen Ebenen, einschließlich der Regierung, des Militärs, der Wirtschaft, der religiösen Organisationen und des Bildungswesens, Gehirnwäsche betreiben:

- Brookings Institution.
- Hudson-Institut.
- Institut für politische Studien.
- Massachusetts Institute
- Nationale Ausbildungslabors.
- Rand Research and Development Corporation.

of Technology.

- Stanford Research Institute.
- Wharton School an der Universität von Pennsylvania.

Nach Schätzungen meiner Quellen sind in diesen Einrichtungen insgesamt etwa 50.000 Personen beschäftigt, die mit Mitteln in Höhe von fast 10 Milliarden Dollar ausgestattet sind.

Einige der weltweit wichtigsten Institutionen und Organisationen sind *der Ausschuss der 300*:

- Amerikaner für ein sicheres Israel.
- Überprüfung der biblischen Archäologie.
- Bilderberger.
- British Petroleum.
- Kanadisches Institut für Auslandsbeziehungen.
- Christlicher Fundamentalismus.
- Rat für auswärtige Beziehungen, New York.
- Gesellschaft für Ägyptische Erforschung.
- Imperial Chemical Industries.
- Internationales Institut für Strategische Studien.
- Orden der Schädel und Knochen.
- Palästina-Forschungsfonds.
- Stiftung Tempelberg.
- Der Atheistenclub.
- Der Club des vierten Bewusstseinszustandes.
- Der Hermetische Orden der Goldenen Morgenröte.
- Die Milner-Gruppe.
- Die Nasi-Prinzen.
- Der Orden der Magna Mater.
- Die Ordnung der göttlichen Unordnung.
- Die RIIA.
- Der Runde Tisch.
- Trilaterale Kommission.
- Universelle Freimaurerei.
- Universeller Zionismus.
- Vickers Armament Company.
- Warren-Kommission.
- Watergate-Ausschuss.

- Die armen Ritter der Templer.
- Royal Dutch Shell Company.
- Sozialistische Internationale.
- Südafrikanische Stiftung.
- Tavistock-Institut für menschliche Beziehungen.
- Wilton Park.
- Ökumenischer Rat der Kirchen.

Ehemalige und derzeitige Mitglieder *des Ausschusses der 300.*

- Abergavemy, Marquis de.
- Acheson, Doyen.
- Adeane, Lord Michael.
- Agnelli, Giovanni.
- Alba, Duc d'Aldington, Lord.
- Aleman, Miguel.
- Allihone, Professeur T. E.
- Héritier de la famille Alsop.
- Amory, Houghton.
- Anderson, Charles A.
- Anderson, Robert O.
- Andreas, Dwayne.
- Asquith, Lord.
- Astor, John Jacob und sein Nachfolger, Waldorf.
- Keswick, William Johnston.
- Keynes, John Maynard.
- Kimberly, Herr.
- King, Dr. Alexander.
- Kirk, Grayson L.
- Kissinger, Henry.
- Kitchener, Lord Horatio.
- Kohnstamm, Max.
- Korsch, Karl.
- Lambert, Baron Pierre.
- Lawrence, G.
- Lazar. Lehman, Lewis.
- Lever, Sir Harold.
- Lewin, Dr. Kurt.
- Linowitz, S.
- Lippmann, Walter.
- Livingstone, Robert R.

- Aurangzeb, Nachkomme von.
- Austin, Paul.
- Baco, Sir Ranulph
- Balfour, Arthur.
- Balogh, Herr.
- Bancroft, Baron Stormont.
- Baring.
- Barnato, B.
- Barran, Sir John.
- Baxendell, Sir Peter.
- Béatrice de Savoie, Fürstin.
- Beaverbrook, Lord.
- Beck, Robert.
- Beeley, Sir Harold.
- Beit, Alfred.
- Benn, Anthony Wedgewood.
- Bennet, John W.
- Benetton, Gilberto oder Carlo im Wechsel.
- Bertie, Andrew.
- Besant, Sir Walter.
- Bethal, Lord Nicholas.
- Bialkin, David.
- Biao, Keng.
- Bingham, William. Binny, J. F.
- Blunt, Wilfred.
- Bonacassi, Franco Orsini.

Vertreter der Familie.

- Lockhart, Bruce.
- Lockhart, Gordon.
- Loudon, Sir John.
- Luzzatto, Pieipaolo.
- Mackay, Lord, de Clashfern.
- Mackay-Tallack, Sir Hugh.
- Mackinder, Halford.
- MacMillan, Harold.
- Matheson, Jardine.
- Mazzini, Gueseppi.
- McClaughlin, W. E.
- McCloy, John J.
- McFadyean, Sir Andrew.
- McGhee, George.
- McMillan, Harold.
- Mellon, Andrew.
- Mellon, William Larimer oder Vertreter der Familie.
- Meyer, Frank.
- Michener, Roland.
- Mikovan, Anastas.
- Milner, Lord Alfred.
- Mitterrand, François.
- Monet, Jean.
- Montague, Samuel.
- Montefiore, Lord Sebag oder Evêque Hugh.

- Bottcher, Fritz.
- Bradshaw, Thornton.
- Brandt, Willy.
- Brewster, Kingman.
- Buchan, Alastair.
- Buffet, Warren.
- Bullitt, William C.
- Bulwer-Lytton, Edward.
- Bundy, McGeorge.
- Bundy, William.
- Bush, George.
- Cabot, John. Représentant de la famille.
- Caccia, Baron Harold Anthony.
- Cadman, Sir John.
- Califano, Joseph.
- Carrington, Lord.
- Carter, Edward.
- Catlin, Donat.
- Catto, Herr.
- Cavendish, Victor C. W., Herzog von Devonshire.
- Chamberlain, Houston Stewart. Chang, V. F.
- Chechirin, Georgi oder Vertreter der Familie.
- Churchill, Winston.
- Cicireni, V. oder Vertreter der Familie.
- Morgan, John P.
- Mott, Stewart.
- Berg, Sir Brian Edward.
- Mountain, Sir Dennis.
- Mountbatten, Lord Louis.
- Munthe, A., oder Vertreter der Familie.
- Naisbitt, John.
- Neeman, Yuval.
- Newbigging, David.
- Nicols, Lord Nicholas von Bethal.
- Norman, Montague.
- O'Brien de Lotherby, Lord.
- Ogilvie, Angus.
- Okita, Saburo.
- Oldfield, Sir Morris.
- Oppenheimer, Sir Earnest, und sein Nachfolger, Harry.
- Ormsby Gore, David (Lord Harlech).
- Orsini, Franco Bonacassi.
- Ortolani, Umberto.
- Ostiguy, J.P.W.
- Paley, William S. Pallavacini.
- Palme, Olaf.
- Palmerston.
- Palmstierna, Jakob.

- Cini, Graf Vittorio.
- Clark, Howard.
- Cleveland, Amory.
- Cleveland, Harland.
- Clifford, Clark.
- Cobold, Herr.
- Coffin, der Reverend William Sloane.
- Constanti, Haus der Orange.
- Cooper, John. Vertreter der Familie.
- Coudenhove-Kalergi, Graf.
- Cowdray, Lord.
- Cox, Sir Percy.
- Cromer, Lord Evelyn Baring.
- Crowther, Sir Eric.
- Cumming, Sir Mansfield.
- Curtis, Lionel.
- d'Arcy, William K.
- D'Avignon, Graf Étienne.
- Danner, Jean Duroc.
- Davis, John W. de Benneditti, Carlo.
- De Bruyne, Dirk.
- De Gunzberg, Baron Alain.
- De Lamater, Generalmajor Walter.
- De Menil, Jean.
- Pao, Y.K.
- Pease, Richard T.
- Peccei, Aurellio.
- Peek, Sir Edmund.
- Pellegreno, Michael, Kardinal.
- Perkins, Nelson.
- Pestel, Eduard.
- Peterson, Rudolph.
- Petterson, Peter G.
- Petty, John R.
- Philip, Prinz, Herzog von Edinburgh.
- Piercy, George.
- Pinchott, Gifford.
- Pratt, Charles.
- Price Waterhouse, Vertreter der Familie.
- Radziwall.
- Rainier, Fürst.
- Raskob, John Jacob.
- Recanati.
- Rees, John.
- Reese, John Rawlings.
- Rennie, Sir John.
- Rettinger, Joseph.
- Rhodes, Cecil John.
- Rockefeller, David.
- Rolle, Lord Eric von Ipsden.
- Rosenthal, Morton.

- De Vries, Rimmer.
- de Zulueta, Sir Philip.
- d'Aremberg, Marquis Charles Louis.
- Delano. Vertreter der Familie.
- Dent, R.
- Deterding, Sir Henri.
- von Spadaforas, Graf Guitierez (Erbe)
- Douglas-Home, Sir Alec.
- Drake, Sir Eric.
- Duchêne, François.
- DuPont. Edward, Duc de Kent.
- Eisenberg, Shaul.
- Elliott, Nicholas.
- Elliott, William Yandel.
- Elsworthy, Herr.
- Farmer, Victor.
- Forbes, John M.
- Foscaro, Pierre.
- Frankreich, Sir Arnold.
- Fraser, Sir Hugh.
- Frederik IX, König von Dänemark, Vertreter der Familie.
- Frères, Lazard.
- Frescobaldi, Lamberto.
- Fribourg, Michael.
- Gabor, Dennis.
- Gallatin, Albert.
- Rostow, Eugène.
- Rothmere, Herr.
- Rothschild Élie de oder Edmond de und/oder Baron de Rothschild
- Runcie, Dr. Robert.
- Russell, Lord John.
- Russell, Sir Bertrand.
- Saint Gouers, Jean.
- Salisbury, Marquise von
- Robert Gascoigne Cecil.
- Shelburne, Les Salisbury, Lord.
- Samuel, Sir Marcus.
- Sandberg, M. G.
- Sarnoff, Robert.
- Schmidheiny, Stephan oder Brüder Thomas, Alexander.
- Schoenberg, Andrew.
- Schroeder.
- Schultz, George.
- Schwartzenburg, E.
- Shawcross, Sir Hartley.
- Sheridan, Walter.
- Schiloach, Rubin.
- Silitoe, Sir Percy.
- Simon, William.
- Sloan, Alfred P.
- Smutts, Jan.
- Spelman.

Vertreter der Familie

- Gardner, Richard.
- Geddes, Sir Auckland.
- Geddes, Sir Reay.
- George, Lloyd.
- Giffen, James.
- Gilmer, John D.
- Giustiniani, Justin.
- Gladstone, Lord.
- Gloucester, The Duke of.
- Gordon, Walter Lockhart.
- Gnade, Peter J.
- Greenhill, Lord Dennis Arthur.
- Greenhill, Sir Dennis.
- Grey, Sir Edward.
- Gyllenhammar, Pierres.
- Haakon, König von Norwegen.
- Haig, Sir Douglas.
- Hailsham, Lord.
- Haldane, Richard Burdone.
- Halifax, Lord.
- Hall, Sir Peter Vickers.
- Hambro, Sir Jocelyn.
- Hamilton, Cyril.
- Harriman, Averill.
- Hart, Sir Robert.
- Hartman, Arthur H.
- Sproull, Robert.
- Stals, Dr. C.
- Stempel, Herr oder Familienvertreter.
- Stahl, David.
- Stiger, Georg.
- Strathmore, Herr.
- Stark, Sir Kenneth.
- Stark, Maurice.
- Sutherland.
- Swathling, Herr.
- Swire, J. K.
- Tasse, G. oder Vertreter der Familie.
- Temple, Sir R.
- Thompson, William Boyce.
- Thompson, Herr.
- Thyssen-Bornamisza,
- Baron Hans Henrich.
- Trevelyn, Lord Humphrey.
- Turner, Sir Mark.
- Turner, Ted.
- Tyron, Herr.
- Urquidi, Victor.
- Van Den Broek, H.
- Vanderbilt.
- Vance, Cyrus.
- Verity, William C.
- Euer Ehren, Lord Amuel.

- Healey, Dennis.
- Helsby, Lord.
- Ihre Majestät die Königin Elizabeth II.
- Ihre Majestät die Königin Juliana.
- Ihre Königliche Hoheit, Prinzessin Beatrix.
- Ihre Königliche Hoheit die Königin Margaretha.
- Hessen, Nachkommen des Großherzogs, Vertreter der Familie.
- Heseltine, Sir William.
- Hoffman, Paul G.
- Holland, William.
- Maison de Bragance.
- Das Haus der Hohenzollern.
- Maison, Colonel Mandel.
- Howe, Sir Geoffrey.
- Hughes, Thomas H.
- Hugo, Thieman.
- Hutchins, Robert M.
- Huxley, Aldous.
- Inchcape, Herr.
- Jamieson, Ken.
- Japhet, Ernst Israël.
- Jay, John. Vertreter der Familie.
- Jodry, J. J.
- Joseph, Sir Keith.
- Vickers, Sir Geoffrey.
- Villiers, Gerald Hyde, Vertreter der Familie.
- Volpi, Graf.
- von Finck, Freiherr August.
- von Habsburg, Erzherzog Otto, Haus von Habsburg-Lothringen.
- Wallenberg, Peter oder Vertreter der Familie.
- Von Thurn und Taxis, Max.
- Wang, Kwan Cheng, Dr.
- Warburg, S. C.
- Ward Jackson, Lady Barbara.
- Warner, Rawleigh.
- Warnke, Paul.
- Warren, Earl.
- Watson, Thomas.
- Webb, Sydney.
- Weill, David.
- Weill, Dr. Andrew.
- Weinberger, Sir Caspar.
- Weizman, Chaim.
- Wells, H. G.
- Wheetman, Pearson (Lord Cowdray).
- White, Sir Dick Goldsmith.
- Whitney, Straight.

- Katz, Milton.
- Kaufman, Asher.
- Keith, Sir Kenneth.
- Keswick, Sir William Johnston, ou Keswick, H.N.L.
- Wiseman, Sir William.
- Wittelsbach.
- Wolfson, Sir Isaac.
- Wood, Charles.
- Young, Owen.

Biografie

1980's PROJECT, Vance, Cyrus und Yankelovich, Daniel. 1984, Orwell, George.

NACH ZWANZIG JAHREN: DER ABGANG DER NATO UND DIE SUCHE NACH EINER NEUEN POLITIK IN EUROPA, Raskin, Marcus und Barnett, Richard.

LUFTKRIEG UND STRESS, Janus, Irving.

AN AMERICAN COMPANY; THE TRAGEDY OF UNITED FRUIT, Scammel, Henry und McCann, Thomas.

AN INTRODUCTION TO THE PRINCIPLES AND MORALS OF LEGISLATION, Bentham, Jeremy. In diesem Werk aus dem Jahr 1780 behauptet Bentham, dass "die Natur den Menschen unter die Herrschaft zweier souveräner Herren gestellt hat, Schmerz und Vergnügen... Sie regieren uns in allem, was wir tun." Bentham fuhr fort, die Schrecken der jakobinischen Terroristen in der Französischen Revolution zu rechtfertigen.

JAHRESBERICHT DER BANK LEUMI, 1977.

ZU DIESEM ZEITPUNKT: THE INSIDE STORY OF THE SENATE WATERGATE COMMITTEE, Thompson, Fred. Bernard Barker, einer der Watergate-Einbrecher, sagte mir, wo ich Thompson finden konnte, der im Ervin-Ausschuss als Berater der Minderheit tätig war. Mein Treffen mit Barker fand vor einem A&P-Supermarkt in der Nähe des Coral Gables Country Club in Coral Gables, Florida, statt. Barker sagte, Thompson sei in Begleitung seines Anwaltspartners, der seine Mutter in Coral Gables besuchte, das nur etwa fünf Minuten vom A&P-Supermarkt entfernt lag. Ich ging dorthin und traf Thompson, der seine Enttäuschung über die Art und Weise zum Ausdruck brachte, in der Ervin so strenge Beschränkungen für Beweise auferlegt hatte, die er, Thompson, zulassen konnte.

BAKU AN EVENTFUL HISTORY, Henry, J. D.

BEASTS OF THE APOCALYPSE, O'Grady, Olivia Maria. Dieses

bemerkenswerte Buch enthält Einzelheiten über eine große Zahl historischer Persönlichkeiten, darunter William C. Bullitt, der sich mit Lloyd George verschworen hatte, um den weißrussischen Generälen Denekin und Rangle den Boden unter den Füßen wegzuziehen, als sie die bolschewistische Rote Armee am Rande der Niederlage hatten. Das Buch enthält auch zahlreiche Informationen über die äußerst korrupte Erdölindustrie. Von besonderem Interesse sind die Informationen über Sir Moses Montefiore, der dem alten venezianischen Schwarzen Adel Montefiores angehörte.

BRAVE NEW WORLD, Aldous Huxley.

BRITISCHE OPIUMPOLITIK IN CHINA, Owen, David Edward.

BRITISCHE OPIUMPOLITIK, F. S. Turner.

CECIL RHODES, Flint, John.

CECIL RHODES, THE ANATOMY OF AN EMPIRE, Marlow, John.

KONFERENZ ÜBER TRANSATLANTISCHES GLEICHGEWICHT UND ZUSAMMENARBEIT, Rappaport, Dr. Anatol.

GESPRÄCHE MIT DZERZHINSKY, Reilly, Sydney. In nicht veröffentlichten Dokumenten des britischen Geheimdienstes.

SCHAFFUNG EINER BESONDEREN VERHALTENSSTRUKTUR, Cartwright, Dorwin.

CRYSTALLISING PUBLIC OPINION, Bernays, Edward.

DEMOKRATISCHE IDEALE UND REALITÄT, Mackinder, Halford.

ERVIN, SENATOR SAM. Abgesehen davon, dass er die Einführung wichtiger Beweise in den Watergate-Anhörungen behinderte, verriet Ervin meiner Meinung nach, während er sich selbst als Verfassungsautorität darstellte, konsequent diese Nation, indem er sich unter Berufung auf die richterlichen Stellungnahmen im Fall Everson gegen Beihilfen für kirchliche Schulen aussprach. Ervin, ein Freimaurer des Schottischen Ritus - was meiner Meinung nach der Grund dafür ist, dass er den Vorsitz des Watergate-Komitees erhielt - wurde schließlich geehrt, indem er den prestigeträchtigen Preis des Schottischen Ritus für die "Unterstützung des individuellen Rechts" erhielt. 1973 veranstaltete Ervin zu Ehren des Souveränen Großkomturs Clausen ein Mittagessen im Speisesaal des Senats.

EVERSON VS. BOARD OF EDUCATION, 33O U.S. I, 1947.

FRANKFURTER PAPIERE, Box 99 und Box 125, "HUGO BLACK CORRESPONDENCE".

GNOSTIZISMUS, MAMCHEANISMUS, KATHARISMUS, The New Columbia Encyclopaedia.

TORE VON MANLL, Lazlo, Ernin.

GOD'S BANKER, Cornwell, Rupert. Dieses Buch gab einen Einblick in P2 und den Mord an Roberto Calvi - P2 Freimaurerei.

HUMANQUALITÄT, Peccei, A.

INTERNATIONALE ZEITSCHRIFT FÜR ELEKTRONIK.

EINFÜHRUNG IN DIE SOZIOLOGIE DER MUSIK, Adorno, Theo. Adorno wurde von Hitler wegen seiner Musikexperimente zum Kult des Dionysos aus Deutschland vertrieben. Er wurde von den Oppenheimers nach England gebracht, wo ihm die britische Königsfamilie eine Unterkunft an der Gordonstoun School und ihre Unterstützung gewährte. Hier perfektionierte Adorno den "Beatlemusic Rock", den "Punk Rock", den "Heavy Metal Rock" und all das dekadente Getöse, das heute als Musik durchgeht. Es ist erwähnenswert, dass der Name "The Beatles" gewählt wurde, um eine Verbindung zwischen modernem Rock, dem Isis-Kult und dem Skarabäus-Käfer, einem religiösen Symbol des alten Ägyptens, herzustellen.

INVASION VOM MARS, Cantril. In diesem Werk analysiert Cantril die Verhaltensmuster von Menschen, die nach dem Orson-Wells-Experiment der Massenhysterie in Panik geflohen sind, anhand von H.G. Wells' "WAR OF THE WORLDS".

UNTERSUCHUNG DES KENNEDY-MORDES, DER NICHT IN AUFTRAG GEGEBENE BERICHT ÜBER DIE ERGEBNISSE VON JIM GARRISON. Paris, Flammonde.

IPS REVISITED, Coleman, Dr. John.

ISIS UNVEILED, EIN MEISTERSCHLÜSSEL ZUR ANTIEN UND MODERNE WISSENSCHAFT UND THEOLOGIE, Blavatsky, Madame Helena.

JOHN JACOB ASTOR, BUSINESSMAN, Porter, Kenneth Wiggins.

JUSTICE BLACK'S PAPERS, Box 25, Allgemeine Korrespondenz, Davies.

KING MAKERS, KING BREAKERS, THE STORY OF THE CECIL

FAMILY, Coleman, Dr. John.

BEFREIUNGSTHEOLOGIE. Die Informationen stammten aus der Arbeit von Juan Luis Segundo, der sich seinerseits stark auf die Schriften von Karl Marx stützte. Segundo griff die Instruktion der katholischen Kirche gegen die Befreiungstheologie in der am 6. August 1984 veröffentlichten "Instruktion zu bestimmten Aspekten der 'Theologie der Befreiung'" scharf an.

LIES CLEARER THAN TRUTH, Barnett, Richard (Gründungsmitglied von IPS). McCalls Magazine, Januar 1983.

McGRAW HILL GROUP, ASSOCIATED PRESS. Auszüge aus Berichten von 28 Magazinen, die zu McGraw Hill gehören, und AP-Stories.

MEMOIRS OF A BRITISH AGENT, Lockhart, Bruce. In diesem Buch erfahren wir, wie die bolschewistische Revolution von London aus gesteuert wurde. Lockhart war der Vertreter von Lord Milner, der nach Russland reiste, um Milners Investitionen in Lenin und Trotzki zu überwachen. Lockhart hatte kurzfristig Zugang zu Lenin und Trotzki, obwohl Lenin häufig einen Warteraum voller hochrangiger Beamter und ausländischer Delegierter hatte, von denen einige bis zu fünf Tage auf ihn gewartet hatten. Dennoch musste Lockhart nie länger als ein paar Stunden warten, um einen der beiden Männer zu sehen. Lockhart trug ein von Trotzki unterzeichnetes Schreiben bei sich, in dem er alle bolschewistischen Funktionäre darüber informierte, dass Lockhart einen besonderen Status habe und ihm jederzeit die größtmögliche Zusammenarbeit zu gewähren sei.

MIND GAMES, Murphy, Michael.

VERSCHIEDENE ALTE REKORDEN, India House Documents, London.

MK ULTRA LSD EXPERIMENT, CIA-Akten 1953-1957.

MR. WILLIAM CECIL UND KÖNIGIN ELIZABETH, Read, Conyers.

MORD, Anslinger, Henry. Anslinger war einst die Nummer 1 der Drogenbekämpfungsbehörde, und sein Buch ist sehr kritisch gegenüber dem so genannten Krieg gegen die Drogen, der angeblich von der US-Regierung geführt wird.

MEIN VATER, EINE ERINNERUNG, Black, Hugo L., Jr.

NATIONAL COUNCIL OF CHURCHES, Josephson, Emmanuel in

seinem Buch "ROCKEFELLER, INTERNATIONALIST".

OIL IMPERIALISM, THE INTERNATIONAL STRUGGLE FOR PETROLEUM, Fischer, Louis.

PAPIERE VON SIR GEORGE BIRDWOOD, India House Documents, London.

PATTERNS IN EASDEA TITLE I READING ACHIEVEMENT TESTS, Stanford Research Institute.

POPULATIONSBOMBE, Erlich, Paul.

PROFESSOR FREDERICK WELLS WILLIAMSON, India House Documents, London.

PUBLIC AGENDA FOUNDATION. Gegründet 1975 von Cyrus Vance und Daniel Yankelovich.

PUBLIC OPINION, Lippmann, Walter.

REVOLUTION DURCH TECHNOLOGIE, Coudenhove Kalergi, Graf.

ROCKEFELLER, INTERNATIONALIST. Josephson beschreibt detailliert, wie die Rockefellers ihren Reichtum nutzten, um die christliche Kirche in Amerika zu durchdringen, und wie sie später ihren Agenten Nummer 1, John Foster Dulles - der mit ihnen verwandt war - einsetzten, um ihren Einfluss auf jeden Aspekt des kirchlichen Lebens in diesem Land zu erhalten.

ROOM 3603, Hyde, Montgomery. Das Buch enthält einige Einzelheiten über die Operationen des britischen Geheimdienstes MI6, die von Sir William Stephenson vom RCA-Gebäude in New York aus geleitet werden; aber wie bei "Tarngeschichten" üblich, wurden die wirklichen Ereignisse ausgelassen.

BESONDERE BEZIEHUNGEN: AMERIKA IN FRIEDEN UND KRIEG, Wheeler-Bennet, Sir John.

SCHRITTE ZUR ÖKOLOGIE DES GEISTES, Bateson, Gregory. Bateson gehörte zu den fünf führenden Wissenschaftlern von Tavistock und war später maßgeblich an der Formulierung und Leitung des 46-jährigen Krieges gegen Amerika beteiligt, der von Tavistock geführt wurde.

STERLING DRUG. William C. Bullitt war einst im Vorstand des Unternehmens und gehörte auch dem Vorstand der I.G. Farben an.

TECHNOTRONISCHES ZEITALTER, Brzezinski, Z.

TERRORISMUS IN DEN VEREINIGTEN STAATEN, EINSCHLIESSLICH ANSCHLÄGE AUF NACHRICHTENDIENSTE DER USA: FBI-Akten #100-447935, #100-447735 und #100-446784.

DIE DOKUMENTE VON KAIRO, Haikal, Mohammed. Haikal, der große alte Mann des ägyptischen Journalismus, war bei dem Interview anwesend, das Nasser Chou En-lai gab und in dem der chinesische Staatschef versprach, sich mit Großbritannien und den USA wegen des Opiumhandels in China zu "rächen".

DIE VERFOLGUNG VORHER, Peccei, A.

DIE TAGEBÜCHER VON SIR BRUCE LOCKHART, Lockhart, Bruce.

THE ENGINEERING OF CONSENT, Bernays. In diesem Buch aus dem Jahr 1955 legt Bernays den Modus Operandi dar, wie man Zielgruppen dazu bringen kann, ihre Meinung zu wichtigen Themen zu ändern, die die nationale Richtung eines Landes verändern können und dies auch tun. Das Buch befasst sich auch mit der Entfesselung psychiatrischer Schocktruppen, wie wir sie in Lesben- und Schwulenorganisationen, Umweltgruppen, Abtreibungsrechtsgruppen und dergleichen sehen. Das Konzept der "psychiatrischen Schocktruppen" wurde von John Rawlings Reese, dem Gründer des Tavistock Institute of Human Relations, entwickelt.

THE FEDERAL BUDGET AND SOCIAL RECONSTRUCTION, IPS Fellows Raskin und Barnett. Die Liste der Kongressabgeordneten, die das IPS um die Erstellung der alternativen Haushaltsstudie baten und/oder sie unterstützten, ist zu lang, um sie hier aufzuführen, enthält aber so prominente Namen wie Tom Harkness, Henry Ruess, Patricia Schroeder, Les Aspin, Ted Weiss, Don Edwards, Barbara Mikulski, Mary Rose Oakar, Ronald Dellums und Peter Rodino.

THE HUXLEYS, Clark.

DER IMPERIALE DROGENHANDEL, Rowntree.

THE JESUITS, Martin, Malachi.

DIE SPÄTEREN CECILS, Rose, Kenneth.

THE LEGACY OF MALTHUS, Chase, Allan.

THE MANAGEMENT OF SUSTAINABLE GROWTH, Cleveland, Harlan. Cleveland wurde von der NATO beauftragt, einen Bericht darüber zu erstellen, inwieweit der Plan des Club of Rome für eine postindustrielle Gesellschaft mit Nullwachstum zur Zerstörung der industriellen Basis der Vereinigten Staaten erfolgreich war. Dieses schockierende Dokument sollte von jedem patriotischen Amerikaner gelesen werden, der das dringende Bedürfnis nach einer Erklärung dafür verspürt, warum sich die USA Ende 1991 in einer tiefen wirtschaftlichen Depression befinden.

DIE MÄNNER, DIE INDIEN REGIERTEN, Woodruff, Philip.

THE OPEN CONSPIRACY, Wells, H. G. In diesem Werk beschreibt Wells, wie in der Neuen Weltordnung (die er Neue Republik nennt) die "unnützen Esser", die Überbevölkerung, beseitigt werden sollen: "Die Männer der Neuen Republik werden nicht zimperlich sein, wenn es darum geht, dem Tod ins Auge zu sehen oder ihn herbeizuführen. .... Sie werden ein Ideal haben, das das Töten lohnenswert macht; wie Abraham werden sie den Glauben haben zu töten, und sie werden keinen Aberglauben an den Tod haben.... Ich gehe davon aus, dass sie der Meinung sind, dass ein gewisser Teil der Bevölkerung nur aus Mitleid und Geduld geduldet wird, und unter der Voraussetzung, dass sie sich nicht fortpflanzen, und ich sehe keinen Grund, der dagegen spricht, werden sie nicht zögern zu töten, wenn diese Duldung missbraucht wird.... Alle diese Tötungen werden mit einem Opiat durchgeführt.... Wenn abschreckende Strafen überhaupt im Gesetzbuch der Zukunft verwendet werden, soll die Abschreckung weder der Tod noch die Verstümmelung des Körpers sein...sondern guter, wissenschaftlich verursachter Schmerz." In den Vereinigten Staaten gibt es ein großes Kontingent von Wells-Anhängern, die nicht zögern würden, dem Diktat von Wells zu folgen, sobald die Neue Weltordnung Realität wird. Walter Lippmann war einer von Wells' glühendsten Jüngern.

THE POLITICS OF EXPERIENCE, Laing, R.D. Laing war Stabspsychologe in Tavistock und unter Andrew Schofield Mitglied des Governing Council.

DIE POLITIK DES HEROINS IN SÜDOSTASIEN, McCoy, Alfred W., Read, C.B und Adams, Leonard P.

DAS PROBLEM VON CHINA, Russell, Bertrand.

THE PUGWASH CONFEREES, Bertrand Russell. In den frühen 1950er Jahren führte Russell eine Bewegung an, die einen Atomangriff auf Russland forderte. Als dies entdeckt wurde, warnte Stalin, dass er nicht zögern würde, in gleicher Weise zurückzuschlagen. Dies führte zu einem raschen "Umdenken" bei Russell, der fast über Nacht zum Pazifisten wurde; so entstand die Kampagne für nukleare Abrüstung

"Ban the Bomb" (CND), aus der die Pugwash-Anti-Atomwissenschaftler hervorgingen. Im Jahr 1957 traf sich die erste Gruppe im Haus von Cyrus Eaton in Nova Scotia, einem langjährigen amerikanischen Kommunisten. Die Pugwash Conferees widmeten sich Anti-Atom- und Umweltfragen und waren den Bemühungen der USA um die Entwicklung von Atomwaffen ein Dorn im Auge.

DIE RUNDE-TISCH-BEWEGUNG UND DIE IMPERIALE UNION, Kendle, John.

DIE STRUKTUR DER POPULÄREN MUSIKINDUSTRIE; DER FILTERPROZESS, DURCH DEN TONBÜCHER FÜR DEN ÖFFENTLICHEN VERBRAUCH AUSGEWÄHLT WERDEN, Institut für Sozialforschung. Dieses Werk erklärt, wie "Hitparaden", "The Top Ten" - jetzt erweitert um die "Top Forty" - und andere Scharaden konstruiert werden, um die Hörer zu täuschen und sie davon zu überzeugen, dass das, was sie hören, das ist, was "IHNEN" gefällt!

DIE WERKE VON JEREMY BENTHAM, Bowering, John. Bentham war der Liberale seiner Zeit und der Vertreter von Lord Shelburne, dem britischen Premierminister am Ende des amerikanischen Unabhängigkeitskrieges. Bentham glaubte, dass der Mensch nicht mehr als ein gewöhnliches Tier sei, und Benthams Theorien wurden später von seinem Schützling David Hume aufgegriffen. Hume schrieb über die Instinkte der Tiere: "... die wir so gerne als außergewöhnlich und unerklärlich bewundern. Aber unsere Verwunderung wird vielleicht aufhören oder abnehmen, wenn wir bedenken, dass das experimentelle Denken selbst, das wir mit den Tieren gemeinsam haben und von dem das gesamte Verhalten des Lebens abhängt, nichts anderes ist als eine Art Instinkt oder eine mechanische Kraft, die in uns wirkt, ohne dass wir es selbst wissen...

Auch wenn die Instinkte unterschiedlich sind, so ist es doch ein Instinkt."

ZEITPERSPEKTIVEN UND MORALEN, Levin B.

TOWARD A HUMANISTIC PSYCHOLOGY, Cantril.

TREND REPORT, Naisbitt, John.

US-KONGRESS, HAUSAUSSCHUSS FÜR INNERE SICHERHEIT, BERICHT ÜBER DAS INSTITUTE FOR POLICY STUDIES (IPS) UND DIE PENTAGON-PAPIERE. Im Frühjahr 1970 suchte der FBI-Agent William McDermott Richard Best auf, der damals der oberste Sicherheitsbeauftragte von Rand war, um ihn vor der Möglichkeit zu warnen, dass Ellsberg von Rand angefertigte Vietnam-Studienpapiere entfernt und außerhalb des Rand-Geländes kopiert hatte. Best brachte McDermott zu Dr. Harry Rowan, dem Leiter von Rand, der auch einer von Ellsbergs engsten Freunden war. Rowan teilte dem FBI mit, dass eine Untersuchung des Verteidigungsministeriums im Gange sei, und auf seine Zusicherung hin stellte das FBI offenbar seine Ermittlungen gegen Ellsberg ein. Tatsächlich lief keine Untersuchung, und das Verteidigungsministerium hat auch nie eine durchgeführt. Ellsberg behielt seine Sicherheitsfreigabe bei Rand und fuhr unverhohlen damit fort, Dokumente aus dem Vietnamkrieg zu entfernen und zu kopieren, bis er im Rahmen der Pentagon-Papiere-Affäre enttarnt wurde, die die Nixon-Regierung in ihren Grundfesten erschütterte.

UNDERSTANDING MAN'S SOCIAL BEHAVIOUR, Cantril. Cantril war in erster Linie für die Gründung der Association for Humanistic Psychology mit Sitz in San Francisco verantwortlich, die die Tavistock-Methoden lehrte. In Einrichtungen dieser Art verschwimmen die Grenzen zwischen reiner Wissenschaft und Social-Engineering völlig. Der Begriff "social-engineering" umfasst alle Aspekte der von Tavistock angewandten Methoden, mit denen massive Veränderungen in der Gruppenorientierung gegenüber sozialen, wirtschaftlichen, religiösen und politischen Ereignissen herbeigeführt werden sollen, sowie die Gehirnwäsche von Zielgruppen, die dann glauben, dass die geäußerten Meinungen und vertretenen Standpunkte ihre eigenen sind. Ausgewählte Einzelpersonen wurden der gleichen Tavistock'schen Behandlung unterzogen, was zu erheblichen Veränderungen der Persönlichkeit und des Verhaltens führte. Die Auswirkungen auf die nationale Szene waren und sind immer noch verheerend und sind einer der Hauptfaktoren, die die Vereinigten Staaten in das Zwielicht des Niedergangs und des Verfalls gebracht haben, in dem sich das Land Ende 1991 befindet. Ich habe einen Bericht über diesen nationalen Zustand unter dem Titel: "Twilight, Decline-and-Fall of the United States of America" (Zwielicht, Niedergang und Fall der Vereinigten Staaten von Amerika), der im Jahr 1987 veröffentlicht wurde. Die Association for Human Psychology wurde 1995 von Abraham Maselov als ein Projekt des Club of Rome gegründet. Ein weiteres vom Tavistock-Club of Rome in Auftrag gegebenes Zentrum für Meinungsforschung wurde von Risis Likhert und Ronald Lippert gegründet, die es The Centre for Research in the Utilisation of Scientific Knowledge nannten. Die Einrichtung stand unter der Leitung von Donald Michael vom Club of Rome. Das Zentrum lehnte sich stark an das 1940 an der Princeton University eingerichtete Büro für Meinungsforschung an. Von hier aus lehrte Cantril viele der Techniken, die von den Meinungsforschern von heute verwendet werden.

UNVERÖFFENTLICHTE BRIEFE, Kipling, Rudyard. Kipling war ein Wells-Schüler und glaubte wie Wells an den Faschismus als Mittel zur Weltherrschaft. Kipling nahm das Laufende Kreuz als sein persönliches Emblem an. Das Laufende Kreuz wurde später von Hitler übernommen und mit leichten Änderungen als Hakenkreuz bekannt.

UNVERÖFFENTLICHTE BRIEFE, Wells, H. G. Enthält interessante Einzelheiten darüber, wie Wells die Rechte an "WAR OF THE WORLDS" an RCA verkaufte.

WER BESITZT MONTREAL, Aubin, Henry.

Andere Titel

OMNIA VERITAS
OMNIA VERITAS LTD PRÄSENTIERT:
JENSEITS der VERSCHWÖRUNG
DIE UNSICHTBARE WELTREGIERUNG ENTLARVEN
von John Coleman
Alle großen historischen Ereignisse werden im Geheimen von Männern geplant, die sich mit absoluter Diskretion umgeben
Hochorganisierte Gruppen haben immer einen Vorteil gegenüber den Bürgern
JOHN COLEMAN

OMNIA VERITAS
OMNIA VERITAS LTD PRÄSENTIERT:
DIE ROTHSCHILD-DYNASTIE
von John Coleman
Historische Ereignisse werden oft durch eine "verborgene Hand" verursacht...
JOHN COLEMAN
DIE ROTHSCHILD DYNASTIE

OMNIA VERITAS
OMNIA VERITAS LTD PRÄSENTIERT:
FREIMAURERREI
von A bis Z
John Coleman
Im 21. Jahrhundert ist die Freimaurerei weniger ein Geheimbund als eine "Gesellschaft der Geheimnisse" geworden.
Dieses Buch erklärt, was Freimaurerei ist
JOHN COLEMAN
FREIMAURERREI
von A bis Z

OMNIA VERITAS
OMNIA VERITAS LTD PRÄSENTIERT:
VON
JOHN COLEMAN
TÄUSCHUNGSDIPLOMATIE
EIN BERICHT ÜBER DEN VERRAT DER REGIERUNGEN
ENGLANDS UND DER USA
JOHN COLEMAN
TÄUSCHUNGSDIPLOMATIE
Die Geschichte der Gründung der Vereinten Nationen ist ein klassisches Beispiel für die Diplomatie der Täuschung.

OMNIA VERITAS
LICHTTRÄGER
DER FINSTERNIS
Dieses Buch ist ein Versuch, durch dokumentarische Beweise zu zeigen, dass die gegenwärtigen Weltverhältnisse unter dem Einfluss von mystischen und geheimen Gesellschaften stehen, durch die das Unsichtbare Zentrum versucht, die Nationen und die Welt zu lenken und zu beherrschen.
LICHTTRÄGER
DER FINSTERNIS

OMNIA VERITAS
DIE SPUR DER
SCHLANGE
Ein Versuch, die Verehrung der alten Schlange, des schöpferischen Prinzips, des Gottes aller Eingeweihten der Gnostiker und Kabbalisten, die von den hellenisierten Juden in Alexandria ausging, nachzuzeichnen.
DIE SPUR DER
SCHLANGE

OMNIA VERITAS
OMNIA VERITAS LTD PRÄSENTIERT:
COUDENHOVE-KALERGI
PRAKTISCHER IDEALISMUS
ADEL - TECHNIK - PAZIFISMUS
Sowohl in republikanischen als auch in monarchischen Demokratien sind Staatsmänner Marionetten und Kapitalisten Strippenzieher: Sie diktieren die Richtlinien der Politik.
An die Stelle der feudalen Sozialstruktur ist die plutokratische Sozialstruktur getreten: Nicht mehr die Geburt bestimmt die soziale Stellung, sondern das Einkommen. Die Plutokratie von heute ist mächtiger als die Aristokratie von gestern, denn über ihr steht nichts außer dem Staat, der ihr Werkzeug und Komplize ist.
PRAKTISCHER IDEALISMUS
Der Kalergi-Plan zur vernichtung der Europäischen Völker

OMNIA VERITAS
MK ULTRA
Ritueller Missbrauch
und Gedankenkontrolle
Instrumente der Beherrschung
der namenlose Religion
Zum ersten Mal wird in einem Buch versucht, die komplexe Thematik des traumatischen rituellen Missbrauchs und der daraus resultierenden Gedankenkontrolle zu erforschen...
ALEXANDRE LEBRETON
Wie ist es möglich, einen Menschen geistig zu programmieren?

OMNIA VERITAS
Omnia Veritas Ltd präsentiert:
DER ϟϟ-ORDEN
ETHIK & IDEOLOGIE
von EDWIGE THIBAUT
Die außergewöhnlichste politisch-militärische Formation, die die Menschheit je gesehen hat

OMNIA VERITAS
Omnia Veritas Ltd präsentiert:
"Jack the Ripper ... Ein Name, der im schwarzen Pantheon legendärer Krimineller glänzt - wahrscheinlich der bekannteste anonyme Mörder der Welt. Sein anhaltender Ruhm beruht auf seiner gut gehüteten Anonymität".
Jack the Ripper
die endgültige Lösung
von
Stephen Knight
Diese Lektüre bietet auf alarmierende Weise eine höchst überzeugende Endlösung...

OMNIA VERITAS
Eines der außergewöhnlichsten historischen Dokumente des 20. Jahrhunderts!

OMNIA VERITAS
Omnia Veritas Ltd präsentiert:
DIE CHRONIKEN VON SVALI
SICH VON GEDANKENKONTROLLE BEFREIEN
ZEUGNIS EINER EHEMALIGEN ILLUMINATIN
Die Illuminaten sind eine Gruppe von Personen, die einer Philosophie folgen, die als "Illuminismus" oder "Illumination" bekannt ist.
DIE CHRONIKEN VON SVALI
Die Programmierung der Illuminatensekte verstehen

OMNIA VERITAS
Omnia Veritas Ltd präsentiert:
Ein exklusives und unveröffentlichtes Werk
EUSTACE MULLINS
BLUT UND GOLD
Der CFR, der von Internationalisten und Bankeninteressen gegründet wurde, hat eine wichtige Rolle bei der Gestaltung der US-Außenpolitik gespielt.
EUSTACE MULLINS
BLUT UND GOLD
Revolutionen werden nicht von der Mittelschicht gemacht, sondern von der Oligarchie an der Spitze

OMNIA VERITAS
Omnia Veritas Ltd präsentiert:
Hier sind die einfachen Fakten des großen Verrats...
DIE GEHEIMNISSE DER FEDERAL RESERVE
von
EUSTACE MULLINS
EUSTACE MULLINS
DIE GEHEIMNISSE DER FEDERAL RESERVE
Werden wir weiterhin durch das babylonische Schuldgeldsystem versklavt werden?

OMNIA VERITAS
Omnia Veritas Ltd präsentiert:
EUSTACE MULLINS
DIE WELTORDNUNG
UNSERE GEHEIMEN HERRSCHER
Eine Studie über die Hegemonie des Parasitismus
DIE AGENDA DER WELTORDNUNG: TEILEN UND HERRSCHEN

OMNIA VERITAS
Omnia Veritas Ltd präsentiert:
EUSTACE MULLINS
INJEKTIONSMORD
GEHEIMES NETZWERK DES MEDIZINKARTELLS ENTHÜLLT

OMNIA VERITAS
OMNIA VERITAS LTD PRÄSENTIERT:
Durch die gesamte Geschichte der Zivilisation hindurch hat sich ein bestimmtes Problem für die Menschheit als konstant erwiesen
NEUE GESCHICHTE DER JUDEN
VON
EUSTACE MULLINS
Ein einziges Volk irritierte die Nationen, die es in allen Teilen der zivilisierten Welt willkommen geheißen hatten

OMNIA VERITAS
EUSTACE MULLINS
DER FLUCH VON KANAAN
Eine Dämonologie der Geschichte
Die große Bewegung der modernen Geschichte bestand darin, die Anwesenheit des Bösen auf der Erde zu verbergen

OMNIA VERITAS
OMNIA VERITAS LTD PRÄSENTIERT:
DIE WALL$TREET TRILOGIE
VON ANTONY SUTTON
"Professor Sutton wird für seine Trilogie in Erinnerung bleiben: Wall St. und die bolschewistische Revolution, Wall St. und FDR und Wall St. und der Aufstieg Hitlers."
Diese Trilogie beschreibt den Einfluss der Finanzmacht bei drei Schlüsselereignissen der jüngeren Geschichte

OMNIA VERITAS.
Omnia Veritas Ltd präsentiert:
HINTER DER GRÜNEN MASKE
DIE AGENDA 21 ENTLARVT
ROSA KOIRE
Es gibt einen Plan für die Weltherrschaft, der in Kraft ist und der wie ein metastasierender Krebs an jeder Nation auf der Welt nagt....

OMNIA VERITAS
Omnia Veritas Ltd präsentiert:
DIE WERKE VON PAUL RASSINIER
Das drama der juden europas
& Die jahrhundert-provokation
Es wäre die Gnade, dass die historische Wahrheit früh genug, weit genug und stark genug ausbricht, um den gegenwärtigen Verlauf der Ereignisse umzukehren.
Ich habe keine Historiker gefunden - zumindest diejenigen, die diesen Namen verdient hätten

OMNIA VERITAS
Omnia Veritas Ltd präsentiert:
KEVIN MACDONALD
DIE KULTUR DER KRITIK
DIE JUDEN UND DIE RADIKALE KRITIK AN DER KULTUR DER NICHTJUDEN
Ihre Analysen zeigen den vorherrschenden kulturellen Einfluss der Juden und ihr Bestreben, die Nationen, in denen sie leben, zu unterminieren, um die vielfältige Gesellschaft, für die sie eintreten, besser beherrschen zu können, während sie selbst eine ethnozentrische und homogene Gruppe bleiben, die den Interessen der weißen Völker feindlich gegenübersteht.
Eine evolutionäre Analyse der jüdischen Beteiligung an politischen und intellektuellen Bewegungen im 20.

OMNIA VERITAS
Omnia Veritas Ltd präsentiert:
Geschichte der Zentralbanken
und der Versklavung der Menschheit
von
STEPHEN MITFORD GOODSON
Im Laufe der Geschichte wurde die Rolle der Geldverleiher oft als "verborgene Hand" ...
Der Leiter einer Zentralbank enthüllt die Geheimnisse der Macht des Geldes
Ein Schlüsselwerk die Vergangenheit, die Gegenwart und die Zukunft zu verstehen

OMNIA VERITAS
OMNIA VERITAS LTD PRÄSENTIERT:
KAMPF UM BERLIN
Berlin ist in Deutschland etwas Einmaliges. Die Bevölkerung dieser Stadt setzt sich nicht, wie die irgendeiner anderen, aus einer einheitlichen, in sich geschlossenen, homogenen Masse zusammen.
Die Hauptstadt stellt das Zentrum aller politischen

OMNIA VERITAS
Omnia Veritas Ltd präsentiert:
KOSTSPIELIGE RACHE
THE HIGH COST OF VENGEANCE
VON
FREDA UTLEY
KOSTSPIELIGE RACHE
Deutschland Waffenstillstandsbedingungen akzeptieren, die es völlig hilflos machten...
Die sagten, sie könnten entweder Frieden oder Rache haben, aber nicht beide zugleich

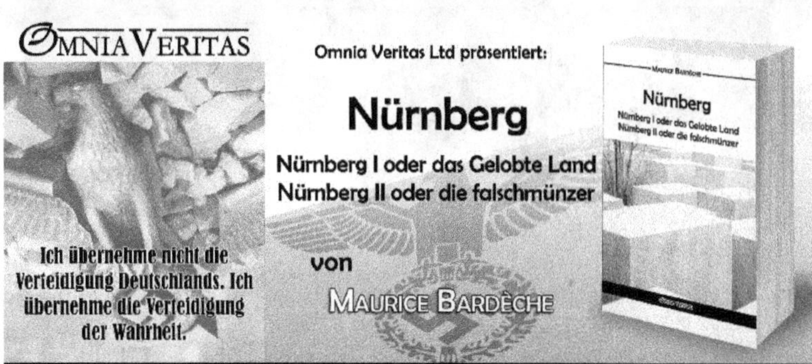
OMNIA VERITAS
Omnia Veritas Ltd präsentiert:
Nürnberg
Nürnberg I oder das Gelobte Land
Nürnberg II oder die falschmünzer
von
MAURICE BARDÈCHE
Nürnberg
Ich übernehme nicht die Verteidigung Deutschlands. Ich übernehme die Verteidigung der Wahrheit.
Wir leben auf einer Fälschung der Geschichte

OMNIA VERITAS
OMNIA VERITAS LTD PRÄSENTIERT:
ROGER GARAUDY
DIE GRÜNDUNGSMYTHEN DER ISRAELISCHEN POLITIK
ROGER GARAUDY
DIE GRÜNDUNGSMYTHEN DER ISRAELISCHEN POLITIK
Wer ist schuldig? Wer begeht das Verbrechen oder wer prangert es an?

www.ingramcontent.com/pod-product-compliance
Lightning Source LLC
Chambersburg PA
CBHW070805270326
41927CB00010B/2303